塞北三朝

遼

講述你所不知道的契丹

袁騰飛◎著

目錄

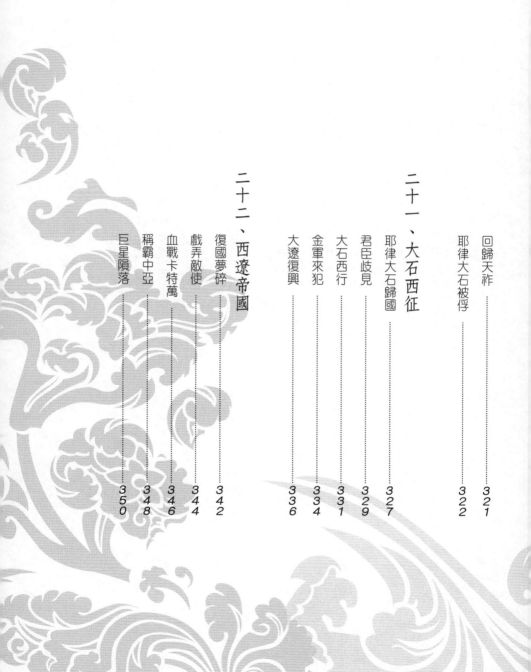

二十三、帝國末日

《塞北三朝》總序

錢文忠

騰飛是我的同行，更是我的好友。四年前，承騰飛不棄，命我為他在中央電視臺《百家講壇》節目上播出的作品《兩宋風雲》作序，我曾經寫下了這樣一段話：

我對騰飛兄佩服而且感激。為什麼佩服？同為教師，我們都知道「知之者不如好之者，好之者不如樂之者」（《論語・雍也》）乃是走向學問人生的最有效、最理想的途徑；而引導學生由「樂」入「好」，由「好」入「知」，更是普天下所有負責任的真正的教師都應該追求的教學的至高境界。「快樂學習」絕對不是靠大力提倡就可以做到的，我們需要對教與學的關係進行認真的思考，在教學過程中全身心地投入，在課內課外不懈地探索，尋求接近最有效的講授技巧，以期臻於教學圓融之境。畢竟，把學生講厭了，把學生講睡了，把學生講跑了，無論對教，還是對學，都是一種可悲的失敗，都是對生命的浪費。騰飛兄正是一位真正的教師，他具備使學生「快樂學習」的能力，也因此擁有了自己的獨特魅力。同樣是教師，騰飛兄身上就有很多值得我學習的地方。就我所知，也正因為如此，騰飛兄才進入了《百家講壇》的視野，得以在《百家講壇》上展示自己的風采。

為什麼感激？我畢業於北京大學東方語言文學系梵文巴利文專業，又濫竽大學歷史學系古代思想史教研室教席多年，一直在當今中國乃至世界的時代潮流的邊緣地帶學習、工作和生活。我深切地知道，以文、史、哲為主幹的傳統人文學科是多麼的冷清寂寞，基本不是青年學子們的第一選擇。近幾年來，隨著傳統文化熱的興起，這方面的情況逐漸有所改觀。如此的變化是非常可喜的，《百家講壇》居功甚偉。我遇見過好幾位學生，就是因為聽了《百家講壇》而決定了學科專業的。然而，隨著文化軟實力建設的迫切性以及傳統文化資源的重要性日益得到體認，傳統人文學科比以往任何時候都更迫切地呼喚著由「樂」入「好」、由「好」入「知」的莘莘學子。假如沒有像騰飛兄這樣優秀的中學教師，再迫切的呼喚也只能是徒勞無奈的空谷回音罷了。騰飛兄和我，都無非只是文化學術的薪火傳承鏈上微不足道的環節而已，只不過按照現行的教育序列，我的崗位位置確實處於中學教育的下游。那麼，我又怎麼能夠不對源頭活水的上游表示由衷的感激呢？

時隔四年後的今天，我依然要堅持我對騰飛的佩服和感激。騰飛的講座不再在央視《百家講壇》節目播出了，據我所知，這既不是騰飛的選擇，也並非《百家講壇》的放棄，而是由於種種不足道，也不必道的原因。對於騰飛這樣的教師來說，離開《百家講壇》這樣的課堂，實在是一種無奈和缺憾。究竟發生了什麼？騰飛從來沒有向我說過一句，我也沒有問過一句。但是，我清楚地知道，騰飛遭遇了很多不公正以及誤解，甚至是謾罵與攻擊。不過，騰飛的臉上一如既往地洋溢著微笑，彰顯著內心的充足、淡定和堅強。沒有什麼能夠阻擋他實現「教好歷史」「講好故事」的理想。聽過他講課的人越來越多，喜歡他的人越來越多，受惠於他的人越來越多。而這，又怎麼能夠不讓我佩服他呢？

在這四年的時間裏，中國的媒體生態發生了顯著的變化，網路的影響力日益壯大。有些人甚至擔心，在不遠的，或者乾脆就在很近的將來，網路將取代電視。是耶非耶，不必深究。然而，毫無疑問，網路已經是傳播信息、傳播文化、傳播知識的最快捷和最有效的平臺了。騰飛暫別電視，卻邂逅了網路，是否「無心插柳」姑且不論，但是，《塞北三朝》在優酷視頻上驚人的受歡迎程度，正是「柳成蔭」的明證了。我為騰飛這樣的好教師找到了網路這樣的好課堂而高興，也為網路這樣的好課堂找到了騰飛這樣的好教師而高興。在網路上成系列地傳授歷史知識，騰飛是先行者、開拓者，與我的另一位好友高曉松先生堪稱瑜亮雙璧。網路傳播絕不是電視傳播的簡單複製，非親身經歷者是難以體味個中甘苦的。騰飛的《塞北三朝》正是拓展傳播途徑、擴大聽眾人群的探索和創新。而這，又怎麼能夠不讓我感激他呢？

同時也令我欣喜萬分的是，默默站在走向歷史教學新旅程的騰飛背後的，又是我和騰飛當年登上《百家講壇》的伯樂王詠琴女士，以及同樣也是我的好友的李志峰兄。這真是具足殊勝的好因緣，不由得讓我生發出追隨騰飛、王詠琴女士和李志峰兄的願望了。

二〇一三年六月二十九日

一

白馬青牛

傳說，有一位騎白馬的仙人和一個駕著青牛車的仙女，相會在一個美麗的地方。
那裏兩河交匯，波光瀲灩，繁花似錦。
兩位仙人一見鍾情，喜結連理，生下了八個兒子。
那兩位仙人就是契丹人的祖先，而那八個兒子，
其後代繁衍生息就成為了契丹八部。
那麼契丹民族究竟是怎樣發展起來的呢？

中華民族的歷史，是中國各個民族共同創造的歷史。在中國的塞北草原上，曾經先後與起了契丹族建立的遼國、女真族建立的金國和党項族建立的西夏。那麼這幾個民族是怎麼發展起來的，又在中華民族的文明史上留下了哪些不可磨滅的貢獻呢？

評書《楊家將》想必大家都是聽過的，裏邊的楊老令公、七郎八虎、楊延昭、楊宗保、穆桂英等英雄人物，都已是家喻戶曉。楊家將主要是跟遼和西夏打仗，楊老令公率領自己的兒子們去跟遼作戰，滿門忠烈；男性凋零了，十二寡婦征西，佘太君百歲掛帥，又去跟西夏打仗。那麼遼和西夏，是什麼人建立的？他們為什麼要跟宋朝打仗？建立遼和西夏的那些民族，在今天中國境內還存在不存在？他們建立的國家在中國的歷史上有過什麼樣的作為，或者說有過什麼樣的貢獻？又該怎麼評價他們的歷史地位呢？

我們首先來說遼。遼是由契丹人建立的，「契丹」在契丹語裏面是鑌鐵的意思，鑌鐵，即很堅硬的鐵。他們用這個來命名自己的民族，是表示自己民族的堅強、強大、百折不撓。我們所了解的契丹民族，可以講是被妖魔化了的契丹民族。實際上，契丹民族自己沒有掌握話語權，所以就任人塗抹了。我們一般了解遼國、了解契丹族，是從哪裏了解的呢？最普遍的是從《楊家將》裏了解，那裏面的遼國人，代表人物都是奸詐、陰險的，如領兵打仗的蕭太后（遼國似乎沒男的，都是女的去打仗）；要不就是《水滸傳》，如裏邊被打得落花流水的契丹郎主；要不就是《天龍八部》，寫契丹人怎麼被我們大宋的江湖好漢們打得落花流水。

總之，契丹民族給我們留下的印象就是：野蠻、殘忍，很不開化，而且十分不堪一擊，都不用我們大宋官軍，我們的江湖好漢就能把他們打得落花流水。這種概念或者說觀念，是不是符合歷史的真實呢？要知道，在今天的俄語裏面，「中國」的發音就是「契丹」；在拉丁文、阿拉伯文當中，「中國」也都發「契丹」這個音；契丹建立的遼，在極盛的時候，根據史籍記載，版圖「東至于海，西至金山，暨於流沙，北至臚朐河，南至白溝，幅員萬里」（《遼史・地理志》），是一個很大的帝國。可以說，契丹對於中國北方的開發建設，做出了難以磨滅的歷史貢獻。

中國是個多民族國家，我們有五十六個民族，所以中華民族的歷史是中國境內各民族共同創造的歷史，不是一個民族的歷史，而是五十六個民族抑或更多已被歲月流逝的民族共同的歷史。所以，我們要講一講遼、西夏，還有後來女真族建立的金，這三個少數民族王朝在中國歷史上所做出的特殊貢獻。

白馬青牛來相會

中國現在的五十六個民族之中，並沒有契丹族。那麼，這個曾經在中國北方建立了強大遼國的民族，這個曾經為中華文明做出過巨大貢獻的民族，這個像鋼鐵一樣堅強的民族，為什麼會消失了呢？契丹，是一個怎樣的民族呢？

關於契丹民族的起源，有一個非常美麗動人的傳說。我們中國東北有兩條大河，一條叫土河，發源於醫巫閭山，現在叫作老哈河；還有一條河叫潢水，發源於今天河北省境內，現在叫作西拉木倫河。土河和潢水的交匯處，就是契丹民族誕生的地方。根據《契丹國志》記載，契丹族的祖先是天上的仙人。一位騎著白馬從天上來，沿著土河信馬由韁，深深地被河岸美景所吸引。這個時候，一個天宮的仙女，可能高處不勝寒，想下凡一覽人間美景，於是就駕著青牛車翩翩而來。白馬、青牛相會於兩條河的交匯處——木葉山。草原上鮮花盛開，馥郁芳香，河水波光瀲灩。良辰美景，兩個人一見鍾情，私訂終身，結為夫妻，後來生了八個兒子。這八個兒子的後代繁衍下來就成了後來的契丹八部。在人類歷史上，已知的民族大部分都有這種傳奇般的起源，而且這個傳奇般的起源經過世世代代的口耳相傳，被這個民族所深深信奉。

《遼史・地理志》記載：「相傳有神人乘白馬，自馬盂山浮土河而東，有天女駕青牛車由平地松林泛潢河而下。至木葉山，二水合流，相遇為配偶，生八子。其後族屬漸盛，分為八部。」

契丹人對於自己民族的起源——白馬、青牛相會於木葉山，騎白馬的仙人和乘牛車的仙女結合，繁衍而成契丹民族，深信不疑。不但深信不疑，契丹人還在木葉山給白馬仙人和青牛仙女建立了始祖廟。他們尊白馬仙人為奇首可汗，奉為他們的第一位可汗，把青牛仙女稱為可敦（可敦，契丹語「皇后」的意思。基本上北方的游牧民族，像契丹人，包括後來的蒙古人，都把皇后尊稱為可敦）。建廟供奉，香火不絕。

《遼史・地理志》記載：永州，「有木葉山。上建契丹始祖廟。奇首可汗在南廟，可敦在北廟。繪塑二聖並八子神像。」

尤其是契丹人要出兵打仗的時候，必然要用白馬、青牛來祭祀自己的祖先，就是奇首可汗和可敦。那麼，在始祖廟裏面，可汗和可敦是並受煙火的，這說明了什麼呢？說明至少在契丹人的觀念中，男神和女仙的地位是平等的，也就是說男女的地位是平等的。所以我們聽評書《楊家將》時多多少少會留下這樣一種印象，就是遼的皇帝好像不怎麼管事，都是蕭太后在管事。這在中原王朝屬於特例，但在遼那兒卻是常例，這可能是因為遼還保存著母系氏族的遺風，因此，男女平等、后族干預朝政等風氣，在遼是很盛的。

每一次可汗和可敦並受祭祀，契丹人都要用白馬、青牛來祭祀他們，這個祭禮是相當隆重的。中國古代傳統社會以農耕為主，契丹人後來也學會了一部分農耕。經濟發展，我們今天看GDP，那個時候看什麼？五穀豐登，六畜興旺。五穀豐登，糧食；六畜興旺，畜牧。「六畜」當中什麼最珍貴？馬和牛。馬用來幹什麼？打仗啊，所以馬是不能屠宰的，牛要用來耕地，因此馬和牛在六畜當中最珍貴。契丹人祭祀祖先斬白馬、青牛，可見祭禮之隆重，也可見他們對祖先的崇拜，他們對自己民族的起源深信不疑。

骷髏可汗、豬頭可汗和吃羊的可汗

關於契丹民族的起源，在學術界至今仍存在爭議。有的學者認為契丹族是匈奴人的後代，也有的學者認為契丹是鮮卑族的後裔。但無論契丹民族是如何起源的，契丹早期的歷史都是以傳說為主。那麼關於契丹民族的發展，還有哪些傳說呢？

在契丹族的早期傳說中，奇首可汗後面還有好幾位可汗，並記載在《契丹國志》裏。那麼，早期那幾位可汗又是什麼樣的呢？

第一位可汗是一尊骷髏。他平時躲在帳篷裏，不見人——他是骷髏怎麼見人？要把全族人嚇死，所以他不見人。族中要有大事，如斬白馬、青牛祭祀，需要他作主，怎麼辦呢？只要一祭祀，他就會從帳篷裏出來，化成人形，安排族中大事。等族中大事安排已畢，他就又恢復成骷髏的形態，回到帳篷中。後來有一次，族裏面一個比較愣的小子，心想咱們的領袖整天在帳篷裏待著，從來沒人見過他的真身，我關心關心他去吧，看看他長什麼樣，我這麼崇拜他，老是在萬人集會的時候遙遙地看一眼，也看不清楚。於是他就偷偷地掀開了可汗的帳篷簾，沒想到他一看，可汗就消失了。可汗的真形因為被人看到了，所以就消失得無影無蹤。

骷髏可汗消失之後，繼任的可汗長了個野豬頭，披著野豬皮，一年四季也不見人，躲在帳篷裏面。有時，斬白馬、青牛祭祀，他就化成人形，完了事還回到帳篷裏，還是野豬頭、野豬皮那樣。有一次，他的妻子不知是為了禦寒還是擋雨，把他的豬皮拿走了。豬皮剛一被拿走，這位豬頭可汗就消失了，又找不到了。

沒有領導人哪成啊？於是大夥兒又選出一個領導人來。這個領導人比較有意思，他養了二十隻羊，每天吃十九隻，留下一隻。今天吃完了十九隻，到第二天他留下的那隻羊就又變成了二十隻。

以上就是《契丹國志》對契丹民族早期幾位領袖的記載。

然後史學家就開始研究這些記載說明了什麼，因為傳說絕不會是無稽之談，古人認識自然、征服自然、改造自然的能力有限，所謂的神話傳說實際上就是人們對當時歷史的記載，或者說是人們對當時世界的認識。首先研究第一位可汗——一尊骷髏，他說明了什麼？說明當時的契丹生產之落後、生活之原始，食不果腹，衣不蔽體，居無定所，人口大量死亡。契丹民族對這一段悲慘的歷史銘刻於心，自己的祖先曾經那麼慘，所以他們把第一位可汗描繪成一尊骷髏的形態。

那麼到第二位可汗，他長了一個豬頭，這說明了什麼？說明這時候的契丹民族的生存方式已經過渡到以射獵為主，最起碼他們會使用弓箭了。人類學會使用弓箭太了不起了，應該不亞於今天導彈的作用。在弓箭發明以前，原始先民們出去打獵，可能絕大多數時候是作為獵物的，不是打野獸，而是被野獸吃掉。拿著粗糙的石塊跟大象作戰，結果不難想像。正是由於發明了弓箭，人們便用不著再跟野獸去肉搏，而能夠在遠距離消滅野獸，使得人類能順利繁衍生息。契丹人學會了使用弓箭，他們可以打獵了，有野豬吃了。

發展到吃羊可汗，又說明了什麼？說明契丹人有了畜牧業。養了羊幹嘛呢？吃啊！羊皮還可以穿，羊毛還可以用於紡織啊！這說明契丹族有了畜牧業。所以一隻羊才能變成二十隻。當然，不可能那麼快——今天一隻，第二天就變成二十隻。

契丹族早期的這些傳說，正好印證了這個民族一步一步發展的腳印。

契丹族見於中國正史記載，應該是在魏晉南北朝的時候，而且還把他們說得很不堪，說契丹分為八部，八部互不同屬，互相攻伐，但有時候也會合成一股勁兒，去騷擾中原民族。他們騷擾了誰呢？騷擾了南北朝時期的北齊，所以惹惱了北齊的皇帝。因為那時候北齊剛剛建國，正好要殺人立威，你冒昧地送上門來了，騷擾我，就是送死。北齊文宣帝率大軍出征，差點兒把契丹民族滅了。傳說殺死俘虜十多萬人，這個民族險遭滅族之災。契丹嚇壞了，奉表，稱臣，進貢，歸附於北齊，隋朝建立以後又歸附於隋朝。隋末，隋煬帝無道，天下大亂，諸侯並起，逐鹿中原。對於北方民族，隋朝本來就鞭長莫及，何況現在還自顧不暇。而這個時候的北方蒙古高原，興起了一個強大的民族叫突厥，這個民族征服了高原上的各部。突厥極盛的時候，控制了東到大海、西到今天的烏拉爾山的範圍，基本上整個亞洲的北部全都是突厥人的地盤。他們征服了契丹，契丹被迫臣服於突厥，而且全族進入了流散時期——某個地方一萬戶，某個地方四千戶，某個地方五千戶。隋王朝也顧不了了，直到李唐王朝建立。

松漠都督府

李唐王朝建立之後，國勢日漸強大，北方各民族都相繼臣服。唐太宗加強了對北方各民族的統治，唐朝廷在各民族地區建立都督府，並任命當地的民族首領做都督。那麼契丹民族當時的首領是什麼人呢？

我們講契丹分成八部，部落下面是氏族，部落上面有部落聯盟，所以契丹八部要推舉一個部落聯盟長，這個部落聯盟長就被稱為可汗。那麼這八部，誰來擔任這個部落聯盟長呢？八部裏面有一部叫何大何部，何大何部之下有一個大賀氏族，部落聯盟長歷來都是由大賀氏並且只能由大賀氏的人來擔任。部落聯盟長並不是世襲的，而是有任期的，三年一改選，比今天美國總統任期還短一年，看上去很民主，可以連選連任。但是只能從何大何部大賀氏的人裏選，別的部落和何大何部其他氏族是沒有資格列選的。

《新五代史・四夷附錄第一》中記載：契丹「其部族之大者曰大賀氏。後分為八部……部之長號大人。而常推一大人，建旗鼓，以統八部」。

部落聯盟長同時出任唐朝松漠都督府的都督，而且唐朝皇帝很大度，往往以宗室女嫁給松漠都督府的都督。漢族王朝非常愛幹這種事兒，跟人家和親，把公主嫁過去，當然更多的是山寨版公主，不是皇帝的女兒，大多是宗室女，就是王爺的女兒，甚至還可能是宮女，像王昭君。於是，漢族王朝跟當地部落形成甥舅之國，世世代代有親戚關係。有的時候封他們為郡王，賜之國姓，所以當時的契丹貴族都姓李。（賜之國姓，一個非常有意思的現象，今天的中國姓氏，排名靠前的幾大姓，張王李趙遍地劉，我們可以看出裏面很多都是國姓）這樣，契丹的貴族就姓李了，他們都是李唐皇室的成員了，他們與李唐的關係一開始很友好，但後來就出事了。

出了什麼事呢？到了武則天時代，由於她的帝位來得不正，而且又改了國號，不是唐，是周了，皇帝也姓武不姓李了。契丹貴族覺得自己應該效忠李唐王朝，因為自己今天的地位——松漠都督府都督、郡王、公主、李姓，都是唐朝皇帝給的，跟姓武的沒一毛錢關係。她如果對自己好，自己就對她好，她要是比李唐皇室對自己還好，那沒得說，她要但凡有點兒不夠意思，自己就把不夠意思的事做絕。契丹是很實在、很樸實的民族，後來果然就把不夠意思的事做絕了。

當時武周的幽州刺史性情暴虐，荒淫無道，對契丹人橫徵暴斂，而且傲慢無理。契丹的貴族們往一塊兒一湊，哥兒幾個怎麼辦？反了吧！咱本來就對這個王朝沒義務，咱現在又歉收了，草原上鬧災了，咱的草場受到威脅，咱不搶咋活著？於是，當時松漠都督府都督李盡忠（顯然是個漢名）和他的妹夫孫萬寶倆人聯手反了。倆人一反，武則天就怒了，武則天跟前面講到的北齊發怒的理由是一樣的——我武周剛剛代替了李唐，正要找個人砍兩刀揚揚威，你竟然「不揣冒昧」地送上門來了，欠揍！武則天立刻調集大軍，征討契丹。為了表示對契丹的蔑視，也不經過人家同意，就霸氣十足給李盡忠改名叫李盡滅，給孫萬寶改名叫孫萬斬。大軍出動，討伐李盡滅和孫萬斬。朝廷的大軍果然不是吃素的，把契丹人打得落花流水，畢竟契丹是個游牧民族，當時還處於原始部落階段，烏合之眾，當然不堪一擊。

也就是在這次契丹人舉義的過程中，出現了兩件對契丹、李唐影響都很大的事。第一件事，契丹的首領正式自稱可汗了。這可以看成是契丹國家建立的雛形。原來叫部落聯盟的酋長，那還是原始部落，現在正式自稱可汗，接過了歷史上北方草原民族君長的稱號。

第二件事對李唐王室的影響非常大。契丹人這一次在營州（今遼寧）舉義，救了李唐王室。為什麼呢？武則天建國稱帝，滅了李唐後，很想把江山傳給武家侄子們，於是她就把侄子們封為王爺、大將軍，讓他們率兵去討契丹。這一打，用老百姓的話講，有多大臉現多大眼，武氏的這些王爺們平時只知道花天酒地、魚肉百姓，一到戰場上就丟盔棄甲、一敗塗地，後來還是靠原來李家的舊將才算把契丹給平定下去。因此，武則天認識到自己這幫武氏子弟實在不成器，不能把江山傳給他們，因為武氏家族本身就是暴發戶出身。而契丹人在造反的時候，也打出了要求復位給廬陵王的旗號，廬陵王就是武則天的兒子，後來的中宗李顯。眾所周知，武則天繼位的手段是非常狠辣的，四個兒子，被她逼死了倆——李弘、李賢，三兒子中宗李顯剛剛繼位就被她逼著退位，貶為盧陵王（在中國古代，王爵一字王是親王，兩字王是郡王，所以盧陵王在王爵裏面都是第二等的）。盧陵王怕他媽怕到什麼程度呢？他被貶到江西這個當時尚未開發、蠻荒煙瘴的地區，只要朝廷有官使來，就意味著他媽傳旨來了，盧陵王的第一個反應就是上吊。估計他們家房樑上的繩都是長期預備好的，趕上一件家具了。朝廷來使了，甭說，肯定是我媽讓我死，我麻利地趕緊掛上。每一次都是王妃韋氏一把抱住他說，殿下您先等會兒，您聽聽什麼事再掛。朝廷一來使臣，就能把盧陵王嚇成這樣。所以契丹人這次起兵，提出了「還政盧陵王」的口號。後來武則天駕崩的時候，召盧陵王繼位，就是唐中宗，中宗傳給弟弟睿宗，也是武則天的兒子，睿宗李旦傳給自己的兒子臨淄王李隆基，就是歷史上有名的唐玄宗。唐玄宗時代又發生了一件對契丹歷史影響深遠的大事：在中國北方，出了一位人物，敲響了唐王朝的喪鐘，讓唐朝一隻腳跨進棺材。他是誰呢？安祿山。

安祿山與契丹背唐

安祿山是北方的一個胡人，曾身居高位，深受唐玄宗寵信，但正是這個安祿山，和史思明發動了安史之亂，直接導致唐朝由盛轉衰。那麼安史之亂和契丹民族的發展有什麼關係？

又為什麼說，這個事件對契丹民族的歷史產生了深遠的影響呢？

現在的評書演義，包括影視劇裏面，一描寫安祿山，就把他醜化了，說他三百多斤，跳舞跳得特別好，這不是自相矛盾嗎？三百多斤怎麼跳舞？更有甚者還說他一隻腳點地身體旋轉，那這腳還不折了？所以說安祿山早年，完全靠舞技出眾，完全靠溜鬚拍馬，是不可能最後坐到那麼高的官位上去的。安祿山最後封東平郡王，身兼河東、范陽、平盧三鎮節度使，管轄今天山西、河北、遼寧三個省，相當於大軍區司令，一開始他應該也是很英勇善戰的。

安祿山剛發跡的時候在幽州節度使張守珪手下出任捉生將（這個官職我沒查到，我理解好像有點兒像偵察連連長，負責抓俘虜）。契丹人的髮式跟中原人明顯不一樣：中原人的髮型是束髮，男子滿二十，女子滿十五，頭髮就不再剃了，要束起來；契丹人是髡髮，中間的全都剃掉，左右留倆疙瘩，後面一個疙瘩，這三疙瘩要編成辮子。一看髡髮髮型、重環垂耳，就知道是契丹人沒錯。安祿山經常幹的事就是殺良冒功，他殺契丹百姓冒充契丹軍人，也有可能殺了漢人，把頭髮給剃成契丹人那樣，送上去冒功。當時的北方蒙古高原，突厥民族建立的突厥汗國已經瓦解了（唐太宗、唐高宗的時候幾次出擊突厥，突厥汗國已經瓦解），安祿山「英雄」無用武之地，如果他算英雄的話。沒有用武之地，那怎麼辦？就要打契丹人，不打契丹人怎麼顯示他的軍功啊？怎麼才能打契丹人呢？那就要挑撥契丹跟中原王朝的關係，不能讓二者保持友好關係。所以他三天兩頭搞個挑釁動作，或者捕殺點兒契丹的游牧民，要不就設個鴻門宴，請契丹貴族來，說前一天對不起，我殺你的人了，殺錯了，我請你喝頓酒，算是給你賠個不是，你們來喝酒吧。契丹人很樸實，傻呼呼來了，來了就伏兵四起，咔咔全殺了，腦袋就送到長安去了。玄宗皇帝那個時候已經年老昏庸，安祿山寫奏報，肯定不會寫自己把契丹人騙來喝酒，然後把他們都殺了，必須是「契丹犯邊，我軍反擊，大獲全勝，斬首萬餘呈上」云云。

這樣一來，契丹民族跟李唐王朝的仇可就結大了，都是安祿山給挑的。所以契丹就背離了唐朝，投向了回紇汗國（回紇汗國，中國古代北方及西北民族，唐德宗之後改稱回鶻）。但是，也有很多契丹人，內遷到長城以南，中原內地，跟李唐王朝很友好。最後安祿山舉兵造反，平定安史之亂的兩位中興大將是郭子儀和李光弼，其中李光弼就是契丹貴族，他的姓就是賜予的國姓。他打仗的時候，靴子裏常揣一把短刀，一旦戰爭失敗，就準備拔短刀自刎。後人寫詩「陣上靴刀決死生」，這裏的「靴刀」指的就是李光弼，可以說保住李唐一脈，契丹人是做了很大的貢獻的。契丹人在這個過程當中，他們部落聯盟的酋長，就是可汗，也發生了變化。

可汗廢立新象

按照契丹民族的傳統，部落聯盟的首領只能由大賀氏家族內的人擔任，雖然每三年要進行一次改選，但也只能在大賀氏家族內部進行。可是在連年的戰爭中，遙輦氏家族突然替代了大賀氏家族的地位，這是為什麼呢？

發生這個變化的原因是因為契丹連年對外征戰，所以會打仗的人在契丹部落當中的地位變得越來越高。誰英武絕倫、武功蓋世，能帶領著契丹民族爭奪生存空間，這樣的人，漸漸地就最受契丹人尊重。在這個部落裏特別能打仗的人，後來有了一個專有的稱呼，同時也變成了契丹的一個官名，叫做夷離堇。夷離堇在契丹人中的地位，僅次於可汗，相當於契丹軍隊的總司令。而夷離堇一旦握有兵權，就可以隨意地廢立可汗。

唐玄宗時代，契丹的一位夷離堇廢立了好幾任可汗，讓誰當可汗他都覺得不稱心。怎麼才能讓立的可汗聽話呢？最後，他想出了一招：把原來老可汗家族的人全都廢掉，即大賀氏永遠不能出任當可汗，立一個原來沒資格當可汗的人來做可汗。於是就立了遙輦氏，遙輦氏原來沒當過可汗，現在被夷離堇立了，自然就對夷離堇比較恭順。這樣一來，表面上看，可汗是契丹的最高領袖，實際上就是個傀儡，握有兵權的夷離堇才是契丹真正意義上的領袖，契丹的領導階層發生了變化。

契丹背唐之後，歸附回紇汗國。回紇汗國在北方蒙古高原上，存在了大約一百年。後來由於天災，也由於外族的進攻，汗國瓦解。回紇汗國瓦解之後，契丹人又轉而投唐。唐朝從太宗皇帝開始，就很重視契丹人，賜給契丹的部落聯盟長（就是後來的可汗）一套儀仗，包括十二面旌旗、直柄華蓋、曲柄華蓋，儼然中原天子的儀仗。契丹的可汗必須拿到這些旗鼓，才被承認是契丹的領袖，這套旗鼓相當於中原王朝的玉璽。另外，這個時候契丹確立了一個新可汗登基的禮儀——燔柴禮。燔，拿火燒的意思。每一位新可汗登基，必須要舉行燔柴禮，大家面向東方，點燃柴捆，火光熊熊，大家向東方遙祝。因為草原民族都有東向拜日的習慣，契丹人以東為上。我們看北京凡是始建於遼代的寺廟，如大覺寺，一定是坐西朝東，而不是像漢地的寺廟，坐北朝南。舉行完燔柴禮之後，由部落的長老牽著馬頭，表示馬上的人是新可汗，不管這個可汗是不是被大家推舉的，只要舉行了燔柴禮，就是可汗，大家就必須得承認他。

這樣一來會出現一個什麼結果呢？如果一旦有遙輦氏以外的家族，得到了大家的擁戴，自行舉行燔柴禮，那麼他也就是可汗，只要他能拿到唐朝皇帝賜的旗鼓，並不會存在法律、法理上的障礙。所以這個時候，契丹民族已經由部落聯盟緩慢地向國家的形式過渡，直到一位契丹族的傑出領袖應運而生，把它徹底地由一個部落聯盟變成了一個國家。

二

統一契丹

「身長九尺，豐上銳下，目光射人，關弓三百斤。」（《遼史・太祖本紀上》）
古老的契丹民族，經過幾百、上千年的繁衍發展，
終於，一位聖人出現了，他踏日而來，
在中國北方高原上譜寫了一曲曲傳奇故事，
建立了契丹民族的第一個帝國——遼。

契丹民族經過幾百、上千年漫長的發展，逐漸地由一個部落聯盟開始向國家的模式過渡。完成這個過渡的，是契丹的一位聖人——契丹族傑出的領袖，也是中華民族的傑出人物耶律阿保機。後來耶律阿保機建國稱帝，成為遼的第一位皇帝——遼太祖。

耶律阿保機出生在契丹八部之一的迭剌部耶律氏族。迭剌部是可以選可汗的部落，但是由遙輦氏部族的人擔任可汗。而耶律阿保機的耶律氏族擔任的是契丹世世代代的實際掌權者——握有兵權的夷離堇。到耶律阿保機這輩，耶律氏族已經是八代做夷離堇了。耶律阿保機的祖父教老百姓怎麼種莊稼，教老百姓生產，寬政愛民，深得民心；耶律阿保機的父親從鄰國學會了冶鐵，建立了契丹自己的手工業。北方游牧民族一旦掌握了兩項技能，中原王朝就別再想戰勝他們了。哪兩項技能呢？就是種地和冶鐵。

我們前面提到過，北方游牧民族被漢王朝擊敗的重要原因是畜牧經濟基礎薄弱。用現在通俗的話講，就是比較不靠譜，風災、雪災都能造成經濟的崩潰，造成民族的滅亡。北方民族學會了種地，就意味著開始了定居生活。因為要種地就得定居，不能再逐水草而居，帶著帳篷到處跑。人可以到處跑，卻不能把土地背著到處跑，所以要農耕必然就會定居。有了農耕，最起碼就能填飽肚子，有了定居的生活，不至於風災、雪災就把人凍死。所以契丹民族學會了種地，經濟基礎就不得了了。

再有冶鐵。當年漢武帝反擊匈奴的時候，匈奴的生產水準落後到什麼程度呢？他們的箭頭是用魚骨磨出來的，漢軍穿的是鎖子甲，骨製的箭頭根本無法射穿鐵甲。因此，匈奴大敗也就根本毫無疑問。但是一旦鐵箭頭出現在游牧民族手中，就會發生什麼呢？我們都知道，游牧民族的小孩三歲開弓，五歲上馬，天上的鳥一箭一隻，地上的狼一箭一匹，兩條腿的人，一箭能射幾個？人家又用鐵箭頭了，你披上鐵甲也沒用。所以種地和冶鐵兩項技能，對於契丹民族的發展壯大功不可沒。

太陽神降生

史載，耶律阿保機天生就是個神人，那麼他到底神到什麼程度呢？《遼史・太祖本紀上》記載：「初，母夢日墮懷中，有娠。及生，室有神光異香，體如三歲兒，即能匍匐。祖母簡獻皇后異之，鞠為己子。常匿於別幕，塗其面，不令他人見。三月能行；晬而能言，知未然事。」

耶律阿保機的母親夢見了太陽，懷日生下了他，那阿保機就是太陽神。契丹人本來就有東向拜日的傳統，圖騰就是太陽，現在太陽降生了，落到他們這個部落裏來了，當然要擔任起領導部落的大任。阿保機出生的時候室內神光異彩，奇香瀰漫，而且一生下來，個頭大小就如三歲孩子，還會爬，三個月就會說話。可惜當時沒有什麼醫學鑒定研究，否則這在人類發展史上是很特殊的一個人才。阿保機從小就能預卜未來，知道將來會怎麼樣，因此，全部落都奉他為神。

有人崇拜他，自然就有人嫉妒他。他們家世世代代擔任夷離堇，肯定很多人會妒忌：憑什麼你們家老掌握兵權啊？現在你們家又生了一個小太陽。所以就有人要害阿保機。為了保護阿保機，阿保機的祖母死活不承認有過這樣一個孩子，並把他藏在帳篷裏不讓人看見，還拿墨把他的臉塗黑。直到長大以後，阿保機才光明正大地出現在眾人面前。

阿保機出生的時候就有那樣的神異，長大了之後更不得了。不得了到什麼程度呢？史籍記載阿保機成人之後，「身長九尺，豐上銳下，目光射人，關弓三百斤」（《遼史・太祖本紀上》）。阿保機身長九尺（不知道遼宋時代一尺合現在多少，我覺得應該比現在短，否則阿保機身高兩米六，超過姚明了），而且豐上銳下，目光炯炯，力大無比，能拉開三百斤強弓，精於騎射，武藝高強。當時阿保機的伯父釋魯，擔任整個部落的于越。「于越」是契丹語，漢文書籍裏面寫作「總知軍國事」，應該相當於中原王朝的宰相。遼建立以後，「于越」成為遼國大臣的最高頭銜，有遼一代，二百一十年，擔任于越的只有三個人，位在群臣之上。當時部落的于越，地位比夷離堇還要高。身為于越的伯父，看阿保機，那是打心眼裏喜歡，越看越高興，把他看作千里駒，認為將來整個部落的振興，全在阿保機身上。於是，對阿保機疼愛有加，精心教養。

阿保機和自己的堂弟耶律曷魯關係非常好，經常同吃同住。後來耶律曷魯成為阿保機帳下的頭號大謀士，也是契丹建國之後的第一位于越。兩個人經常聯手作戰。有一次，契丹人對外討伐室韋（室韋就是古蒙古人。室韋民族也是出自東胡系統，出自鮮卑部，其實跟契丹民族出於同源）。當時阿保機率千餘精騎進攻室韋，包圍了室韋的營帳之後，耶律曷魯就跟阿保機講，最好能夠用漢人《孫子兵法》中的「不戰而屈人之兵」，打起來的話，殺人一千，自損八百，不划算。曷魯說讓阿保機領兵施加壓力，他單騎進帳勸室韋投降，阿保機同意了。曷魯永遠以輔佐功臣自居，危險的時候我上，成功的時候你來。阿保機也當仁不讓，既然你這麼勇敢，就去吧。於是耶律曷魯單騎進入室韋的營帳，勸說室韋首領投降。

室韋首領一看耶律曷魯氣度不凡、儀表過人，心裏感歎這個人不得了。待到出了帳篷一看，千餘契丹精騎，刀出鞘、弓上弦，看來打也打不過，向這樣的人投降，也不算丟人，於是室韋部就歸順了。室韋歸順之後，契丹的力量壯大了。阿保機和曷魯回來，他們的伯父于越非常高興，稱讚他們兵不血刃就征服了一個部落，獲得了這麼多的牲畜和大片的草場。但這時候，部族中卻發生了變故。

阿保機這位擔任于越的伯父的兒子，也就是阿保機的堂弟，實在是不怎麼樣，為了篡權，竟然弒父作亂。禍起蕭牆，事發突然，大家都沒有思想準備，怎麼辦？一下整個部落亂成一團。在這種情況下，阿保機振臂一呼，率領兩千精兵奮起平叛，活捉了他的堂弟。

他的堂弟被活捉之後，居然不承認事是他幹的，說是有別人挑唆，並表示自己與挑唆他的賊子不共戴天。阿保機問那賊子哪兒去了？他堂弟回答說已死於亂軍之中了，這就變成死無對證了。阿保機明明知道他這個堂弟胡說八道，也知道這個人極其凶險，軟硬不吃，用刑法威脅他沒用，用仁義教化他也沒用，留著就是禍害。但是阿保機非常仁慈，他對曷魯說，咱這個弟弟弒父，罪大惡極，但是他現在既然認罪了，他畢竟跟咱們是手足，所以不要殺害他，但是咱們必須嚴加看管，別讓他再作亂。

阿保機這次平亂立下大功，經過部落的一致推舉，阿保機先是出任夷離堇掌握了兵權，然後出任了于越兼夷離堇，等於變成了契丹部落裏的宰相兼軍隊最高統帥，地位一下就上升了。

阿保機稱汗

唐朝末年，李唐王朝已經面臨崩潰，朝不保夕。這種情況，就給北方草原民族的興起提供了很大的機會。而且由於中原混戰，李唐王朝管不了自己手下的藩鎮，節度使互相攻伐，形勢儼然回到了春秋戰國時代。這個時候，耶律阿保機是怎樣抓住機會，使契丹民族進一步發展壯大的？

節度使之間的互相攻伐，造成的結果就是天下無主，中原大亂。很多中原人為了避難，就越過長城，到北方去發展。古代中國的人口流動，特點是從中原向四周擴展。首選當然是江南，南方慢慢開發起來，南方的經濟就趕上並超過了北方，這種局面一直維持到今天；還有一部分人北上，到了蒙古草原。實際上，長城是中國農牧業天然的分界線。為什麼中原人在打敗了北方民族，比如秦始皇打敗了匈奴之後，不消滅匈奴，而是修一道長城，攔住匈奴人呢？因為長城是農牧業天然的分界線，長城以北的土地，最好是不要耕種，讓它風吹草低見牛羊，如果耕種了這裏的土地，那麼出現的結果，可能是破壞了這個地方的生態環境。當時大量的中原人北上，他們就把草場變成了耕地。契丹有了農耕，開始定居，學會了冶鐵、織布、曬鹽等，對於當時契丹民族的發展，是很有利的，來歸附的漢人也越來越多。

漢人來了之後，往往就變成了契丹人的奴隸，這是漢人不能忍受的，所以就要逃亡。在這種情況下，阿保機束手無策，契丹的貴族們跟阿保機之間的矛盾也越來越深。阿保機要想辦法改變這種局面，讓這些貴族們不再反對自己。此時耶律曷魯向他進言，說大王何不從眾人之意，繼可汗之位。你只有當上了可汗，名正言順，大家才不會反對你。你現在畢竟只是于越兼夷離堇，你雖然總知軍國事，但你不是我們名義上的最高領導人，那你的話就可以有人不聽啊，所以你乾脆就做可汗得了。阿保機內心裏肯定是想做可汗的，但是他不能有所表示，因為可汗只能是遙輦氏的人當，耶律氏是不能當的。他回答說如果我現在做了這個可汗的話，大家會不會反對啊？茲事體大，我可不能不三思而行。曷魯就又說了，遙輦氏擔任可汗已經九代了，他們家擔任可汗的時候，咱們家一直擔任夷離堇，但他們家當可汗的時候，

「君臣之分亂，紀綱之統隳。委質他國，若綴旒然。羽檄逢午，民疲奔命」（《遼史・耶律曷魯傳》）。你看他們家可汗當得，把咱這個民族弄得這麼慘。其實耶律曷魯這個話很強詞奪理，人家當可汗可沒權，權在你們家手裏，國家弄得這麼慘，你應該首先反思，是不是你的責任。但曷魯認為就是因為他們家當了可汗，君臣名分、綱常全都亂了，咱們這個民族才仰人鼻息，不是歸附於北方強權，就是歸附唐朝，現在咱們該自己發聲了，咱們該強大起來了。順天應人，現在的可汗就應該您當。阿保機沉吟再三，覺得曷魯說得確實很有道理，看來自己如果不擔任這個可汗的話，確實是太對不起老百姓了，逆天悖理，這是不行的。於是阿保機在眾人的擁戴下，被選舉為可汗。

阿保機給中原王朝上表報知自己稱汗的事。當時的這個中原王朝，已經是有一會兒沒一會兒了。西元九〇七年，節度使朱溫廢唐自立，建立了梁，中國歷史開始進入五代十國時期。五代十國，光聽名字就能聽得出來，怎一個亂字了得啊？中原黃河流域，五十三年換了五個王朝——梁、唐、晉、漢、周，因為這五個名字在歷史上都有過，所以在這時的五個王朝名字上都加個「後」字。最長的後梁，十七年；最短的後漢，四年，還換了倆皇帝。五十三年是個什麼概念？盛世王朝的一個天子，在位就能到這個數，漢武帝五十四年，康熙皇帝六十一年，乾隆皇帝算上太上皇是六十三年。所以，古人作詩說：「朱李石劉郭，梁唐晉漢周。都來十五帝，撥亂五十秋。」（《水滸傳》）五個姓，五十三年，十五個皇帝。當時阿保機做可汗的時候，正好也是趕上這麼一個對契丹很有利的情況，中原王朝內亂。但是，契丹的可汗繼位，必須要通報給中原王朝，理論上應該得到中原王朝的冊封。所以阿保機就派人入梁去見梁太祖朱溫，希望得到朱溫的冊封。

阿保機給梁太祖上表怎麼說呢？他說，我們原來那位可汗，自知自己德行不夠，所以呢，他就去了。他去了之後，立下遺命，讓我繼任可汗。梁太祖不明白契丹的可汗是三年一選的，甭管前任可汗到底是怎麼去的，看來阿保機讓他去的可能性非常大。甭管他到底是怎麼去的吧，他沒有資格立遺命指定下一任可汗，因為下一任可汗應該是選出來，而且應該是在遙輦氏裏面選，不可能選到你耶律氏去。中原王朝不明白這些彎彎繞，但是中原王朝知道阿保機急於得到自己的冊封，所以梁太祖提出許多苛刻的條件。你不是急於得到我的承認嗎？你答應我的條件，我就冊封你。哪些條件呢？第一，我的死敵晉王李克用，你幫我滅了他，我平一天下，哪兒都服了，就這個山西晉王不服，你幫我打他，打他我就冊封你；第二你得向我稱臣；第三個你得給我貢獻戰馬，因為古代打仗戰馬是最寶貴的，而契丹產馬，你得給我貢獻。阿保機一看，這個條件太苛刻，不能答應，轉而就去聯絡李克用。既然這個後梁朱溫不答應冊封我，那咱哥兒倆合作，滅了朱溫，你當中原皇帝，由你來封我。這時的阿保機在中原各個政權之間遊刃有餘，誰給好處就幫著誰，反正是中原人之間的內鬥，打死誰對於他來講都是無所謂的，他正可藉機壯大自己的力量，只要有漢人逃到他這兒來，他就接受，讓他們教契丹人紡織、種莊稼、冶鐵，趁機壯大自己的部族。

諸弟之亂

按規定，契丹族的可汗三年一改選，但阿保機一連幹了九年，絲毫沒有改選的意思，連走個形式也沒有。這樣一來，底下這幫人就不幹了。首先是阿保機的兄弟們不幹了。阿保機絲毫沒有退位的意思，阿保機的兄弟們又卯足勁兒想過把可汗癮，那會發生什麼事呢？

阿保機的兄弟們覺得，既然可汗的位置現在已經由遙輦氏轉到耶律氏手裏，就應該三年一選，你當了幾任之後你下去，就該輪到我了，凡是姓耶律的都有機會過一把可汗癮。可現在阿保機都當了九年了，壓根兒就沒有下去的意思。他不下去怎麼辦呢？兄弟們就要幫他下去。於是，阿保機的兄弟們起兵作亂，這就是《遼史》記載的諸弟之亂，一共三次。

阿保機是什麼人啊？那麼容易就讓兄弟們給亂了？他才智過人，非常有謀。第一次，他的幾個弟弟要作亂，還沒等發生，就被阿保機扼殺在萌芽狀態了。他的弟弟中有一個叫剌葛的，這個人最壞，每次作亂都是他挑頭；還有一個叫迭剌，一個叫寅底石，一個叫安端（這些名字比較古怪，因為都是契丹語音譯成漢語的）。阿保機把兄弟們的作亂扼殺在萌芽狀態之後，就拉著這些兄弟們登山祭天，讓他們對天發誓以後不再跟自己作對。這幫兄弟一看，如果不發誓的話，下場可想而知，山底下全是阿保機的兵馬，亮晃晃的大刀片子剛磨了，弓也已經拉滿了。於是，諸弟全發誓：以後我們忠於大哥，你永遠是老大，永遠是我們的可汗，是我們的偉大領袖。

《遼史・太祖本紀上》記載：「皇弟剌葛、迭剌、寅底石、安端謀反。……上不忍加誅，乃與諸弟登山刑牲，告天地為誓而赦其罪。」

這幫人發完誓之後，嘴上說的跟心裏想的可是不一樣的。到了第二年秋，阿保機出征在外，兄弟們又造反了，因為這一年到了改選可汗的年頭了。這一次造反，他們準備在阿保機回軍的路上，發兵截擊阿保機。這一次，阿保機自行舉行了燔柴禮，就是燒柴火。你們不是不讓我當可汗嗎？我現在就開始燒柴火祭天，祭完天我就是可汗了，我是可汗你們就沒有資格反對我了。這幫兄弟一看，我大哥太狡猾了，我們的兵還沒準備好，他的柴火都已燒完了。這沒法辦了，只好忍下來，老大我們又錯了，您大人大量，寬恕我們吧！於是，這次叛亂又被平定了。

《遼史・太祖本紀上》記載：「諸弟各遣人謝罪。上猶矜憐，許以自新。」

但是，他的兄弟們並不就此消停。他們總結教訓：第一次，咱們被他打了個措手不及，沒等咱們動手，他就把咱們拉上山盟誓去了；第二次，咱們準備好了兵馬，準備截殺他，沒想到咱準備兵馬的速度再快，也沒有他準備柴火的速度快，沒等咱出兵，他那兒燒柴祭天，已經是可汗了。咱得吸取教訓，咱也準備柴火，不是誰燒柴火，誰就是可汗嗎？這個誰不會啊？所以第三次諸弟作亂，阿保機的兄弟們也準備了柴火，祭了天之後宣布剌葛是可汗。我們選出新可汗了，然後再出兵去打阿保機，這下我看你還能怎麼著。當時的阿保機領兵在外，並沒有在他的營帳裏，這次叛亂，叛軍猛攻阿保機的老家，進軍的速度很快。在這種情況下，阿保機的夫人，也就是後來遼國的皇太后述律氏，表現出了過人的一面。

我們說契丹民族有母系氏族的遺存，女子的地位是很高的，特別是君長的夫人。述律氏馬上調集兵馬，死守老營，直到阿保機援軍趕到，將叛軍一舉擊潰。擊潰了叛軍之後，阿保機怒斥他的兄弟們，說你們屢次謀逆造反，我數次加以寬恕，沒想到你們這麼反覆無常。向天祭告了不算，我燒了柴火，你們也燒柴火，如果再不嚴懲的話，我就對不起祖宗了。所以，阿保機讓諸弟認錯，悔過之後把諸弟釋放回家。但他的弟弟底下跟著叛亂的三百多人，經過部落長老開會審判，一律處死。阿保機還算是宅心仁厚，處死之前給這三百多人開了一個盛大的篝火晚會，讓他們盡情地歌舞、飲宴、摔跤、射箭，通宵達旦，想玩什麼玩什麼。玩夠了之後，第二天，阿保機派人到這些人居住的營帳，去宣讀這些叛逆者的罪狀。

《遼史・太祖本紀上》記載：「上歎曰：『致人於死，豈朕所欲。若止負朕躬，尚可容貸。此曹恣行不道，殘害忠良，塗炭生民，剽掠財產。民間昔有萬馬，今皆徒步，有國以來所未嘗有。實不得已而誅之。』」（阿保機不無感歎地說：「置人於死地，本來不是我的願望。如果你們僅僅反對的是我個人的話，我完全可以寬大你們。但是你們恣行不道，殘害忠良，塗炭生民，劫掠財產。民間曾經都有馬騎，現在都變成了徒步，這是有國以來從來沒發生過的。殺你們實在是不得已。」）

這三次平叛戰爭打完之後，契丹族的損失慘重到什麼程度呢？人口減少了十多萬，馬減少了上萬匹。參與第三次作亂的三百人一律被處死，但是阿保機赦免了他的兄弟們，這樣看起來，阿保機這個人還是顧念手足之情的，也為史官所稱道。我們可以看看，在中國歷史上，尤其是皇家，兄弟相殘那是史不絕書啊。皇帝最關心的是什麼東西？是他屁股底下的那把椅子！什麼父子情、夫妻義、手足情，這不是他關心的。我們知道中國歷史上，很多明君聖主，殺起自己兄弟來，是毫不手軟的，比如唐太宗李世民。如果跟阿保機比起來的話，那不能不說，阿保機能做到這一點，心胸不是一般的寬廣。

阿保機能夠寬恕敵人，實際上正證明了自己力量的強大。其實，歷史上大多是這樣，越是強大的王朝，越開放，越能包容反對力量。越是走向沒落的時候，掙扎得越緊張的時候，往往對待政敵越實行苛政，或者是暴政。阿保機有這種胸懷，知道憑著自己的力量，在自己的領導下，契丹民族將會走向強大，走向繁榮，弟弟們也最終會擁護自己。

鹽池之變

諸弟之亂一平定，迭剌部裏面再沒有人反對阿保機了，阿保機已經是名副其實的可汗了，迭剌部的各個氏族都對他頂禮膜拜。但是，契丹一共八部，阿保機僅僅征服了一部，還有七部呢。打了半天都是跟自己兄弟在打，還沒有外戰呢。當然八部裏阿保機這部是最強大的，但即使最強大，也只佔八分之一，其他七部要是聯合起來對付他，該怎麼辦呢？

阿保機非常聰明，他以退為進，交出了可汗的旗鼓。你們不是搶這個東西嗎？給你，我不要了，你們誰喜歡誰拿走。你們不是覺得我這個地方好嗎，水草豐美？給你，我不要了。但是我有一個條件，什麼條件呢？我手下漢人眾多，這麼多漢人來投奔我，咱們可以風吹草低見牛羊，茫茫大草原上縱橫馳騁，他們不行，他們太嬌氣。所以呢，我把土地交給你們，旗鼓交給你們，你們也別再跟我作對了。我離開這個地方，我築一座城，我讓我的這些漢人們住到城裏去，我搬去跟他們一塊兒生活，你們看怎麼樣？那七部一聽太好了，我們不動刀兵，把這大瘟神就送走了。你跟漢人住一塊兒，過幾年之後，你就退化了，上不了馬了，也拉不開弓了，我們滅你就輕而易舉了，你趕緊走，晚一天我們都跟您急。於是阿保機走了，築了一座漢城。

築城的地方確實是個好地方，好在哪兒？出產食鹽。草原民族打仗沒有後勤供應，天上飛的、地上跑的，過去給一箭，一烤就吃了，但鹽是必需的啊，這個東西不能沒有。阿保機這兒出產食鹽，其他各部要吃鹽，就得找耶律阿保機。但不能白給，總得拿東西交換吧？所以阿保機的力量越來越壯大。在力量越來越壯大的情況下，阿保機就想著怎麼把那七部給收拾了。這時就有人給他出主意了。

給他出主意的就是他的妻子述律氏。怎麼對付其他七部？大王附耳上來，咱如此這般，就把這七部解決掉了。阿保機一聽，好主意！便跟那七部的領導人說，咱們是不是同族兄弟啊，吃了我的鹽你們也不感謝感謝？七部一聽也有道理，這幫人胸無大志，把阿保機趕走以後，草原上沒有人壓著他們了，他們可以酒池肉林，可以胡吃海喝，可以醉生夢死，阿保機又給自己提供鹽，多好啊，是應該感謝感謝人家。於是這些人趕著牛羊，抬著酒漿，來赴鴻門宴。大家大塊吃肉，大碗喝酒。酒酣耳熱之際，伏兵四起，阿保機早就埋伏好了，明晃晃的大刀片子向著這幫人的腦袋就砍過去了，七部貴族一下全被殺光。這就是契丹歷史上著名的鹽池之變，此後再也沒有人能反對阿保機了，阿保機在契丹民族中的地位就不可動搖了。

這個時候，可汗的位置就又回到了阿保機的手中。阿保機吸取了以前諸弟作亂的教訓，再到選可汗之年，就準備恢復選舉的儀式。我得選一下，形式還是要走的，但可汗候選人就只能有一名，那就是我，阿保機。同意還是不同意？同意，咱們微笑著繼續生活；不同意，我弟弟們的三百手下和七部大人們在前面召喚著你。但是就在阿保機要選可汗的時候，有一個中原人跟阿保機說了一番話，他說我們中原的天子，沒聽說有推選的，我打下江山，我做皇帝，然後我傳給我兒子，我兒子傳給我孫子，我孫子傳給我曾孫，以垂於無窮。你們三年還選一次？在我們中原可沒有這種事啊。他把這番話一說，阿保機就打消了要選可汗的意思，而且很羨慕中原王朝的帝制傳位法統，想要當皇帝了。那麼是誰跟阿保機說的這番話呢？

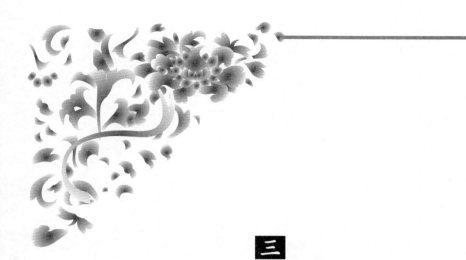

三

太祖建國

自古以來，中原的華夏民族就有「胡虜無百年之運」的說法，
也就是說，如果少數民族入主中原，其統治不會超過一百年。
而在中國歷史上，契丹是第一個打破這個說法的民族。
契丹之所以能夠統治大半個中國達兩百年之久，
關鍵在於他們始創了一種先進的政治制度，
而這種制度至今仍然被我們沿用。
那麼到底是一種怎樣的制度呢？

契丹又到了選可汗之年，阿保機本來想舉行一個典禮，走一下形式。這時，一個漢族謀士告訴他，中原天子全是世襲自立，沒有選舉這種事發生，阿保機就打消了舉行選舉可汗典禮的念頭。這個給他出主意的人是誰呢？

提起此人，大大地有名啊。我們聽評書《楊家將》就會知道，楊家將的主要契丹對手姓韓，韓昌韓延壽。說蕭太后有三個女兒（公主），老大嫁給了韓昌，老二嫁給了楊四郎，老三嫁給了楊八郎。楊家儼然跟遼國演出了一段民族團結佳話，成了民族團結的典範。大公主嫁給了韓家，從姓來看，這個韓家應該是漢人，因為契丹貴族就倆姓，一個耶律，是皇族，一個蕭氏，是后族。那麼這韓家為什麼能做駙馬爺呢？因為他們的祖先，一位叫韓延徽的，還有一位叫韓知古的，在契丹建國的過程中厥功至偉。這次給阿保機出主意的，就是韓延徽。

歷史上大凡馬背上的民族建立王朝，最後能夠入主中原統一天下的，一定會有中原的知識份子給他們出謀劃策，遼、西夏、金，以至後來的元，乃至後來的後金，也就是清，概莫能外。耶律阿保機這時候也一樣，給他出主意的韓延徽，本來是幽州地方官劉守光的部下。當時五代十國，群雄並起，天下大亂，中原王朝梁、唐、晉、漢、周，五十多年更迭很快，很多地方就是梁、唐、晉、漢、周也控制不了，不光是南方出現了十國，北方有些地方五代也控制不了，比如幽州，就是今天的北京，這個地方就是節度使自立的。在這樣混戰的過程中，每一個地方豪強、軍閥都想壯大自己的力量，廣結外援，幽州地近契丹，所以節度使劉守光就極力巴結契丹，準備認阿保機為叔、述律后為嬸，以叔父禮待阿保機，以嬸娘禮節待述律后。這樣一旦有人跟他開戰，他就可以派人去請契丹出兵。侄兒挨打了，叔您得幫個忙，您得派救兵來。劉守光就派韓延徽去契丹了，韓延徽見到阿保機之後，長揖不跪。阿保機一見，這火騰地就上來了。你主子是我侄兒，管我叫叔，你一個奴下奴，見了我之後居然不跪？他就喝問韓延徽。韓延徽說自己拜天、拜地、拜祖宗、拜父母，就是不拜別人，不跪你。阿保機一生氣，不跪我？請救兵？沒門兒，甭想了。你想回中原？也甭想了，放羊去。你不是不跪我嗎？你就天天放羊去吧。就要把韓延徽轟去放羊。

這時，述律后說話了，韓延徽這個人啊，是個真正的君子，他在這樣艱難困苦的情況下不屈節，你看他來咱們這兒，算得上是深入虎穴了。咱們絕對是強勢，他能不屈節，這樣的人應該重用，不應該折辱，您怎麼能讓他去放羊呢？您應該重用他，讓他做謀士，給咱出謀劃策。阿保機一想，覺得述律后說得對，覺悟高，就去對韓延徽說，那這樣吧，羊就先別放了，你給我出主意吧，給我出謀劃策。

《遼史・韓延徽傳》記載：「述律后諫曰：『彼秉節弗撓，賢者也，奈何因辱之？』」

韓延徽獻策

在契丹民族的發展過程中，漢人韓延徽厥功至偉。他不僅始創了遼國的典章制度，而且是遼太祖阿保機最信任的左膀右臂之一。阿保機之所以會對一個漢人如此信任，是因為韓延徽曾經幫他解決了一個最頭疼的難題。

當時阿保機最頭疼的事是什麼呢？就是漢人北遷的問題。中原戰亂，很多漢人來到契丹人的聚居地，但來到這個地方之後，因為不堪忍受契丹人把他們當作奴隸的折辱，再有就是不習慣草原生活，他們中的大部分又紛紛逃亡。阿保機很為這件事頭疼。

有一次，阿保機跟述律后談起這件事，表示自己束手無策。管契丹人我沒問題，上馬管軍，下馬管民，管漢人咱沒這經驗，他們老跑，怎麼才能把他們留住？述律后說這事簡單啊，你不應該問我，請韓先生來問問不就完了嗎？他就是漢人啊！阿保機茅塞頓開，就派人去請韓延徽。

韓延徽來了之後，對阿保機說漢人牧牛放馬非其所長，而男耕女織、冶鐵製酒為其長處，也為我方所需。莫若劃地築城，以安置漢人，並使其各有配偶，墾荒耕田，種植五穀，紡紗織布，冶鐵製酒。大王不費舉手之勞，坐享南伐之功豈不為善？再說大王欲安天下，須得安民樂業，民安則國安。

阿保機聽了這番話，擊節讚歎：我怎麼就沒想到這一點呢？用人要用他的長處，你讓漢人放羊、放馬，他們確實不會幹這個事。一群羊跑出去，你知道哪隻是你的，你怎麼給領回來？當初要真讓韓延徽幹這個，他也不擅長。但漢人會紡織、冶鐵、釀酒、煮鹽、築城，應該發揮他們的長處，這些產業如果發展起來的話，對於契丹民族的發展，對於將來契丹政權的發展都是大有好處的。所以，阿保機就接受了韓延徽的主張，在契丹祖居的地方設州縣，建立城堡。阿保機還特別有主意，他為了不讓遷過來的漢人思鄉，就按地域建城。凡是從一個地方遷過來的人，就給他們築一個城，這個城就用他們家鄉的名字命名，假如你是三河縣來的，我在這兒建了個縣，還叫三河縣。這有點像僑居的郡縣，等於這個城就是三河同鄉會，你現在雖然住在草原上，但一報家庭住址什麼地兒，三河縣××街，你就不會有一種思鄉之情了，因為現在你還是住三河縣的，看到的全是你的老鄉，聽到的全是鄉音。這樣一來，你就在這個地方安居樂業了，用《紅樓夢》裏的一句話說就是「反認他鄉作故鄉」。以後凡是契丹貴族對外征戰，被俘的中原百姓，也一律都用這種辦法安置，設立這種州縣。不但國家可以設立州縣，宗室、諸王等人也可以設立，等於權力下放，自己去建立州縣，讓草原上興起一座一座的新城，安置那些中原移民，讓契丹人也過上農耕定居的生活。

韓延徽出的這個主意好極了，這樣漢人在契丹就能夠定居下來，幫助契丹發展起來。所以史籍上對韓延徽有這麼一段評價：「延徽始教契丹建牙開府，築城郭，立市里，以處漢人，使各有配偶，墾藝荒田。由是漢人各安生業，逃亡者益少。契丹威服諸國，延徽有助焉。」（《資治通鑒》卷二百六十九）契丹能夠國力強盛，威服諸國，韓延徽可以說是厥功至偉，他使契丹混亂的局面安定了下來。

當契丹準備舉行改選可汗典禮的時候，韓延徽告訴阿保機不要舉行。因為你是可汗，你只要叫可汗，你就老存在著一個到點改選的隱患。比如總統沒有世襲的，就得到幾年一選。你要想世襲怎麼辦？改叫皇帝，一稱帝這事就解決了，皇帝沒有選舉的，從秦始皇統一至今沒聽說皇帝有任期，四年選一個新皇帝，沒有這事兒。阿保機立刻明白了，決定不稱可汗了，改當皇帝。西元九一六年，阿保機正式建國稱帝，國號大契丹（契丹的國號幾經變化，九四七年改為遼，九八三年又改叫契丹，到一〇六六年又改叫遼，現在一般就用遼作為他們的通稱），阿保機自稱天皇帝，述律氏為地皇后，封長子耶律倍為皇太子，號稱人皇王。耶律倍的「倍」字就已經是漢語了，他的契丹名字叫耶律圖欲。阿保機建國之後，也起了漢名，叫耶律億，說明他接受了中原王朝的禮法。阿保機用天、地、人，給自己、皇后、兒子來命名，正式建國稱帝。

反觀契丹以前的中國歷史，少數民族的君長在入主中原之前，在草原上就建國稱帝的這可是第一遭。匈奴的君長單于，鮮卑、突厥、回鶻的君長可汗等，他們進入中原之後，才會仿照中原的制度，建立國號，稱帝。這時候他們已經入了中原，才受到中原文化的影響，而契丹是在草原上就建國稱帝的，並且興建了都城。契丹的都城是上京，正式的名稱叫臨潢府，臨著潢水（今內蒙古西拉木倫河），就是今天內蒙古的巴林左旗。

有人講，上京臨潢府是北方民族在草原上建立的第一座城市，以前沒有。以前我們說漢跟匈奴打仗，打得匈奴漠南無王庭，王庭遷到了漠北。那顯然是帳篷，城怎麼能遷到漠北呢？唐朝李靖、李勣大破突厥，攻至突厥可汗所在的牙帳，見牙帳前面豎立著狼頭大纛旗，說明也是住帳篷的。而契丹人卻在草原上建了城——當然現在也有不同說法，有人說回紇人最早在草原上建立了城，首都富貴城，在今天的蒙古國，但現在畢竟找不到了。而上京臨潢府的遺址至今保存完好，城牆、街道、房屋的基址都能看得出來。契丹建立都城，建國稱帝，標誌著這個民族取法中原的開始，這是契丹民族發展歷史上非常了不起的一點。

為什麼了不起呢？咱中國疆域遼闊，九百六十萬平方公里，也有比我們大的國家，但是我們看中國版圖形成的特點，絕不是像有的國家那樣，靠武力擴張，是靠先進的生產方式、先進的文化向邊緣地區擴張，對邊疆進行開發建設，使得那些地區自動地歸附中原歸入中華版圖，我們的疆域是自然形成的。契丹人取法中原建國稱帝，這說明契丹也以這種文化為正統，也以中原王朝自居。後來契丹皇帝曾經講過這種話：「吾修文物，彬彬不異於中華。」（《契丹國志》卷九）我們的典章制度跟中國一樣，那我們是哪國人？我們當然是中國人，我們待的這塊地兒就是中國的地方。所以契丹民族以今天內蒙古赤峰市為核心，建立起了一個大帝國，這些地方深受中原文明、中華文化的影響，內蒙古、東北就留在了中國版圖之內。所以我們講，耶律阿保機建國稱帝的意義絕不是只換了個稱呼那麼簡單，其影響是非常深遠的。

一國兩制

自古以來，中原的華夏民族就有「胡虜無百年之運」的說法，這個說法究竟有沒有道理呢？在中國歷史上，契丹是第一個打破這個說法的民族。它之所以能夠統治大半個中國達兩百年之久，關鍵在於它始創了一種先進的政治制度，而這種制度至今仍被我們應用。那麼這到底是一種怎樣的制度呢？

對於少數民族入主中原，我們中原人總會說一句「胡虜無百年之運」，非常得意，就是說少數民族入主中原，不會超過一百年。為什麼不會超過一百年？因為你比我落後，落後民族征服先進民族，往往是被先進民族的先進文化所征服。你打我是因為你羡慕我，古代打仗可不是落後就挨打，而是先進就挨打，冷兵器時代的戰爭跟綜合國力沒有什麼必然的聯繫。游牧民族快馬彎刀，往往就把先進民族征服了。征服了之後就面臨兩個選擇：第一就是你學我，第二就是你不學我。你學我，你就變成我了，還有你嗎？快馬彎刀我打不過你，子曰詩云我是祖宗，你一旦從馬上下來，把刀插進鞘裏，捧起書來讀，你就會對我無限崇拜。你看我，穿的是綢，吃的是油，你看你們，住帳篷吃生肉。你變成我了可就沒有你了，所以你沒有百年之運。像魏晉南北朝的時候，北魏孝文帝改革，全面取法中原，鮮卑這個民族在今天還有嗎？顯然已經不存在了。驍武憑陵的民族一旦從馬上下來，就會被新興起的游牧民族，像柔然、突厥，把他們打得落花流水。要知道，他們當年也是馬背上的民族啊，但你一下馬就完。你不學我，你用這麼落後的方式統治這麼廣大的先進地區，統治這麼多人口，那結果就是您哪兒來的回哪兒去，您該放羊您還回去放羊去，您肯定不願意。我們看世界歷史上，沒有一個靠武力征服建立起來的政權能夠長久的。游牧民族入主中原必然要面臨這種尷尬——到底是學中原還是不學他，我學不學他都沒我。但契丹人在這個問題上表現出了絕頂的聰明。

契丹人的聰明在於實行一國兩制。可以說，契丹是中國歷史上最成功地實現了一國兩制的一個王朝。「以國制治契丹，以漢制待漢人。」（《遼史．百官志》）我們契丹人不學你，但是呢，我也不讓漢人學我，而是實行兩種制度，設北面官、南面官，北面官統治契丹人和草原民族，南面官統治漢人（包括後來被太祖征服的渤海人）；南面官採用漢法統治，北面官用契丹舊法統治。南面官穿的都是唐朝服裝，軟腳襆頭、窄衣小袖，完全跟中原一樣，官名也一樣，令、僕射、樞密使、節度使；北面官還是契丹的舊稱，于越、夷離堇，斷案的官叫夷里畢，還是這些契丹名字。

遼的上京臨潢府沒有留到今天，後來女真人興起，攻打遼國的時候，對這個城市進行了破壞，但是這個城的遺址保存得很完好。特別有意思的是從遺址上看，這個城市分兩半，北邊是宮城，南邊是漢城。南邊的漢城能看得出來有街、有房子。北邊宮城正中間孤零零的一個皇宮的遺址，其他什麼都沒有。北邊為什麼就一個皇宮呢？因為契丹人住帳篷。南面漢人住瓦房，他們住不習慣，而且還覺得人一住瓦房就待懶了，就圖舒適了，逐水草而居的這種習氣就沒有了，所以北面圍繞皇宮的全是契丹人的帳篷。據說現在還能發現安帳篷的時候打樁子的痕跡，因為蒙古草原上人為的破壞也少。所以，契丹不但一國兩制，還一城兩制，並表現在方方面面。

契丹保證了本民族的驍武憑陵，又讓漢人在這兒不會有疏離感，所以遼是第一個打破「胡虜無百年之運」說法的北方民族，九個皇帝享國二百一十年。二百一十年是什麼概念呢？在秦始皇統一中國之後的歷代中原王朝中，把契丹放在裏面都算是長的。而且二百一十年才換九個皇帝，應該說政局比較穩定，五代五十三年可換了十幾個皇帝呢。所以，一國兩制這個制度可以講是非常成功的，這種制度對於以後中國歷史的發展，也提供了一個借鑒，一種政治智慧。

我們可以看到，契丹王朝在效法中原這一點上，作為草原民族是一個先行者，而且他們開創的這些制度，對於以後中國歷史發展的深遠影響是怎麼評價都不過分的。同時，對於今天中國邊疆地區的開發，他們的貢獻也是相當大的。我過去就強調過這麼一個觀點，塞北三朝，遼也好，西夏也好，金也好，與兩宋並立。甭管是遼、西夏、北宋，還是金、西夏、南宋，這都是中國內部的一段歷史，可以把它看作後三國，也可以把它看作後南北朝，因為契丹跟宋朝後來就是互稱北朝南朝，那就是後三國或者後南北朝，他們都是中華民族的一份子。契丹民族建立起來的國家，絕不像我們在評書演義，或者影視作品中看到的那樣，應該對他們有一個正確的認識。

另外，契丹還有一件非常了不起的事情——創制了自己的文字。北方騎馬民族，比如匈奴，當年是那麼英武絕倫，被漢朝打敗之後除了和漢族融合的，剩下的就不知所蹤了，因為他自己沒有文字，沒有記載。中國史書記載北匈奴就到西元二世紀，幾百年後，在歐洲突然出現了一個強大的民族橫掃歐洲，有人說這就是當年的匈奴。史學家就爭論不清了，你說他們是當年的匈奴，那麼這二百年他們在哪兒藏著呢？他們沒有文字，很有可能他們待的那地方周邊民族也沒有文字，所以對他們沒有記載。草原民族最早創立自己的文字的，可能是回鶻人，創立了一種拼音文字。那契丹人創立的文字什麼樣呢？

契丹創立小字

今天，契丹文已經成為一種無人認識的死文字，甚至連考古學家也沒能破譯出一個完整的語句。因此，契丹文被稱為是二十一世紀的一個不解之謎。那麼契丹文到底是一種怎樣的

文字，又為什麼會變成不解之謎呢？

金庸先生的名著《天龍八部》有兩個影視劇版本，一個香港版本，一個中央電視臺版本，裏邊都有一個鏡頭——蕭峰的爹被誤殺了，臨死之前在崖壁上刻字。如果仔細看就會發現，香港的那個版本蕭峰的爹刻的是蒙古文，而在中央台版本中蕭峰的爹刻的是契丹文，就是那種乍一看是漢字，仔細一看卻不認得的。

我們都知道，一個民族創制文字標誌著進入了文明時代。特別是契丹人，他們作為草原民族有了自己的文字。當然契丹大字不是特別好寫，也不是特別好用，如漢字中單音節的「天」，契丹語讀成「騰格里」，那麼寫出這個字要讀仨音，這個很彆扭。所以後來契丹人又參照回鶻文創立了契丹小字，契丹小字流傳就比較廣了。

非常可惜的是，契丹書禁甚嚴，幾乎是把契丹文當作國家祕密來保存，宋朝人都不認得契丹文。這樣一旦跟宋朝打仗，契丹文的文件被宋朝人截獲了，宋朝人就不認得，等於是密碼。由於宋朝人都不懂契丹文，所以隨著契丹族被後來的強大民族滅亡之後，契丹文就慢慢變成一種死文字了。當然，現在也有學者在考證、破譯，主要是根據出土的墓誌銘（一面漢字一面契丹文），但可以說是一項艱苦的工作。

契丹人創立了自己的文字，標誌著他們進入文明時代，再加上漢臣們出謀劃策，契丹的國力開始蒸蒸日上。但在國力蒸蒸日上的情況下，卻出現了一件令太祖皇帝耶律阿保機（現在叫耶律億）十分傷心的事情——韓延徽跑了。韓延徽這麼大的功勞，他怎麼跑了？

「四郎」探母

韓延徽建國有功，遼太祖耶律阿保機對他十分信任，而且格外厚待。可是阿保機卻萬萬沒想到，韓延徽竟會突然不辭而別。既然阿保機對韓延徽如此重用，韓延徽為什麼還要離開呢？離開契丹後韓延徽又去了哪裏呢？

韓延徽為什麼跑了呢？原因是他想家了，他要回去探望母親。後來有一齣戲叫《四郎探母》，裏面的四郎叫楊延徽，因此現在甭管是歷史學家還是民俗學家，都在這兒考證，說很有可能《四郎探母》裏的楊延徽原型就是韓延徽。

韓延徽可能在契丹待的時間太長了，再加上不太習慣契丹的生活習慣，畢竟跟他成長的環境、跟他的家鄉差別太大了，所以他就跑回到自己的家鄉。耶律阿保機對韓延徽的不辭而別十分傷心，覺得韓延徽的逃跑像是斷了他的一條胳膊，這可怎麼辦？也找不著他。

韓延徽回到自己的家鄉，重新投在劉守光麾下。韓延徽才華橫溢，他能幫助契丹建國，你想他得有多大的本事，但「木秀於林，風必摧之，人殊於眾，眾必誹之」。有一個大謀士嫉妒他，整天給他小鞋穿，他一氣之下又跑了。韓延徽投宿在自己的朋友家裏，跟朋友說，我太不得志了，本來以為我回來之後中原故土會善待我，沒想到還不如在契丹呢，我還得回契丹。他一說要回契丹，朋友嚇壞了，你瘋了，你從契丹跑出來，人那兒沒準通緝令都發了，海捕文書逮你呢，你回去不是自投羅網嗎？韓延徽微微一笑，說你不了解阿保機這個人，我了解他，我回去肯定沒事。我跑出來的時候，他肯定傷心欲絕，他失去我就像失去一條胳膊一樣，我回去，他得對我高接遠迎，你放心。於是韓延徽又回契丹來了。

三朝開濟老臣心

對於韓延徽的不辭而別，遼太祖耶律阿保機既傷心，又惱火。可是沒過多久，韓延徽就去而復返，那麼盛怒之下的阿保機，會因一時氣憤而殺了韓延徽嗎？還是會既往不咎，繼續重用他呢？

韓延徽出走之後，太祖皇帝是茶不思飯不想地琢磨韓延徽。有一天，夢見一隻白鶴飛入帳中，太祖皇帝一覺醒來，興奮異常，高興地對周圍的大臣們講，韓延徽要回來了。果不其然，幾天之後，韓延徽就回來了。太祖皇帝見了面也得問他，說我對你挺不錯的，你為什麼要逃走啊？韓延徽回答：「忘親非孝，棄君非忠。臣雖挺身逃，臣心在陛下。臣是以復來。」（《遼史・韓延徽傳》）意思是，我不養老母我不孝，我拋棄舊主我不忠。但是我雖然逃回家鄉省親，心中時刻思念陛下，所以我去而復還。我回了一趟家，就是了一個心願，省得大家罵我不孝不忠。老母我也探望了，身體安康，福壽康寧；我也為我的舊君效力了，但他不好好用我。本來我一心思念著陛下，所以我又回來了。阿保機一聽，非常高興，給他起了個名，叫匣列，契丹語「復來」的意思，所以韓延徽又叫韓匣列。

韓延徽去而復還之後，曾給家鄉寫信，在信上說自己「非不戀英主，非不思故鄉。所以不留，正懼王緘之讒耳」（《資治通鑒》卷二百六十九）。我不是不戀中原的英主（當然了，中原這主子肯定也不「英」，要「英」他也不會跑，說句客套話，你也別信以為真），我之所以不留下來，是因為那個叫王緘的人老跟我作對，老進諂言。而且，韓延徽把老母託付給故主。他說「延徽在此，契丹必不南牧」（《資治通鑒》卷二百六十九）。我把老娘留在中原故土幹嘛？當人質啊。所以，有我在契丹這兒，你們放心，我不讓契丹南侵，我不會讓契丹打我的故鄉，我讓契丹國力強大，但是絕不會讓契丹與中原王朝為敵。因此史籍記載說：「故終同光之世，契丹不深入為寇，延徽之力也。」（《資治通鑒》卷二百六十九）

這樣一來，韓延徽在遼一直任高官，歷侍太祖、太宗、世宗三朝，可以講是三朝開濟，遼國的許多制度都是由他開創的，死後葬於幽州，人稱崇文令公。

太祖皇帝建國之後，草創制度，然後開始南征北討，征服了回鶻，滅掉了立國二百多年的渤海國（靺鞨人建立，疆域主要在今天的東北、俄羅斯的遠東部分和朝鮮半島的北部，立國二百餘年，被太祖耶律阿保機於西元九二五年滅掉），以及一些北方草原民族。至此，遼的疆域已非常廣闊，盛極一時。

阿保機滅掉了渤海國之後，率師回軍，由於常年征戰，積勞成疾，突然去世。阿保機一死，因為接班人的問題，遼國出現了一段內亂。那麼到底最後誰繼承了阿保機的皇位呢？

四

斷腕太后

遼太祖耶律阿保機死後，理應由太子耶律倍繼承皇位，
但皇后述律氏卻堅決反對，並且企圖廢長立幼。
為了達到目的，述律后不顧群臣反對臨朝稱制，並且殘害異己。
但她卻沒有想到，自己也會為此付出巨大的代價，那就是被迫自斷手腕。
那麼述律氏到底是怎樣的一個人？
究竟是誰，用了什麼辦法，逼迫她自斷手腕？
最終誰能夠繼承遼國大統呢？

遼太祖耶律阿保機征服了渤海國，在班師途中不幸歸天。太祖皇帝駕崩之後由誰來繼承他的皇位，本來應該是沒有什麼懸念的，因為阿保機稱帝的時候就立自己的長子耶律倍為皇太子，太祖皇帝歸天，理所應當是由太子承繼大統。但是，事情卻發生了變化，最後耶律倍不但沒有繼承皇位，還被迫棄國出走，投奔了後唐。怎麼會發生這麼大的變化呢？

這要從太祖的皇后，也就是耶律倍的母親述律氏講起。述律氏，漢名叫述律平，契丹名叫月里朵。她本人是回鶻人和契丹人的混血兒，跟太祖阿保機是表兄妹，她十四歲那年嫁給了太祖阿保機，親上加親（可能古人還不太懂遺傳優生的這個道理），後來她就成了阿保機的皇后。述律氏在中國歷史上作為皇后的角色，與中原王朝的那些狠角色們，如清朝的慈禧太后相比，是一點都不遜色的。

在述律氏很年輕的時候就有一個傳說，有一次述律氏在草原上行走，發現前方有一位騎著青牛的仙女遠遠地過來了。我們在前面講過了，騎白馬、青牛的神仙在契丹人心目中的地位是至高無上的。騎白馬的是他們的奇首可汗，騎青牛的就是奇首可汗的妻子可敦。結果騎青牛的仙女遠遠地看到述律氏過來，就避開了，突然間就消失了。《遼史·后妃傳·太祖淳欽皇后述律氏》中記載：「后簡重果斷，有雄略。嘗至遼、土二河之會，有女子乘青牛車，倉卒避路，忽不見。未幾，童謠曰：『青牛嫗，曾避路。』」《遼史》的這個記載想說明什麼？說明述律氏在很小的時候就有異樣，連祖神都給她讓路，所以當時流傳著童謠「青牛嫗，曾避路」，騎青牛的神仙來了都給述律氏避路。等後來述律氏做了皇后、太后，從她的所作所為看，為什麼騎青牛的神仙給她避路，可能是應了老百姓的一句俗話「神鬼怕惡人」。這傢伙太可怕了，連仙女都惹不起她，躲著走。

述律氏嫁給了阿保機之後，很快就顯現出傑出的政治、軍事才能。這個我們前面講過，阿保機做可汗時，他幾屆連任下來不改選，諸弟不滿，起兵叛亂。當時阿保機在外地，留守總帳的就是述律氏。述律氏臨危不亂，率領自己的親軍奮起平叛，一下就把叛軍打敗了，而且還把被叛軍奪走的可汗象徵——旗鼓給奪了回來。從此阿保機對述律氏另眼相看：沒想到我媳婦這麼厲害，真是文能安邦、武能定國，上馬平賊也是一把好手。

諸弟之亂平定之後，阿保機一開始對諸弟心懷惻隱。這些人再怎麼壞，一筆寫不出倆耶律來，畢竟是我的弟弟，他們只不過是一時糊塗，受奸人挑唆。阿保機本來不打算嚴懲這些弟弟，但述律氏勸他斬草一定要除根，事不過三，他們已經折騰三回了，你都饒他們兩回了，第三回不能再饒了。因此，除了阿保機幾個弟弟之外，弟弟們的手下全部被阿保機處死，而且處死的手段很殘忍，不是從懸崖上推下去活活摔死，就是用亂石砸死，這是為了讓其他的叛亂者心生畏懼。看得出來述律氏是個狠角色。

智取幽州

述律皇后不僅幫助阿保機平定內亂，抵擋外侵，還積極地為遼國建設出謀劃策。當年阿保機對富庶的中原垂涎已久，計畫以武力強取幽州。可是述律皇后卻為他想出了一個事半功倍的方法。那麼，述律皇后到底想出了怎樣的辦法？阿保機採用她的辦法了嗎？

當時，「十國」裏的吳國國主曾送給阿保機火油。在今天的軍事博物館古代戰爭館裏面還有火油櫃的模型。它是一個方形的匣子，有一個噴嘴，可以噴出火油，點火燃燒。你如果用水救火，澆水越多，火燃燒得越旺。吳主挑唆阿保機南下，去打中原王朝。阿保機當時就接受這個挑唆了，這玩意兒真好使。契丹跟中原王朝打仗，之所以打不過，在阿保機看來就是中原人太狡猾，他不跟我正面交鋒。有本事咱到平地上，兩軍對陣，刀對刀，槍對槍。這樣打一仗的話，中原肯定打不過契丹，步兵怎麼能打得過騎兵呢？而中原王朝憑藉堅城不出，你騎兵再厲害，衝到城牆底下也就沒轍了。中原城高池深，易守難攻，阿保機一籌莫展。這個時候吳主給我送來火油，我噴他一個試試，我有了這玩意兒，你什麼城能擋住我？阿保機拿到這東西的時候當即決定發兵攻打幽州，先試試火油好不好使。

這時候述律后趕緊站出來阻止，說你不就是想試試這火油好不好使嗎，值當打一仗嗎？這事可不能幹。阿保機當然很不甘心啊，我好不容易想找一個地方試試火油，你咋不讓呢？你說咱們草原上什麼能值當用這火油燒？燒一帳篷？這個時候述律后指著帳外的一棵大樹問阿保機，如果這棵樹沒有了皮，還能活嗎？阿保機說，那當然不可能活了，樹沒皮了那不就死了嘛。述律后接著說，對了，樹沒有皮不能活，一國也是如此，你沒有必要去攻打幽州。

你不是喜歡幽州那地兒嗎？以三千鐵騎埋伏在幽州之側，斷其糧道，圍上它三年，城裏沒得吃，不攻自破。

《遼史·后妃傳·太祖淳欽皇后述律氏》記載：「后曰：『幽州之有土有民，亦猶是耳。吾以三千騎掠其四野，不過數年，困而歸我矣，何必為此？萬一不勝，為中國笑，吾部落不亦解體乎！』」

阿保機一聽，有見地，就聽了述律后的話。但是架不住中原的降將不斷地到他那兒去描述南方怎麼富庶，中原怎麼廣大，耕地多麼遼闊，生活多麼富足，所以阿保機還是兩次興兵南下，結果全打了敗仗。後來他才意識到皇后的見解是完全正確的，之所以打敗仗就是沒聽皇后的勸告。在他有生之年，就再沒有興師南下了，但卻基本上把東北、西北這些地區完全統一了，為契丹王朝的建立奠定了一個很好的基礎。

三子采薪

太祖皇帝阿保機統一了契丹周邊地區，為契丹王朝的建立奠定了一個很好的基礎之後，撒手西去。他死後，理應由太子耶律倍即位，但是述律皇后卻堅決反對。述律皇后為什麼要反對太子即位？她希望由誰來繼承皇位？最終述律皇后達到目的了嗎？

阿保機歸天之後，理所當然該由太子耶律倍承繼大統，但是，述律后不願意。述律后生了三個兒子，長子耶律倍（契丹名字叫突欲，有的書上翻譯成圖欲），次子耶律德光，三子耶律李胡。

其實，在三個孩子還很小的時候，太祖阿保機就曾經對他們有過幾次考察。有一次，太祖皇帝觀察這仨孩子的睡相，老大、老二睡覺是正常人的形象，但那小兒子，縮在倆哥哥背後，團成一團，他讓倆哥哥給自己擋風。所以太祖就說了，這孩子不行，不成器，睡個覺都怕冷，躲倆哥哥背後。還有一次，外面颳著大風、下著大雪，太祖皇帝讓三個兒子出去撿柴火。二兒子耶律德光出去之後，速度很快，甭管乾的、濕的，能用不能用的，捆了一大捆回來覆命，這一大捆，比他人身都高；長子耶律倍很仔細，認真地把自己找到的柴火歸類，濕柴不要，只揀乾柴，而且撅得長短差不多，戳齊了，綁好，背回來；三子耶律李胡，縮手縮腳地走了幾步，撿了點兒可能不知道大哥還是二哥誰掉下來的柴火，捆巴捆巴回來了，可能他撿了有那麼十幾二十根，可他捆也沒認真捆，狗熊掰棒子似的，回來之後只剩下了三四根。當時耶律阿保機跟述律后說：長子巧、二子誠。耶律倍很巧，你看他多巧，他把柴火分了類，還撅得長短差不多，非常美觀；二子耶律德光很實誠，雖然他弄回來的柴火品相不如大哥的好，但是你看看，速度又快，量又大；至於三兒子，提也甭提了，這哪像是我生的，這個不成器的東西！但述律后死活就待見這小兒子。

皇后最喜歡的小兒子耶律李胡，除了有一身蠻勁兒，能夠跟牛摔跤外，在史書上就沒有記載他有什麼長處（契丹勇士在草原上能把牛摔趴下的應該不在少數）。他不像中原皇子，自幼生長在深宮之內，婦人之手，與閹寺為伍，手無縛雞之力，年紀輕輕走路都需要人扶持。草原的皇族可不這樣，他有勁兒。他的另外一個特徵就是殘暴好殺，耶律李胡很愛殺人，殺人是他一樂，一天不殺人他會覺得今天過得很沒有意思，短缺了點兒什麼似的。他的隨從動輒得咎，經常被臉上刺字，或者眼珠被摳出來，被抽幾鞭子那算是最輕的了。即使殘暴好殺，即使很不成器，但不知道為什麼，述律皇后就是特別偏愛這個小兒子。

太祖皇帝歸天的時候，長子二十八，次子二十五，三子十六歲。要依照述律后的想法，乾脆就讓三兒子繼位。但是一來三兒子太小，才十六歲，二來呢，名聲太臭，契丹大臣要一聽說是他即位，弄不好就又重新選可汗了，所以李胡即位時機不成熟。那麼在老大和老二之間，本來太祖皇帝已經選定了老大，可是皇后不喜歡老大。這是為什麼呢？

女主臨朝

阿保機的長子耶律倍不僅學識淵博、德才兼備，而且驍勇善戰，因此被阿保機立為太子，以繼承遼國大統。太子耶律倍既然這麼優秀，那麼為什麼述律后偏偏就不喜歡他呢？

其中一個重要原因是述律后代表著草原民族的舊的傳統觀念，而太子卻代表著當時漢化的一種傾向。太祖皇帝在草原上建立上京之後，曾經問群臣：「授命於天的君王應該事天敬神，我欲祭祀歷史上有大功德的人，首先應該選哪個？」有的大臣就說應當敬佛祖。太祖皇帝說佛乃戎神，它是印度的，不是中國的宗教。從太祖這句話裏，我們明顯能捕捉到一個信息：太祖皇帝認為自己是中國人，我繼承的是中原王朝的正統。佛不是中國神，我不祭祀他。你們再想想應該祭祀誰？這時耶律倍說，孔子大聖，萬世師表，理當先祭祀孔子。太祖非常高興，下令在上京建孔廟，然後下詔皇太子，每年春秋二季祭祀孔子。可以看出太子耶律倍是一個傾心漢化的人物，他還是中國歷史上著名的畫家、陰陽學家、醫藥學家、翻譯家，學問非常大。

耶律倍不但重文，武功也可以，經常跟隨太祖皇帝出征作戰，南征北討，立下了赫赫戰功。太祖平定了渤海國之後，就尋思：渤海怎麼治理？二百餘年的海東盛國，當年取法唐朝，實際上是一個地道的漢化的國家。如果用契丹法度統治這個地方，渤海人必然不服，也許就會領兵作亂，那可就沒有安定的時候了。如果用漢法統治，環顧滿朝，誰有這個能力治理這個新征服的國家？於是就想到了耶律倍。耶律倍不但懂漢法，而且他是皇太子，地位又高，換個別人來鎮不住這個地方，只有皇太子可以。因此，太祖班師的時候就讓耶律倍鎮守渤海，把渤海國改名叫東丹國，意思是東邊的契丹國，讓太子做東丹國的國王。這樣一來，太子鎮守東丹國，完全採用渤海的舊制，基本上就是漢制。太祖班師的時候非常高興，拍著自己兒子的後背說，好孩子，有你鎮守此地，朕無憂矣。我就可以班師了，專門去經營咱們的老家和西方、北方，東邊我就交給你鎮守了。耶律倍目送父皇走的時候，伏地痛哭，叩頭不已，心中有一種不祥的預感。皇上把我擱到這兒是啥意思？我明明是太子，太子不在都城，被扔到屬國來，這是我爹信任我呢，還是我爹不信任我呢？他跪地痛哭，口不擇言，說只恐父皇這一去你我父子再無相見之日了。幸虧太祖皇帝那時候心裏高興，而且可能游牧民族比較粗獷嘛，要是漢族皇帝這事就麻煩大了：你這話什麼意思？我這一走你我就再也見不著了，那你說是你看不見我了還是我看不見你，你得把話說清楚，你這話什麼意思？當時太祖皇帝很高興，沒計較，孩子多心了。果然，太祖在回京途中駕崩，死在道上了。那麼太祖皇帝駕崩，按照禮制，就應該由耶律倍，這位東丹國的人皇王趕緊赴上京奔喪，然後在大行皇帝靈柩前繼位了。

不料述律后說，兒子們年幼，一個二十八，一個二十五、一個十六，都太小，國家交給他們我不放心。怎麼辦呢？由我臨朝稱制，不是垂簾聽政，而是軍國大事我一人決定。

這下契丹貴族們不高興了，太祖皇帝活著的時候你出謀劃策，屢建奇勳，這沒的說。太祖把皇后依若長城，左膀右臂，現在太祖皇帝歸天，長子已然成人，無論如何應該讓長子繼位，女主臨朝，這讓外國看起來也是笑話，咱契丹是不是沒人哪！大臣們不服，就在底下搞小動作，述律后就想了一招對付。

清異行動

為達到廢長立幼的目的，述律后不顧群臣反對，臨朝稱制，獨攬大權。她為了鞏固自己的統治地位，還使用了極其惡毒的手段殘害異己。那麼，述律后究竟用了什麼惡毒的手段呢？

有一天，述律后在宮裏召見了一百多個契丹貴族大臣，都是耶律氏皇族，跟隨太祖南征北戰、出生入死的功臣。述律后把他們叫來，問他們，汝思先帝乎（你們想先帝嗎）？這個沒有第二個答案，你不可能說不想，你受先帝厚恩，你不想先帝，你是人嗎？所以大家異口同聲說想，我們特別思念先帝。述律后一聽，你們既然這麼想先帝，先帝也想你們，現在先帝一個人多悶得慌啊？你們追隨先帝於地下去吧！刀斧手上來，喊里咔嚓，一百多人就全完了。這可都是契丹大貴族，全被述律后殺了。你們不是在私底下挑唆嗎？你們不是覺得我不應該臨朝稱制嗎？行，你們追隨先帝於地下去吧。

這下大臣的家屬們不幹了。咱們講，契丹女子是比較厲害的，就是不厲害到這份兒上也急了，老公都讓人砍了。於是這些大臣的眷屬進宮找述律后質問，我們家先生犯什麼罪了，憑什麼被殺了？述律后反問她們，君臣一體，先帝是你們先生的君，我就是你們的君，我現在寡居，你們怎麼能不跟我一樣呢？先帝沒了，我當寡婦，你們理所應當做寡婦，這沒有什麼可說的，你們還有臉來質問我？因為你們沒有寡居，我現在幫你們寡居，你們應該感謝我才對。從此以後，述律后只要看到朝中有不臣服自己的大臣，就說先帝想你了，你去伺候先帝吧。這招屢試不爽。

《資治通鑑》卷二百七十五記載：「述律后召諸將及酋長難制者之妻，謂曰：『我今寡居，汝不可不效我。』又集其夫泣問曰：『汝思先帝乎？』對曰：『受先帝恩，豈得不思！』曰：『果思之，宜往見之。』遂殺之。」

述律后斷腕

面對述律后的惡毒，滿朝文武敢怒不敢言，而述律后也越發獨斷專行。就在此時，朝中一位大臣，巧妙地頂撞了述律后，還迫使她自斷手腕。那麼究竟是誰，用了怎樣的辦法，使這位智勇雙全的述律后能夠無奈地自斷手腕呢？

有一次，述律后碰壁了。這次她找碴的對象是漢族降將趙思溫。趙思溫是在太祖兩次發兵南下的時候歸順的，攻破渤海國立有大功。太祖皇帝對降將也不完全信任，渤海當年也是少數民族，雖然經歷了二百年漢化，但是血性基因沒有完全退去，所以跟太祖曾經打過野戰，你騎兵我也騎兵，我不怕你，渤海騎兵全軍覆沒了之後就躲入都城，堅守不出。太祖皇帝當時找到趙思溫，跟他講，我們契丹人擅長野戰，現在渤海的野戰軍已經被我們消滅乾淨了，明天攻城就看趙將軍的部下了，你們漢族人會爬城牆，所以該你上了。趙思溫知道太祖皇帝這是不信任自己，想讓自己當炮灰。一般來講，統治者最愛幹的事就是讓自己內部的異己份子跟敵人去拼個兩敗俱傷，打死誰都好，打死敵人平外患，打死雜牌平內亂，都死了更好，內亂、外患全平。趙思溫明明知道太祖皇帝是要拿自己當炮灰，但他回到營帳之中，跟手下的將領講，明天該是咱們建功立業的時候了，咱沒有退路，你死於疆場你就是烈士，你後退一步死於軍法你就完了，必須奮勇爭先，讓契丹人看看，咱們也是男兒漢！第二天攻城的時候，趙思溫率領的漢軍驍勇異常，趙思溫本人身中三箭，最後攻下了渤海的都城。太祖皇帝親自到營中去探望，給他塗藥，握住他的手說，真男兒也，你們漢人也是爺兒們。按說這樣的一個大臣，又不是契丹族，你們誰當皇帝、誰做宰相，他不會有任何看法，更沒什麼野心，反正皇帝是誰也輪不到自己，自己怎麼著都是臣子。

不知道為什麼這次述律后瞅他不順眼了，朝廷之上，當著百官說，趙思溫，先帝想你了，伺候先帝去。趙思溫雖然是武將，但絕不像契丹人那麼直腸子。契丹大臣一聽太后說先帝想我了，那我有什麼藉口不去侍奉先帝啊，請病假？先帝活著的時候召我，我可以請病假，他死了叫我去我就沒轍了。人家趙思溫有轍，他慢吞吞地站起來，說跟先帝最親近的人，莫如太后，你要去伺候先帝，那我就去伺候先帝。述律后一下傻眼了，我把那麼多人送到先帝那兒去了，沒一個人跟我說這話。她因為想不到，所以沒預案，不知趙思溫說這句話自己怎麼去反駁。述律后愣在當場，契丹大臣們心裏就樂開了花：你看人家漢人，有文化就是好！給老寡婦來這麼一句，你要是伺候先帝我就去。述律后不愧是塊老薑，薑還是老的辣，腦子轉得很快：我應該去侍奉先帝沒錯，但是，社稷重，君為輕，現在主幼國疑，我兒子才二十八，如果我去侍奉先帝，對於先帝爺開創的江山基業是不負責任的，所以我不能去。等我的孩子長大成年，能夠處理朝政了，我自然去侍奉先帝。為了有所表示，她拔出佩刀，「咔」一刀就把自己的手腕齊刷刷地砍了下來，面不改色心不跳，說先用我的手腕去陪葬先帝吧。你想啊，她拿自己都這麼不當回事，她可不是看你不順眼，就讓你侍奉先帝去嗎？但是這一次述律后也知道，自己做得太過分了，而且遇上了趙思溫這麼一個剋星。述律后居然就放過了趙思溫，沒再讓他去侍奉先帝。但是，契丹大臣們都知道了得罪述律后的下場，那就是跟先帝爺葬在一起。雖然很光榮，但是誰也不樂意這麼早去。以後，述律后在朝中說一不二，沒人敢反對她了。大家又沒有趙思溫這種文化水準，沒有他的臨場應變能力，所以都不敢惹述律后。

次子繼位

述律后一心想讓三子耶律李胡繼承皇位，但無奈耶律李胡實在是殘暴無能，如果強令其即位，只怕會激怒群臣。因此述律后決定退而求其次，讓次子耶律德光繼承皇位。可是耶律倍畢竟是長子，又是太祖皇帝欽定的繼承人，怎樣才能廢掉他，讓次子即位呢？

耶律德光長於武略，很有太祖皇帝當年的風采。《遼史・太宗本紀上》記載，他出生時「神光異常，獵者獲白鹿、白鷹，人以為瑞。及長，貌嚴重而性寬仁，軍國之務多所取決」。太祖皇帝在世的時候，舉措也有點兒失當，立長子為皇太子，後來卻讓他治理渤海，封為東丹王，卻把次子耶律德光封為天下兵馬大元帥，執掌兵權。不知道太祖皇帝當初是怎麼考慮的，既然把耶律德光立為天下兵馬大元帥，那耶律德光將來就很有可能要掌權，因為他手裏有兵權。咱們聽評書演義裏說楊六郎、岳飛掛天下兵馬大元帥，那是不可能的。天下兵馬大元帥是臨時設立的，不是國家的正式官職，而且出任這個職務的人一般是皇太子，不可能是別人。如果皇帝沒有立太子，但是在諸皇子中擇一人為天下兵馬大元帥，那麼這個人將來承繼大統的可能性相當大。遼太祖立了太子又弄了一個大元帥，等於把兩個人的權力分散了。當時耶律倍也明白，自己的處境很艱難，他從渤海國（當時已經叫東丹國）來到上京奔喪，奔完喪之後就回不去了，被母后留在上京。他親眼目睹了母后的所作所為，那麼多功臣宿將陪伴父皇去了，母后也把自己的手腕剁了下來。所以我識趣點吧，我要不識趣，母后一不高興，我也陪伴父皇去了。因此他主動給朝廷上表：「皇子大元帥勳望，中外攸屬，宜承大統。」（《遼史．太宗本紀上》）

「皇子大元帥」指自己的弟弟耶律德光，他深孚眾望，中外攸屬，理當承繼大統。我不行，趕緊讓他來。這個時候，對述律后來講，廢長立幼已經是水到渠成的事了：群臣都被她切手腕嚇怕了；大兒子又表示自己不行，願意讓弟弟承繼大統。但述律后卻搞了一齣民主選舉，要把這個戲演到家。她讓兩個兒子並轡騎馬，立在太祖陵前，然後把大臣們全召來。述律后對大臣們講，這倆兒子都是我的愛子，手心手背都是肉，我難以取捨，我實在不知道這倆孩子應該立誰。這樣吧，你們擁護誰就去牽誰的馬頭。大臣們誰不知道述律后屬意二子耶律德光啊？所以，無一例外，一窩蜂爭相去抱耶律德光的馬頭，跑慢了都抱不上，只能抱後面的人腿。大臣們抱住耶律德光的馬頭，爭先給他牽馬執鐙。太子這邊呢？一人沒有！太后一看，既然如此，大元帥眾望所歸啊，我也就不說什麼了。於是，二兒子耶律德光繼位，這就是契丹國的第二代皇帝，遼太宗。太宗皇帝繼位之後，追謚耶律阿保機，廟號太祖。

耶律德光繼位之後，朝政實際上完全掌握在述律后的手裏，耶律德光就是一個傀儡皇帝。耶律德光也知道，我媽把手腕剁下來我才能繼了皇位，所以對母親非常孝順，在上京城蓋了節義寺。我母親很貞節，很義烈，斷自己手腕陪葬先帝，歷朝歷代的嬪妃誰能做到這一點？在節義寺中蓋斷腕樓，樹碑立傳，褒揚自己的生母，上尊號承天皇太后。

皇帝每日三次進宮問安，晨昏定省，這是錯不了的。因為述律后年老，經常鬧病，一鬧病就吃不下東西，只要皇太后不吃東西，皇帝就不吃東西，陪著，什麼時候太后病好了，能進食了，他再吃東西。述律后跟耶律德光商討軍國大事的時候，一旦耶律德光跟太后的意見相左，太后就面露不悅之色，說撂臉子就撂臉子。只要太后一露出不悅之色，皇帝就唯唯而退，鞠著躬、作著揖退出去，而且太后不召，再也不敢來了。太后一生氣，三天我不理你，皇帝絕對不敢來打擾。什麼時候太后召見，皇上才來，兒臣錯了，三天前不該惹您生氣，軍國大事完全由您皇太后來決定。但是，耶律德光畢竟是一朝天子，他也不甘心就這麼做一個傀儡，也很想從太后手裏把權力給搶回來。

要想從太后手裏奪權，最好的辦法是什麼呢？契丹王朝以武力立國，以武定天下，當初述律后看重耶律德光，看不中耶律倍，也是覺得耶律倍文弱，而耶律德光武勇。所以遼太宗就想，東邊、西邊、北邊全平了，現在就剩南邊了，我領兵南下去打仗！皇帝能征善戰，身先士卒，武功就體現出來了，這樣我就能逐漸把權力從太后手裏奪回來。正在太宗皇帝想瞌睡的時候，南朝就有人來送枕頭了，一個比太宗皇帝大十幾歲的人居然死乞白賴地要認太宗皇帝當爹！這個人是誰呢？

五

上門認爹

遼太宗耶律德光繼位後，不甘心受母后的擺布，
想通過爭霸中原來鞏固自己的帝位。
就在此時，中原王朝有一個人主動送上門來，
不僅口口聲聲要認耶律德光做爹，
而且還給他帶來了一個入主中原的機會。
那麼，這個人是誰？
他為什麼要認耶律德光當爹呢？

遼太宗耶律德光很想出兵中原，揚名立萬。就在他想打瞌睡的時候，有人來給他送枕頭了，一個比他大十幾歲的人，要認他為爹，那麼這個送上門的老兒子是誰呢？他為什麼要認耶律德光當爹呢？

此人就是五代時後晉開國皇帝石敬瑭，中國歷史上有名的兒皇帝。石敬瑭在中國歷史上留下了千載罵名，他厚顏無恥，比人家大十多歲，反認人家當爹，這是無恥之一。無恥之二，他割讓幽雲十六州，致使中原王朝門戶頓開，所以這傢伙簡直就是個漢奸。實際上，石敬瑭腦袋上漢奸和厚顏無恥這兩頂帽子，多少真有點冤枉他。為什麼這麼說呢？

首先，石敬瑭無論如何也說不上是漢奸，他不是漢族人，怎麼能說人家是漢奸呢？《資治通鑒》卷二百七十一記載：「敬瑭、知遠，其先皆沙陀人也。」就是說，石敬瑭和劉知遠都是沙陀部落的人，這沙陀部落是突厥、回鶻的別部。

石敬瑭雖然比耶律德光大了十多歲，但是確實比他小一輩，所以認耶律德光做爹，也不能說他完全是厚顏無恥。問題在於，耶律德光就算比你大一輩，沒事你幹嘛認他做爹？石敬瑭也是出於無奈啊，平白無故地誰願意認個爹孝敬啊！原因在於後唐明宗李嗣源一死，出事了，出大事了！

聰明反被聰明誤

李嗣源是後唐的明宗皇帝，也是石敬瑭的岳父。那麼，他的死與石敬瑭去認遼國皇帝做爹又有什麼關係呢？

五代時，將領們為了籠絡部下，常見的做法就是將手下最善戰的將領收為乾兒子，因此這些皇帝人人都是一大堆乾兒子。李嗣源一死，他的親兒子繼了位，不料他的乾兒子，也就是後唐末帝李從珂不答應，起兵造反，把李嗣源的親兒子推下了皇位。

李嗣源的親兒子只帶了數名騎兵逃了出來，去投奔石敬瑭。見了石敬瑭之後，他的部下還覺得自己是天子近臣，覺得自己的主子還是天子，還跟石敬瑭擺譜，公開指責，出言不遜：先帝待你不薄，把公主都嫁給你了，你是先帝的女婿，李從珂這個賊子起兵造反，你居然坐視不理，是何居心？把石敬瑭狗血淋頭地罵了一頓。石敬瑭哪吃這一套啊？你惶惶如喪家之犬，到我這兒來，給你口飯吃就不錯了，你還敢跟我嚷嚷？石敬瑭不動聲色，石敬瑭的部下卻火冒三丈，拔出刀來把落難天子的部下全宰了。石敬瑭一看，你們怎麼搞的？不經我同意就把這些人殺了，乾脆，咱們幹徹底點兒吧，把落難天子綁了交給李從珂，投奔他得了。

於是石敬瑭就把這位落難天子捆了，然後去投奔李從珂。他跟李從珂說，你看，這可是先帝的親生兒子啊，我把他捆了，來投奔你，你該重用我吧？李從珂當時不敢說什麼，只說姐夫你真明斷，你做得對，朕封你為河東（今天的山西太原一帶）節度使，手握重兵，這算重用你吧？石敬瑭得到了重用，但是有一條，李從珂封他為河東節度使，但卻不讓他回河東，先在洛陽待著，遙領河東節度使。

李從珂為什麼要把石敬瑭扣起來呢？很容易理解。他本姓王，是先帝爺的養子，他把先帝的親生兒子推翻了，帝位來得不正。中國古代是一家一姓的江山，李姓江山，你姓王的能坐，那我姓石的為什麼不能？我還是先帝爺正牌女婿，我妻子是先帝親生閨女，不像你是半道撿來的。身為一朝天子，李從珂做得也很無奈，他很弱勢，君弱臣強，互相瞅著對方不順眼，互相要防著對方。李從珂這皇帝當得窩囊到什麼程度？他一做了皇帝，部下那些藩鎮們就都有了做皇帝的雄心壯志，就起來挑事。部隊挑事最好的辦法就是鬧餉。李從珂為了籠絡部隊，把皇后的首飾都變賣了，還是不管用。所以李從珂就覺得，這幫節度使鬧事，我只要把他們當中最有影響的人控制住，就鬧不起來了。誰最有影響力呢？石敬瑭啊！因此，他就把石敬瑭扣在洛陽，不讓他回河東。

石敬瑭也知道皇上懷疑他，但他現在人在洛陽，手裏沒兵沒將，皇上要把他怎麼著，他一點兒辦法也沒有。石敬瑭整天發愁，茶不思飯不想，愁到最後，瘦得皮包骨頭，儼然一具會動的骷髏。石敬瑭的妻子非常心疼，怎麼辦呢？她就去找自己的母親曹太后，跟曹太后說，您看皇上咋這麼懷疑我們家石郎啊？我們家石郎忠於皇上，不會造反的。您去看看他，他現在都瘦成什麼樣了，您跟皇上說說，把他放了得了。李從珂雖然不是曹太后親生，但是曹太后把他從小養大，視如己出，曹太后這一求情，再加上李從珂也親眼到石敬瑭家看了，感覺他活不了幾天了，就答應放他了。石敬瑭立刻以最快的速度回到了河東。

石敬瑭造反

雖然石敬瑭回到了老家，逃離了李從珂的直接控制，但是這樣一來李從珂對石敬瑭就更不放心了。在李從珂看來，石敬瑭就是他的一塊心病，總想找機會除掉石敬瑭。那麼，疑心重重的李從珂，會怎麼對付石敬瑭呢？

石敬瑭回到河東之後，李從珂依然念念不忘他會造反，怎麼看石敬瑭怎麼是個異己份子。不放心一個人，一般有兩種手段可以對付他：你要實力強，就玩硬的，索性大軍進剿，一下把他給滅了，沒什麼好廢話的，這是最好的策略；你要感覺自己實力弱，打不過人家，那就應該千方百計地籠絡他，麻痹他，讓他喪失戒心，然後利用這個機會，是招兵買馬也好，是招降納叛也罷，壯大了自己，然後再出兵。但此時的李從珂明顯缺少遠慮，這兩招他都沒用，而是採取了最臭的招，不斷刺激、敲打石敬瑭，「石敬瑭，你做了節度使，我可是被迫讓你做的，你得記著，我是被迫的，我不放心你，我真的不放心你。」他老給石敬瑭傳達這種信息，你想石敬瑭在河東做官能好受嗎？

有一次，石敬瑭的妻子去參加李從珂的生日宴會，結束後，急於趕回河東。結果，李從珂居然醉醺醺地，當著文武百官的面，跟石敬瑭的妻子講：「爾歸心甚急，欲與石郎反耶？」（《舊五代史・晉書・高祖本紀一》）你那麼著急幹嗎？是不是要回去造反啊？石敬瑭的妻子畢竟是後唐明宗的親生女兒，名副其實的公主，你李從珂只是乾兒子，你把人家親兄弟逼死了，還老懷疑人家親姑爺造反，當著文武百官的面羞辱人家，太過分了。石敬瑭的妻子回去之後就跟丈夫哭訴。石敬瑭一看，我都忍到這份兒上了，你李從珂還對我這樣，於是問自己的謀士，你們給我出個主意，我忍不下去了，你們說我怎麼辦？謀士說咱先試探皇上一下吧。

石敬瑭有一個侍衛馬步軍都總管的頭銜，謀士說你上表把這個頭銜辭去，如果皇帝接受了你的辭職，那就說明沒救了，你們倆撕破臉是一定的了，咱就先下手為強；如果皇上安慰挽留你，那就證明他心裏還有你，他暫時不會把你怎麼樣。石敬瑭於是上表請辭。皇上一看石敬瑭要辭職，也召見自己的大臣問，這個石敬瑭要辭職，你們看怎麼辦？這幫大臣也糊塗透頂，就跟皇上講，河東早晚必反，你同意他辭職他會反，你不同意他辭職他也會反，你乾脆同意他辭職逼他反，他只要一反，他就不佔理，他不佔理，咱們就可以興義師討伐。君臣於是就定計，同意石敬瑭辭職。石敬瑭一看沒轍了，公開扯起了反旗，索性就反了。皇上一看石敬瑭反了，正中下懷，馬上調集天下兵馬，討伐石敬瑭。

要說皇上調集天下兵馬，石敬瑭還真不是對手，問題是李從珂調集的兵馬不是他自己的兵馬。唐朝末年，地方節度使的權力太大，自己任命僚屬，自己任命軍將，貢賦不入於朝廷，儼然一個個獨立的王國。五代十國就繼承了唐朝的這種亂象，所以每一個朝代的開國之君，基本都是前朝的藩鎮，手握重兵，以至於有的人公開說：「天子寧有種邪？兵強馬壯者為之爾。」（《新五代史・安重榮傳》）誰拳頭硬、誰胳膊根兒粗誰是老大。李從珂調集的這些兵馬，都是藩鎮的兵馬。當時後唐實力最強的藩鎮，一個是河東節度使石敬瑭，一個是幽州節度使趙德鈞和他的養子趙延壽。所以，李從珂首先調集二趙的兵馬去鎮壓石敬瑭。

二趙憑什麼給你打仗啊？人家不能白幹，皇帝不差餓兵，讓我打仗可以，我有條件：一個幽州節度使不夠，我的兒子也得弄個節度使；我的軍隊得擴充，你得把幾個藩鎮的兵馬都給我，我要把他們的部隊吞併；你得給我發軍餉。這時候的後唐末帝李從珂昏招迭出，當著文武百官的面羞辱二趙，當然二趙並不在場，說趙氏父子枉受國恩，國難當頭，居然跟朕要官做，太不是個東西。還告訴前線其他將領，如果趙氏父子想吞併你們的部隊，甭猶豫，跟他拼。你是求人辦事的，人家拿了錢才給你辦事，天經地義，是不是？他覺得自己是皇上，太拿自個兒當回事了，一個石敬瑭還沒擺平呢，又把二趙給逼反了。二趙就是要個官嘛，你給他不就完了，以後你想辦法再削弱他嘛。先把石敬瑭這個主要矛盾解決了，再解決次要矛盾。現在石敬瑭這個主要矛盾還沒解決，二趙又反了。二趙這一反，後唐也就真沒幾年了。

兩邊都反了，將來難免就要為敵，怎麼辦呢？他們不約而同想到要找靠山。靠山找誰？誰當時在中華大地是最強大的？雙方不約而同地想到了契丹。所以都派出使者去契丹見遼太宗耶律德光，請求援兵。石敬瑭派出的使者是他的掌書記，就相當於他的祕書長了，三寸不爛之舌，說得天花亂墜，很快就把遼太宗給說服了。他跟遼太宗講，如果你幫助我家主公滅了後唐，我們有三項答謝。哪三項呢？

甘心兒皇

石敬瑭想藉助遼國的勢力來推翻後唐李從珂的統治，從而達到自己統治中原的野心。為了得到遼太宗的支持，石敬瑭提出了三個答謝條件。那麼，遼太宗會跟石敬瑭做交易嗎？石敬瑭開出的三個條件又是什麼呢？

第一項，以父事契丹。你就是我們家主公的爹，而且我們稱臣，以後我們這個王朝跟你們契丹國就是君臣關係。

第二項，奉送幽雲十六州。如果將來你幫我們滅了李從珂，我家主公做了皇帝，願意把雁門關以北幽雲十六州送給你。

第三項，每年進貢三十萬匹布帛。契丹不是只產毛皮，缺少布帛嗎？我們給你送布帛，每年三十萬匹。

這個時候遼太宗就琢磨了，為什麼先帝爺當年兩度南下進伐中原都失敗了？因為先帝爺時運不濟啊，老趕上中原王朝最強大的時候，就是李存勖、李嗣源這哥兒倆當皇上的時候。後唐軍隊在這哥兒倆當皇上的時候戰鬥力很強，沙陀人本身是游牧民族，士兵全穿黑衣，被稱為鴉軍。先帝爺遇到這樣的狠角色，才兩次南下都無功而返。朕自忖文治武功不及先帝，要想超越先帝爺，立下戰功，在中原揚名立萬，就得找中原的對手實力弱的時候。天助我也，現在中原混戰，他們家內亂了，解決不了，想請我這個鄰居調停一下，漁翁得利啊，我看誰調停費給得高，我就給誰調停。一個是調停費得給高點兒，再一個你多少得佔點兒理。我們國家出兵，得以有道伐無道，不能說衝你給那點兒東西去，那我們不成打手集團了？遼太宗就琢磨這倆人誰佔理，契丹大臣們也幫他分析。石敬瑭派去的掌書記，口才極好，說他家主公完全是被逼反的，並把後唐皇帝迫害他家主公的種種卑劣行徑一一列數。意思是石敬瑭不反，命就沒了，而姓趙的父子倆可不是，他們倆完全是小人，落井下石，乘人之危。

太宗皇帝一想，這位說得對，從道義上石敬瑭佔理，從輩分上石敬瑭更可愛了，他比自己小一輩，視契丹為父，如果幫助他，將來自己就多了一個兒子國。姓趙的那父子倆，尤其那個當爹的趙德鈞，與我約為兄弟，你算老幾啊，你求我還跟我約為兄弟？我只認兒子不認弟弟。另外，石敬瑭割讓幽雲十六州，但幽雲十六州不在石敬瑭手裏，而那個姓趙的是幽州節度使，他父子就在那兒安家。石敬瑭開出的條件，趙氏父子肯定不會答應，他們不可能把幽雲十六州給我，給了我他上哪兒去？石敬瑭這是借花獻佛，慷他人之慨，反正那地也不是他的，他答應把那地給我，肯定是誠心誠意的。因此，遼太宗當即拍板，支持石敬瑭，並親率遼國大軍南下，連一再勸阻契丹國發兵南下的述律后這一次也樂觀其成。述律后這個人智謀廣遠，心機很深，她原來不讓太祖皇帝領兵南下是覺得實力不夠，現在她看到中原亂成一鍋粥，此時不撈何時撈，大撈特撈，絕好的機會！所以她不但支持，並且跟她兒子一道率領大軍南下。

契丹大軍南下，洛陽眼瞅著保不住了，後唐就要滅亡了，李從珂決定自焚殉國。中國歷史上能夠做到國君死社稷的人還真不多，一般亡國之君或降或俘，挺身一死的，最起碼從氣節上還是挺招人欽佩的。李從珂決定要自焚，但你願意焚就焚吧，反正你國破身死，但他卻邀請耶律倍跟他一起自焚。

皇子流浪

耶律倍是遼太宗耶律德光的大哥，李從珂為什麼會邀請他一起自焚？再說耶律倍不是一直待在自己的封地東丹國嗎？此時他又為什麼會出現在後唐王朝呢？這件事情還得從耶律德光繼位開始說起……

前面講，耶律德光繼位，成了遼國的第二代皇帝。他做了皇帝之後，皇兄耶律倍仍然留在上京，兄弟之間難免就有芥蒂。其實這個時候的契丹民族還真的很樸實，這要在中原王朝，大哥肯定就陪伴先帝去了，現在老二對老大也沒痛下殺手，但是他一直不肯放老大就封。老大幾次請辭，說您已經做了皇上了，我也不會跟您競爭，我的封地在東丹國，您能不能把我放回去，讓我侍奉大契丹？過了很長時間，太宗皇帝才把自己的哥哥放走，但等哥哥回國之後，耶律德光幾次派人去探望，名為探望，實乃監視，不但監視，他還把東丹國的人戶大量遷往契丹境內，並縮小東丹國的領土範圍，甚至哥哥的三百名衛兵也是他派去的。耶律倍非常鬱悶，為了表示自己的忠心，他在東丹國的都城建立廟宇，刻寫碑文，歌頌今上的聖德，並且還建起一座藏書樓。這座藏書樓至今遺址尚存，在醫巫閭山八百多米高的主峰上，藏書達萬卷之多。當時中原內亂，很多古籍正是由於耶律倍的搜求才得以保存，比如他搜集了很多中原的古醫書，而這些醫書在中原都失傳了。耶律倍每天就是讀書、繪畫、吟詩作賦，與漢族文人唱和。但是，弟弟耶律德光還是念念不忘，不斷派特工監視。耶律倍感覺再這麼下去，早晚有一天會命喪弟弟之手。怎麼辦？三十六計走為上，投奔中原吧。

當時，中原王朝就是後唐，在位的皇帝是後唐明宗李嗣源，就是石敬瑭的岳父。李嗣源也知道契丹國內亂，幾次派人持書渡海，招耶律倍。耶律倍思之再三，「我以天下讓主上，今反見疑；不如適他國，以成吳太伯之名」（《遼史．耶律倍傳》）。我以皇位相讓於當今主上，沒想到主上仍然懷疑我，不如乾脆棄國遠走，以成全主上。於是他帶著一些隨從、愛妃高氏和自己的萬卷藏書，渡渤海灣進入後唐境內。他的原配蕭氏和兒子耶律阮沒有跟他同去，留在了契丹國。離開故土的時候，耶律倍在海邊豎了一塊木牌，木牌上寫了四句詩，這是見於史籍記載的契丹最早的漢文詩：「小山壓大山，大山全無力。羞見故鄉人，從此投外國。」（《遼史．耶律倍傳》）這詩今天看起來純粹就是打油詩的水準，怎麼不押韻啊？別忘了這是契丹人寫的，草原民族，驍武憑陵，彎弓射鵰，能寫成這樣，起碼字對齊了，就已經很不錯了。當然可能也是因為他走得太匆忙，來不及潤色，平仄、押韻就都顧不上了。

耶律倍留了這麼一首詩，浮海南下，到了後唐都城洛陽。李嗣源非常高興，以天子禮儀接待耶律倍，因為耶律倍在遼本來就應該是皇帝，一不留神沒當上，所以用天子禮接待他。賜姓李，起漢名叫李贊華，封懷化軍節度使，物質待遇也非常優厚。這樣，耶律倍就在中原生活下來。他雖然在中原生活，但每當契丹有使者來，他都召見使者，問自己的母親怎麼樣，問自己的弟弟怎麼樣，而且還主動遣使問母后和主上的康寧，絕不會因為他母親不待見他而失了禮數，對家鄉的人也照顧得殷勤備至。

耶律倍在後唐過了沒幾年舒心日子，李嗣源死了，親兒子繼位，乾兒子李從珂造反，把李嗣源的親兒子推翻，自己做了皇帝，就是後唐的末帝。這位流浪的皇太子是先帝迎請來的，自然跟李從珂就沒有什麼深厚的關係了，李從珂對落難皇子的態度顯然就不如自己的養父。而且李從珂帝位來得不正，所以耶律倍曾經派人修書給太宗耶律德光，讓他領兵南下，消滅李從珂。雖然母親不待見自己，雖然自己的皇位被搶了，雖然自己在後唐待遇優厚，但耶律倍仍然是身在曹營心在漢，時刻懷念的還是自己的故國。但是沒等遼太宗起兵，石敬瑭就反了，拜了遼太宗做義父，契丹大軍南下了。契丹大軍一到，後唐眼瞅著就要滅亡了，李從珂決定自焚殉國，但他邀請耶律倍跟他一起自焚。你在我們國家住了這麼多年，我跟你的感情實在太好了，我一個人走不忍心啊，所以我邀請你一塊兒死。

客死異鄉

石敬瑭借用遼國的勢力來攻打後唐，後唐末帝李從珂深知大勢已去，後唐即將滅亡，於是決定讓耶律倍同他一起自焚。那麼，耶律倍會陪著李從珂自焚嗎？

耶律倍當然不肯自焚了。憑什麼你自殺我陪著？咱倆感情再好，我連先帝都沒追隨，我能追隨你嗎？咱倆八竿子打不著。耶律倍拒絕了這項邀請，我才不自焚呢！我弟弟耶律德光正領兵日夜兼程南下，馬上我就能見著祖國的軍隊了，我憑什麼自焚啊？耶律倍不肯自焚，李從珂就派人暗殺了耶律倍，然後自焚。耶律倍死時虛齡三十八歲，實際上三十七歲。

石敬瑭攻破了洛陽，見到了耶律倍的遺體，撫屍痛哭。耶律德光是他爹，耶律倍不就相當於他大爺嘛，他一看大爺被李從珂害死了大痛哭一場，然後把屍體歸還給了契丹。遼太宗見到兄長的遺體，也悲從中來。本來倆人小時候關係很好，是媽不待見你，不是我的原因，本來哥兒倆也沒大仇。哥哥又把皇位讓給我，甚至為了讓我不至於生疑，渡海南去，客死他鄉，所以太宗皇帝悲痛異常。

耶律倍的身後事怎麼處理呢？太宗皇帝首先把他的遺體運回遼陽府安葬，追謚文武元皇王。中國古代，皇帝的名字是不能叫的，得避諱，那怎麼稱呼他們？皇帝活著的時候，有尊號，有年號，像明清兩朝的皇帝，我們一般用年號來稱呼，如洪武、康熙、雍正、乾隆等，因為明清兩代的皇帝除了明英宗和清太宗，一生都只有一個年號。但明清以前的帝王老改元，像武則天在位十五年，就有十四個年號，她可能為了轉運。皇上死了之後，有謚號，有廟號，謚號用一個字，概括出他一生的功過。謚號用字一般見於《逸周書》，封謚號不能超出這些字的範圍，所以基本上哪朝都有文帝、武帝，經天緯地曰文，克定禍亂為武，一般開朝皇帝為太祖武皇帝，而二代守成之君稱太宗文皇帝。謚號從性質上來說，一般有三種：表揚型、批評型、同情型。「文」「武」顯然是表揚的；批評的如隋煬帝，去禮遠眾曰煬；同情型的如漢殤帝，繼位的時候一百多天，駕崩的時候兩歲，短折不成曰殤；還有像晉湣帝，在國遭憂曰湣，本來他沒什麼錯，祖宗造孽報應他身上了。而耶律倍的謚號「文武元皇王」把元、文、武全佔了，這個謚號是非常肯定他的。

太宗皇帝還加封耶律倍的兒子耶律阮為永康王，並把他帶在自己身邊，對這個侄子視如己出。所以我們說這個時候的契丹民族是質樸可愛的，你看李世民是怎麼對待自己的哥哥和弟弟的？滿門抄斬，一個都不留。而太宗皇帝在哥哥遺體歸國的時候很痛苦，還加封自己的侄子，並把他帶在身邊，不但帶在身邊，還教給他軍國大事，讓他歷練歷練。

一次，太宗皇帝去遼陽的寺廟參觀，看到當年布施的佛像和壁畫，他十分傷感，《遼史・太宗本紀》記載，他「顧左右曰：『昔與父母兄弟聚觀於此，歲時未幾，今我獨來！』悲歎不已。乃自制文題於壁，以極追感之意。讀者悲之」。記得當年這些塑像和壁畫是朕與父皇、母后還有皇兄一起來布施的，而今過來參觀的時候卻只有朕一個人了，怎能不悲從中來？

石敬瑭夢圓

耶律倍客死他鄉了，後唐末帝李從珂也自焚了，後唐僅十幾年的政權就這樣被石敬瑭所取代了。石敬瑭利用遼國做上了皇帝，那麼，遼國從中獲得的最大利益是什麼呢？

石敬瑭認了遼太宗當爹，後唐就滅了，遼太宗派韓延徽冊封石敬瑭為大晉皇帝。石敬瑭對自己的爹那是萬分的恭敬，給遼太宗上了一個尊號，這個尊號一口氣念下來是很困難的——「睿文神武法天啟運明德章信至道廣敬昭孝嗣聖皇帝」。皇上活著的時候可以給他上尊號，所以石敬瑭給皇帝上了一個二十幾個字的尊號，一口氣念不下來，都不知道在哪兒斷句。

對於契丹來講，最得意之筆就是得到了幽雲十六州，從此中原王朝三百多年的噩夢就開始了。北宋跟遼打仗，只要一打了敗仗，回來就得罵一頓石敬瑭，要不是你把這個地方割給遼，我至於打敗仗嗎？幽雲十六州在哪兒？為什麼這個地方這麼重要，給了契丹之後，中原王朝就要做幾百年噩夢？

幽雲十六州包括幽州，就是今天的北京，唐朝幽州城的主要治所就是今天的宣武和豐台；薊州，今天津薊縣；瀛州，今河北河間；莫州，今河北任丘；涿州，今河北涿州市；檀州，今北京密雲；順州，今北京順義；新州，今河北涿鹿；嬀州，今河北懷來；儒州，今北京延慶；武州，今河北宣化；蔚州，今山西靈丘；雲州，今山西大同；應州，今山西應縣；寰州，今山西朔州；朔州，也在今山西朔州。

幽雲十六州就是今天的北京、天津及河北、山西北部一帶，北京實際上是華北大平原的最北端了，城區往北、往西都能看到山。幽雲十六州北連朔漠，南控中原，地理位置非常重要。當年，秦始皇北逐匈奴，修築長城，以後歷代中原王朝都修葺長城，一個主要目的就是擋住北方游牧民族的騎兵。幽雲十六州位於長城以南，所以中原王朝是天險盡失。另外，這個地方農耕發達，使游牧民族建立的政權在經濟上有了保障。契丹原來經濟文化比中原落後，現在他們認同中原的文化，創制自己的文字，經濟上又有了農耕文明，軍事力量本來就比中原強大得多，尤其我們講遼採用一國兩制，漢制待漢人，國制待契丹，馬背民族的勇氣並沒有喪失，所以終兩宋之世，跟北方民族作戰就總是吃虧。所以中原人一提起石敬瑭就恨得咬牙切齒，石敬瑭從那個時候起一直到現在就別想撇乾淨了。

石敬瑭做了大晉的皇帝，對契丹恭敬有加，遼太宗也很疼愛自己這個老兒子，十六州得到了，每年三十萬布帛送來了。問題是，石敬瑭對遼太宗是很好，把遼那頭哄好了，但國內這頭他沒哄好。為什麼呢？他面臨著內憂外患。內憂道理很簡單，天子寧有種耶？兵強馬壯者為之爾！你姓石的居然奪了李家的天下，那麼我們這幫張王劉趙，也可以奪你石家的天下。尤其是你竟然把中原故土割給契丹，不管是不是你割的，反正是你倡議的，你這樣一個卑鄙小人，怎麼能做中原天子？所以各路諸侯蠢蠢欲動，他面臨著內憂。

那麼他為什麼還有外患呢？契丹不是跟他挺好的嗎？

六

誰主中原

石敬瑭藉助契丹的勢力，做上了後晉的皇帝，可是他的皇帝位坐得並不安穩。
各地藩鎮逐鹿，蠢蠢欲動，人人都想過把皇帝癮，
於是，中原大地上就上演了一幕幕爭奪中原之主的故事。
那麼，最終將鹿死誰手呢？

後唐節度使石敬瑭做了後晉皇帝之後，皇位坐得並不安穩，面臨著內憂外患。內憂是因為手下的節度使不服，也想做皇帝。那為什麼面臨外患呢？契丹不是跟他挺好的嗎？他以父事契丹，這個外患從哪兒來？

當年石敬瑭起兵的時候，幽州節度使趙德鈞、趙延壽父子，也想過一把皇帝癮，也曾去找遼太宗請求發兵，但是他們給的調停費沒有石敬瑭給的高，所以最後遼太宗幫了石敬瑭，沒幫二趙，於是石敬瑭做了皇帝。石敬瑭稱帝後，把幽雲十六州割讓給契丹，這是慷他人之慨，因為幽雲十六州本來就不在石敬瑭手裏，二趙才是幽州節度使，石敬瑭把別人家送給契丹了。契丹在佔領幽雲十六州的過程中，捎帶手兒就把二趙俘虜了，押到了上京。

二趙比較乖巧，這父子倆都是一個模子刻出來的，牆頭草，順風倒，龍勝幫龍，虎勝幫虎。當爹的趙德鈞，一看到述律太后，撲通一聲跪下來了，口稱罪臣投降來遲，死罪死罪，早就應該來扶保明主，現在還勞明主您出兵，把我千里迢迢地接過來，真對不起，我願意把幽州的田宅財寶全部獻給您。述律太后是什麼樣的人物啊？這個女人不尋常，心計極深，能被你這三兩句甜言蜜語給糊弄了？且述律太后為人比較刻薄，我雖然打贏了你，但是我也不給你臺階下，好漢應該給人留後路吧，我就不給你後路！我用不著對你顯示大度！述律后當著滿朝文武的面，挖苦二趙：你要獻給我的財寶呢？趙德鈞說隨身帶來了。述律后冷冷一笑，那財寶是你帶來的啊？那是我們大契丹繳獲的，是戰利品，連你都是戰利品，你有什麼私有財產？你的田宅呢？趙德鈞說田宅在我幽州老家，我準備把幽州的房契、地契都獻給您。國母曰：「屬我矣，又何獻也？」（《舊五代史・晉書・趙德鈞傳》）述律后說，你不獻可也得行啊，幽州現在已經是我大契丹的國土了，田宅還用得著你獻給我？都是我們的，你在那兒賣什麼乖啊？這一下把趙德鈞羞愧得無地自容，拍馬屁拍馬蹄上了。述律太后當著滿朝文武的面給趙德鈞這麼大一個難堪，被俘一年之後，趙德鈞就很鬱悶地死了。趙德鈞死後，葬在幽州，幽州後來變成遼的南京析津府。他的墳墓在一九五六年被發現，位於永定門外，堂皇富麗，墓室的面積達到一百四十四平方米，牆上繪滿壁畫，隨葬品也很豐富。要說趙德鈞一介囚虜，也不是幽州節度使了，哪兒來這麼大的財力，修建豪華墓穴？

有意思的是，趙德鈞雖然不招太后待見，被太后挖苦了一頓，給損死了，但趙德鈞的兒子趙延壽卻非常得太宗皇帝的歡心。「契丹主以延壽為幽州節度使，封燕王，尋為樞密使兼政事令。」（《舊五代史・晉書・趙延壽傳》）在遼太宗時期，趙延壽仍然做幽州節度使，並且晉封為燕王，想必是趙延壽出資，給自己的乾爹修建了這麼豪華的陵墓。趙延壽為什麼這麼受太宗皇帝的喜歡，甚至異族封王？要知道中國古代的王爵，只能授予皇帝的同族，兄弟、叔伯、子侄，趙延壽不但不是耶律氏皇族，甚至不是契丹族。他能夠封王的一個重要原因是，草原民族對中原漢地的情形不是很了解，太宗皇帝覺得中原漢地不好治理，希望用漢人來治漢人，所以讓趙延壽去做幽州的節度使，幫助自己治理中原漢地。太宗皇帝雖是這麼想的，但沒法跟趙延壽明說，只能說，你接著鎮守幽州吧，你爹原來不是幽州節度使嗎？

太宗這麼做就給了趙延壽一個誤導，或者說一個暗示，趙延壽認為自己在太宗皇帝面前很有人緣，很受太宗皇帝的寵愛。當初他爹跟石敬瑭爭天下，都去找太宗皇帝請求救兵，太宗幫了石敬瑭，他爹輸了，被俘了，挨了頓挖苦死了，他想給他爹報這個仇，爭這口氣。趙延壽念茲在茲的事，就是要推翻後晉——當時應該叫大晉，自己做中原的天子。所以趙延壽一再挑唆契丹出兵攻打後晉。所以，後晉的外患還真不是契丹人想打他，而是當年跟他競爭失敗的這小子想第二次再跟他較量一番，一再在遼太宗面前上他的眼藥：咱們出兵打後晉吧，漢地富庶廣闊，就他給您那點兒好處，幽雲十六州、一年三十萬匹絹，這太少了。光叫您爹管什麼用啊？咱們滅了他，把中原的財寶都運回咱們大契丹。

太宗皇帝是一代英雄，不糊塗，自然不上趙延壽的當。卿不用多言，我是不會出兵打我兒子的，我的老兒子對我挺恭順，四十多歲的人管我這三十多歲的人叫爹，哪兒找去啊？每年還不斷給我進貢，我為什麼要打他啊？所以趙延壽的挑唆在遼太宗那兒沒有得到反應。趙延壽很著急呀，這時，老天爺幫忙了。

趙延壽報仇

趙延壽為了報仇，極力挑唆遼太宗發兵消滅後晉。但是遼太宗與石敬瑭畢竟有言在先，因此遼太宗對於趙延壽的挑撥根本不予理睬。就在趙延壽為此大傷腦筋的時候，石敬瑭卻出事了……

石敬瑭死了。石敬瑭這一輩子冤啊，後唐的時候，皇帝整天看他不順眼，覺得他要造反，終於把他給逼反了。造反的代價是很沉重的，四十多歲的人得管三十多歲的人叫爹，幽雲十六州也割讓出去了，一輩子頂著個漢奸的罵名，而且一罵就是一千多年，千載罵名。付出這麼大的代價做了皇帝，內憂外患，沒幾年就死了。石敬瑭一死，他的乾兒子石重貴繼位。石重貴一繼位，出了事了。

石重貴想，我爸爸石敬瑭認了遼太宗做爹，這遼太宗論輩分，就是我爺爺了，我歲數也老大不小了，憑什麼沒事給自己認個爺爺啊？這爺爺不是我願意認的，是我爸爸給我認的！現在我爸爸死了，這事就不算了，一風吹，拉倒！手底下這幫大臣也淨給石重貴瞎出主意，咱們稱孫可以，你爸認的爹就是你爺爺，你不認就是不孝，甭管你爸爸在什麼情況下認的爹，這是改變不了的，你就是孫子，所以咱可以稱孫，但不能稱臣。石重貴一想，這主意好，稱孫不稱臣。稱臣是國與國的事。如果我稱臣就變成我這個政權是你那個政權的臣子，咱倆是不平等的，而稱孫是個人的事，沒關係。這幫大臣實際上為自己考慮，你稱孫是你的事，你稱臣是我們的事，我們是臣子的臣子，在契丹人面前就變成奴下奴了，這個我們堅決不幹。石重貴也沒猜透大臣們的想法，傻呼呼地就答應下來了，以後跟契丹只稱孫不稱臣。

當年石敬瑭還答應了倆條件呢：一個是幽雲十六州，那沒法反悔了，割出去了就甭想收回來；還有一個就是每年三十萬匹絹，這事怎麼辦？大臣們又開始給石重貴出餿主意，給他拖著，拖黃了算。咱也不說不給他，那顯得咱們賴帳。就說對不起，我們這兒困難，今年鬧災了，給不了，明年一定給。到了明年你再編啊，咱中原漢地這麼大，每年哪兒不鬧點兒災啊？今年水災，明年旱災，後年蝗災，年年鬧災，你就不給他。他還能為這三十萬匹絹，出兵來打你嗎？石重貴一想，對，我這些大臣給我出的主意真高，稱孫不稱臣，歲貢我給他拖著，拖黃了算。他就忘了，契丹國可還有個念念不忘自己的趙延壽呢。遼太宗看到石重貴這孫子一點兒都不乖，比那兒子差遠了，本來就很不高興，趙延壽還不斷地挑唆，這麼不聽話的人您還不揍他？當初您要扶植我們父子倆，至於如此嗎？我們肯定比他乖多了，您當初就看走眼了，現在趕緊出兵，打那個姓石的孫子。

太宗皇帝既想揚名立萬，又想把權力從他的母后述律后手裏奪回來，再加上石重貴確實做得太過火了，因此契丹果然就出兵了。太宗一出兵，可就把石重貴嚇壞了，你們這幫大臣告訴我契丹不會為了三十萬匹絹打我，沒想到契丹大軍真來了啊，這怎麼辦啊？趕緊派兵抵擋吧，又怕擋不住契丹狼虎之師。就在此時，對石重貴來說，有一件非常好的事情發生了。

黃粱美夢

由於石重貴得罪了遼太宗，再加上趙延壽從中挑撥，遼太宗決定發兵南下，攻打後晉，石重貴在劫難逃。就在這個時候契丹國內出事了，契丹國內出了什麼事呢？

契丹國內鬧災了，情報被石重貴得到了之後，立刻遣使來找遼太宗議和。爺爺我錯了，您別跟孫子一般見識，歲貢我給您加倍補上，連本帶利，前些年我們確實鬧災，日子不好過。您看您現在也鬧災了，您就退兵吧。

太宗皇帝此時本想退兵，但架不住趙延壽一通挑唆，不行，咱只要兵一退，這歲貢他就又不給了，他肯定也不管您叫爺爺了，肯定又跟您作對，咱必須一鼓作氣把他滅了。

太宗皇帝猶豫不決的時候，述律后發話了。她問太宗皇帝，你為什麼一定要發兵攻打中原呢？太宗皇帝說，我這孫子不聽話，原來稱臣現在不稱了，原來應該給我歲貢現在也不給了，所以一定要教訓教訓他。述律后說，他不是已經得到教訓了嗎？這不是已經認錯了嗎？該給咱的絹不是已經給了嗎？你為什麼還要打呢？趙延壽說他腦後有反骨，兒臣要不教訓教訓他的話，咱們一退兵他還是不聽話。述律后一聽這姓趙的，氣就不打一處來，趙延壽的話你也聽，你打下中原的目的是什麼？你要做中原之主嗎？太宗皇帝說，也未嘗不可啊，我為什麼不能做中原之主啊？述律后說，如果是漢人來做契丹之主，你覺得行嗎？太宗皇帝說，那當然不行了，契丹皇帝肯定是契丹人當。述律后說，同樣的道理，你又何必一定要做中原之主呢？你也知道漢地難治，中原人不好對付。瓦房你住得慣嗎？弄一個院子整天把你圈起來。種莊稼你會嗎？你非要做中原之主？中原人留給中原人去治，咱們還回草原上。述律后是典型的草原勢力的代表，所以才說這話。太宗皇帝一聽，不是我不想繼續進兵，是因為母后不讓打了，群臣也苦勸，所以朕勉從眾意。石重貴，算你小子命大，這一次，我饒了你，該叫爺爺你得叫，該稱臣你得稱，該給我的歲貢你給我送來，我退兵了。

契丹軍一撤，趙延壽失落到了極點，好不容易趕上石重貴不乖的時候忽悠得皇上出了一回兵，沒想到這麼快就退了。趙延壽只好跟太宗皇帝講，您看這樣成不？您找一個合適的人選，您看誰熟悉中原的情勢，在中原人當中又有那麼一點點聲望，您選這個人來統治中原吧。趙延壽的意思是自己比較合適，但是這話不能明說。太宗皇帝天縱聖明，就他這點小心眼，還看不穿嗎？甭選別人，就趙愛卿你吧。趙延壽就等這句呢，謝主隆恩！太宗皇帝跟趙延壽講，卿替我好好看著中原漢地，將來讓你做中原漢地之主。趙延壽激動得連連稱謝。太宗皇帝完全是在利用趙延壽，趙延壽卻信以為真，覺得太宗皇帝真的要立他做中原漢地之主。太宗皇帝索性耍趙延壽耍到家，「戎王命延壽就寨安撫諸軍，仍賜龍鳳赭袍，使衣之而往」（《舊五代史·晉書·趙延壽傳》）。你那麼想做皇帝，你不是都準備好了嗎？來，你把黃袍穿上，到後晉的降卒當中溜一圈，讓那幫人看看，中原還是中原人做皇帝。趙延壽穿著黃袍，樂顛顛就去了。你們認識我嗎？原來咱們是一殿之臣，看看我現在穿的是什麼，我以後就是你們的皇上了，還是中原人做中原的皇帝，你們別害怕，咱仗著大契丹的庇佑，照樣吃香喝辣。這些降卒果然都放下心了，原來是他做皇帝，過去大家稱兄道弟的，現在做皇帝了，沒問題，他不會害我們。

趙延壽就一門心思等著做中原的天子了。

黃粱夢醒

遼太宗安頓好趙延壽之後，就班師回草原了，趙延壽滿心歡喜等待著遼太宗的冊封。那麼趙延壽最終等到的是什麼？他會如願以償嗎？

太宗皇帝班師後，頒下聖旨，封趙延壽幽州節度使、燕王、樞密使……一堆官銜。趙延壽一下傻了，原來不是這麼說的，原來您答應的我的官銜沒這麼長啊？就倆字——皇帝。現在怎麼這麼長啊？而且原來契丹大臣建議皇上給趙延壽封的官，還有兩個職務，一個是錄尚書事，相當於宰相，文官之首，一個是都督中外諸軍事。但在發布聖旨的時候，太宗皇帝把這兩個銜給勾掉了，不讓他掌握那麼大的權力，尤其是不能掌握軍權。趙延壽非常鬱悶，戀戀不捨地把黃袍脫了下來。既然不是中原之主，就不能穿黃袍了。

脫下黃袍之後，趙延壽念念不忘要當中原之主。要當中原之主，就一定得讓太宗皇帝出兵去打後晉。太宗皇帝第一次退了兵，趙延壽又不斷挑唆，太宗看穿了他的陰謀，不為所動。趙延壽就幹了一件不知死活的事，他找太宗皇帝說當年您答應我做中原天子，您這話還算數嗎？太宗皇帝一下就愣了，沒見過大臣敢這麼跟他說話的。皇上跟你說的話都算數嗎？當年跟你虛與委蛇，是利用你，你還真拿自己當個人？但是太宗皇帝金口玉言，又不能反悔，不能說我那是逗你玩兒呢，我當時想利用你。就只好跟他東拉西扯，雲山霧罩地說了一大堆。我不是不想立你，只不過現在後晉沒有失德，咱國內又有災荒，咱沒法出兵。趙延壽不耐煩了，皇上老不入正題，於是跟皇上講，乾脆您立我為皇太子得了。「求立為皇太子。」（《舊五代史・晉書・趙延壽傳》）石敬瑭能認您做爹，我也可以認您做爹，您多一兒子還不好嗎？兒子多多益善，您乾脆立我當皇太子得了。太宗皇帝聽完這話，哭笑不得。沒見過這號人，人家石敬瑭認我當爹，並沒要求當太子啊！太宗皇帝說，不行，太子一定得是契丹人，你不是契丹人，你怎麼能當太子呢？

趙延壽回去之後，太宗皇帝琢磨，這個人利令智昏，早晚要反，給他來點兒狠的吧，別讓他一天到晚這麼胡攪蠻纏了。於是就把他幽禁起來，到了契丹第三代皇帝世宗在位的時候，趙延壽被幽禁致死。

趙延壽二號

趙延壽的皇帝夢破滅了，但是在當時，各地藩鎮手握重兵，蠢蠢欲動，人人都想過把皇帝癮。於是又出了一個趙延壽式的人物，那麼這個人是誰呢？

趙延壽一死，石重貴那邊少了個禍害，自己又沒有失德的地方，按說這後晉的皇位應該坐得穩了，契丹不會出兵打他了。不幸的是，這時又出了一個趙延壽二號——後晉大將杜重威。

趙延壽被幽禁之後，契丹失去了一個絕好的先鋒和嚮導，以後如果再進兵中原，真的需要一個趙延壽式的人物，因為他對中原的風俗人情、兵要地志瞭若指掌，沒有這麼一個人，打仗還不行啊。這個時候，杜重威跳了出來，跟契丹暗通款曲。滅了石重貴之後，只要您冊立我當皇帝，我願意給出比石重貴更優厚的條件。石重貴是你打他，他管你叫爺爺，你不打他，他就不叫了，我是您不認我當孫子我跟您急！遼太宗受了杜重威的引誘，再次出兵攻打後晉。

其實甭管石重貴還是杜重威，立誰都一樣嘛，遼太宗為什麼要為了杜重威去打石重貴？可能太宗皇帝這個時候，真動了自己做中原之主的念頭。在草原上太不自由，四十好幾了，政權還在述律后手裏頭，處處掣肘，如果能做中原之主的話，就可以擺脫述律后的陰影。因此遼太宗這一次領大軍南下，做好了要滅亡後晉的準備。

一看爺爺又來了，石重貴只好派跟契丹暗通款曲的杜重威，率三十萬大軍北上，迎擊契丹。杜重威一路上故意虐待士卒，專揀陰雨連綿、滿地泥濘的時候行軍。天氣一好，豔陽高照，路也乾了，露宿，曬被子！加上克扣士卒的軍糧，士卒每天都有逃亡的。今天少一個連，明天少一個營。等到了前線駐紮下來之後，杜重威整日飲酒，不訓練士卒，士兵逃亡他也不管。這麼做的目的是什麼？他想我如果主動歸降契丹，難免跟石敬瑭一樣，留下千古罵名，我不能這麼幹。那該怎麼幹呢？我把我的兵逼跑了，最後我光桿司令一個，我怎麼抵抗？我想抵抗，我一個人打得過契丹十萬大軍嗎？契丹對他的情況是很了解的，暗通款曲嘛。所以契丹發兵一打，杜重威馬上就投降。不是我不想抵抗，而是我無力抵抗，我的兵全跑了（確實也有可能是朝廷的糧餉給得不足）。當然這三十萬大軍，本來就是個虛數，這個時候就虛之又虛了，不知道還剩多少人，都投降了契丹。

杜重威一投降，太宗皇帝實踐了自己的諾言，讓杜重威穿上黃袍到降卒之中，做跟趙延壽當年一樣的事。你去安慰一下你的降卒，讓你的降卒別造反。杜重威一聽，迫不及待地就把黃袍穿好了，來到軍營當中。這些兵本來就是他帶出來的，一看他當皇帝，都非常高興。趙延壽幹這事，這才剛剛過去幾年啊，杜重威又幹這事，倆人都被遼太宗耶律德光玩弄於股掌之上。要說趙延壽被耍，還情有可原，趙延壽都被耍了一回了，杜重威還被耍？這倆人如果見了面，互相談一談穿黃袍的感受，那一定會很有意思。你當年穿是什麼心情？哎喲，我也是這心情。沒想到都被耶律德光給耍了。

杜重威三十萬大軍解甲，石重貴就沒法抵抗了，精銳部隊全沒了，契丹大軍一到，石重貴只能束手就擒，契丹軍就攻進了開封。

這個時候，杜重威就來找耶律德光了。您該履行諾言了吧，我這三十萬人都沒抵抗，開營投降了，黃袍我也穿上了，您也讓我顯擺一圈了，這皇帝得我做了吧？太宗皇帝冷冷一笑，我打算自己治理中原，我做得草原之主，便做得中原之主。來人，把他的黃袍扒下來，把他該送哪兒去就送哪兒去。杜重威最後弄了一個跟趙延壽一樣的下場，記吃不記打。遼太宗耶律德光就準備自己做中原的天子。

契丹軍進了開封，滅了後晉後，太宗耶律德光在開封搞了一個登基大典，繼皇帝位。這一年是西元九四七年，契丹正式改國號為遼，九八三年又改回叫契丹，一〇六六年又改叫遼。契丹和遼，國號來回變，咱就統稱為遼。因為《二十四史》中只有《遼史》，沒有契丹史。

這樣，遼太宗耶律德光做了中原之主，他在中原漢地繼續沿用「一國兩制」的做法，「以國制治契丹，以漢制待漢人」（《遼史．百官志》）。文武百官中，契丹人穿契丹官服，漢人穿漢人的官服。太宗皇帝本人在漢地當皇帝，為了表示對中原的尊重，穿的是漢族服裝。

契丹北返

遼太宗做了中原之主後，他並沒有殺死後晉的皇帝石重貴。那麼他會怎麼處置石重貴？石重貴最後的下場又是怎樣的呢？

遼太宗入主中原後，石重貴被廢，被遼軍押著北上。一百多年後靖康之變，金滅北宋，徽欽二帝倉皇北狩，死在北國。實際上，這一幕一百多年前就上演了，只不過因為後晉的影響不如宋，石重貴也不像徽欽二帝那麼大名頭，因此，不如徽欽二帝遭人同情罷了。石重貴跟徽欽二帝不一樣的地方是，他畢竟是武將出身，跟著高祖石敬瑭打過天下。他被押著北上，遼軍不供應任何飲食，石重貴便自己獵獸充饑，「乃殺畜而啖之」（《舊五代史・晉書・少帝本紀五》）。到了千里之外的黃龍府，剛安頓下來，聖旨就來了，讓他去懷州，這一走又一千多里。到了懷州之後，趕上遼國的皇位更迭，遼太宗駕崩，世宗繼位。世宗皇帝對石重貴還算不錯，把他安置在了懷州。但石重貴剛歇一口氣，打擊就來了：世宗皇帝的舅子看上了他的閨女，來跟他要。石重貴說，我女兒還小，沒到嫁人的年齡，不能出嫁。世宗的舅子就找世宗去了，說我想要戰俘的閨女，他不給，您看咋整？世宗一聽就怒了，不給你不會搶嗎？世宗的舅子就把石重貴的閨女給搶走了。這件事給別的契丹大臣做了一個榜樣——原來要不著可以搶啊？大家就都來搶。你搶老大、我搶老二、他搶老三，搶完閨女就搶石重貴的嬪妃。石重貴受盡了屈辱，後來被弄到今天遼寧的朝陽種地，給五十畝地，蓋幾間草屋，怎麼也是一朝天子。石重貴憂憤過度，不到五十歲就死在了北國。可見，後晉王朝，兩個皇帝都很慘，甭管是給契丹當兒子還是當孫子，當然當孫子的更慘。

遼太宗做了中原之主後，發現這個地方不好，實在不適合自己久住。為什麼不好呢？第一個是太熱了，受不了（也不知道那個時候的中原能有多熱，按說開封也屬於北方，反正比起草原來肯定熱）。遼太宗覺得還是草原上舒服，空氣也清新。

另外一個就是中原人太不「友好」了。中原人為什麼不友好呢？他們總是襲擊契丹軍隊。契丹軍是沒有後勤供應的，大軍南下，就靠「打穀草」，說白了就是搶，沒吃的就搶。契丹人覺得，我們就拿你點兒東西，你非把我們的人殺了，這合適嗎？我們搶你隻雞、奪你頭豬，你就把我們的人殺了，關鍵是還不知道誰幹的，你們中原人多不友好啊！如果是兩軍對陣，契丹十萬鐵騎，中原人即使百萬也不是對手。問題是契丹兵三個一群、兩個一夥兒出去搶劫，中原百姓釘耙鋤頭糞叉子上來，就能把他們幹掉，契丹兵是今天缺倆、明天少仨，這要在中原再待下去，弄不好十萬人都葬在這兒了。不行，咱趕緊回去吧，咱契丹一共也沒多少健兒，在這兒天天這麼丟可不行啊。所以太宗皇帝曉諭群臣，咱們退軍吧，中原這個地方不好，氣候炎熱，人民也不友好。

三失三得

遼太宗北返後，原後晉節度使劉知遠攻佔開封，定國號漢，史稱後漢，但是後漢也僅僅統治了四年就滅亡了。可以說，這段時間在中原大地上，上演了太多的刀光劍影、血雨腥風，這都是黃袍惹的禍。遼太宗在給自己的弟弟耶律李胡的信中，總結出了自己的三失三得，是哪三失哪三得呢？

遼太宗給他的弟弟耶律李胡寫信，說自己統治中原有「三失」。

第一失，是搜刮百姓的錢財。你搶東西，老百姓不幹，這是咱契丹太不好的一個傳統了，看來以後朝廷應該負擔一部分軍馬糧草，行軍不能只靠搶了。

第二個，是擾民。以後契丹兵再南下跟宋朝打仗，這種事就不能再幹了。我們看武俠小說《天龍八部》裏講，到遼第七、第八代皇帝的時候，契丹兵還「打穀草」，就不符合史實了，太宗皇帝已經認識到不能擾民了。

第三個失誤是後晉的地方節度使都被我拘來了，沒把他們放回去，地方沒人管就亂了。應該讓後晉原來的節度使回到他們的藩鎮去，安撫百姓。

有失必有得，他又跟耶律李胡講，自己同時有「三得」，哪「三得」呢？

推心置腹、和諧軍情、撫慰百姓。要想治理中原，做到這三點就行，只要做到了，中原也不是不能夠統治的。可惜，歷史不會再給他第二次機會了，太宗皇帝在退軍的途中就發高燒死在今天的河北欒城。老百姓管這個地方叫殺胡林，殺胡人的林子。你惡有惡報，惡貫滿盈，你敢侵略我們中原，你看發高燒燒死了吧，都不用我們打你。太宗死後，他的遺體要運回草原安葬，但夏天遺體容易腐爛，擱了冰塊都鎮不住，怎麼辦？大臣們就把太宗遺體的內臟掏光，用鹽醃起來，太宗皇帝就變成了人肉乾（中原百姓都管遼太宗叫肉乾皇帝），這樣才運回到了草原。

太宗皇帝歸天之後，按照述律后的安排，該由太祖第三子，也就是她最喜歡的耶律李胡繼位。但事情的發展出乎述律后的意料，一聽讓耶律李胡繼位，跟著太宗南下的大臣們全不幹了，述律后本來就殘忍，耶律李胡比他媽還殘忍，述律后的喪子之痛一定會發洩在咱們身上，還不都得讓咱們陪伴先帝去？所以絕對不能讓耶律李胡繼位。怎麼辦呢？大家就急急忙忙地擁立了一位新天子，也就是述律后最不待見的長孫，承繼了大統。那麼這個人是誰呢？

七

祖孫爭權

遼太宗耶律德光突然病逝，述律太后原本打算讓小兒子耶律李胡繼承皇位，
但是她沒有想到自己的孫子耶律阮竟然搶先在河北宣布即位，史稱遼世宗。
於是，述律太后親率大軍在潢河邊準備和遼世宗決一死戰。
那麼，遼世宗究竟是怎麼登上皇位的？
述律太后和遼世宗之間的這場戰爭究竟誰勝誰負呢？

遼太宗耶律德光，率師討伐中原，滅掉了後晉，在北返途中病逝於今天的河北殺胡林。太宗皇帝歸天之後，由誰來承繼大統？契丹王朝又一次受到了皇位繼承人問題的困擾。

按照中國古代的君主世襲制度，皇位的傳承無外乎兩種——父死子繼，兄終弟及。太宗皇帝有自己的兒子，壽安王耶律璟，讓耶律璟承繼大統不就完了嗎？但是讓耶律璟做皇帝，並不符合述律太后的心願。述律太后最喜歡的是自己的小兒子耶律李胡，她一門心思想把耶律李胡扶上皇位。在耶律德光做了皇帝之後，述律太后就要求耶律德光立耶律李胡為「皇太弟」。我們只聽說過皇太子，「皇太弟」這個詞確實新鮮。述律后就是想，萬一有朝一日太宗皇帝身遭不測，龍馭上賓，就由自己最寵愛的小兒子來承繼大統。

而且如果耶律李胡繼位，因為他和太宗皇帝平輩，述律氏還可以作為太后臨朝聽政。就像清朝的穆宗同治皇帝歸天後，慈禧皇太后為什麼堅決要立穆宗的堂弟載湉繼統，因為載湉跟穆宗是平輩的，載湉繼統之後，慈禧還可以作為太后垂簾聽政。所以述律后一定要讓小兒子繼位。

問題在於她這個小兒子，咱們前面講過，基本是一個扶不起的阿斗，「少勇悍多力，而性殘酷，小怒輒黥人面，或投水火中」（《遼史・耶律李胡傳》）。既無文韜，更無武略，文不能提筆，武不能拿槍，只有一點跟他的母親很相像，就是殘暴。他是出了名的壞脾氣，周圍的侍從稍微不合他的意，輕則打罵，重則把你頭髮拔光了、臉上刺字、鞭打、斷指、挖眼，甚至是殺害。所以契丹上下從貴族官僚到平民奴隸沒有不怕這個耶律李胡的，他要是繼位，那就是桀紂重生，契丹王朝就完了。大臣們都認為無論如何不能讓他繼統，他要是承繼大統，咱可沒好日子過。

再有，這些跟隨太宗南下的契丹貴族、大將們心想，述律太后的脾氣我們可是領教過了，我們都是當年刀口之下九死一生活下來的。那會兒，述律太后為了剷除異己，動不動就讓大臣們去陪伴先帝，她只要看誰不順眼，就說先帝喜歡誰。這一幕現在她又要重演，她丈夫死了她就讓看不順眼的大臣去給她丈夫作伴，現在她兒子死了，那她的喪子之痛也要發洩出來，我們都是九死一生的人，我們家好多親戚都去陪伴先帝了，現在就剩我一個了，再讓我去，我堅決不幹。所以無論如何不能讓耶律李胡繼統，不能讓述律氏繼續當政了。

遼世宗即位

遼太宗突然病逝後，身在上京的述律太后，一心想讓小兒子耶律李胡承繼大統，但是那些跟隨遼太宗南下的軍中大臣們卻打算另立新主。然而最大的問題是，他們必須在回到上京之前，馬上擁立出一個合適的新皇帝，那麼在隨遼太宗南下的萬軍之中究竟誰登上了皇位呢？

這個時候，萬軍當中誰有資格承繼大統？歷史把這個機遇給了一個人——永康王耶律阮，太祖皇帝長子耶律倍的兒子。耶律倍被母親和弟弟逼著讓國，棄國出走投奔了後唐，最後後唐皇帝要自殺，邀請他一同自焚，被他婉言謝絕，後唐皇帝就派刺客把他給暗殺了。耶律倍投奔後唐的時候只帶著自己的一個漢族愛妾，他的契丹族夫人和兒子並沒有走，留在了契丹國內，耶律阮就是耶律倍跟他的契丹族王妃所生。耶律倍被迫棄國出走，太宗耶律德光也自覺有愧，所以對哥哥留下來的這個侄子非常提攜重用，封為永康王，帶在身邊。此次大軍南下，永康王也一塊兒跟去了。太宗駕崩，大臣們就擁立永康王做了皇帝。

永康王一開始還有點兒怯場，我有這個資格嗎？你們大家都擁戴我？畢竟先帝有兒子，我這當侄兒的做皇帝，名不正言不順吧？他把自己的心腹召來問，你看這事我能不能幹？心腹跟他講，這個時候正是大王您出人頭地的時候，您怎麼不想想啊，這帝位原來就應該是您的，大行皇帝是從您父親手裏奪的皇位，如果是您父親做了皇帝，您不就是理所應當承繼大統嗎？現在機不可失，時不再來，您還猶豫什麼啊？永康王一聽，往事前情都想起來了，覺得自己再推辭的話既對不起宗廟社稷，也對不起黎民百姓，於是就在太宗皇帝靈前繼帝位，這就是遼的第三代皇帝遼世宗。世宗即位之後，派人護送太宗的靈柩先回上京臨潢府，自己率領大隊人馬徐徐北上。

述律后聽說太宗皇帝病逝的消息，知道自己的二兒子死了，卻毫不見悲痛之色。皇上靈柩運過來了應該趕緊發喪，這是國喪大禮。述律后卻說，不著急，等到契丹諸部平復之後，我再為（太宗）皇帝舉行葬禮，現在契丹諸部還沒有平復，這事先不著急幹。按照以前的既定方針，太宗皇帝駕崩，應該是我最寵愛的小兒子耶律李胡繼位了，耶律阮黃口小兒竟敢跳出來，這是忤逆，大逆不道。她跟自己的小兒子耶律李胡說，去，孩子，給媽爭口氣，把你叛逆的侄子滅掉。述律后封耶律李胡為天下兵馬大元帥，一般坐到這個位子的就是皇位的不二人選了，耶律李胡就率領人馬去打自己的侄子耶律阮。就耶律李胡那兩下子，殺身邊那些沒有反抗能力的人絕對是英雄，真讓他在戰場上使槍弄棒，能保住自己的命就不錯了。結果，耶律李胡大敗而歸。老媽一看，沒辦法了，誰讓我寵愛這麼個東西呢？你不行，我來吧。老太太親自出馬了，要跟自己的孫子對陣。

當時世宗皇帝的兵馬已經抵達了上京臨潢府，雙方隔潢水對峙，眼看遼國宗室內部的火拼、一場內戰要打響了。

耶律屋質勸和（上）

述律太后親率大軍來到潢河岸邊，準備和自己的孫子遼世宗決一死戰。但是她萬萬沒有想到，由於耶律李胡為人太過殘暴，就連上京的文武大臣們也都反對耶律李胡稱帝，於是紛紛與遼世宗暗通消息，表示支持遼世宗。所以述律太后手中真正掌握的軍隊非常有限，那麼

她還能有什麼奇招來對付遼世宗呢？

前面講過遼國的皇后也能領兵，述律后本人有兩萬多親軍，耶律李胡手下也有點兒人馬，大概也就這些人支持他們。但是，擁立遼世宗的將帥們的家眷都在上京，被述律太后扣作人質。所以遼世宗不敢急於發動進攻，怕把老太太逼急了，老太太弄不好把這些人全殺了。老太太剁自己手腕子都不眨眼，那狠辣勁兒什麼事都幹得出來。遼世宗那邊投鼠忌器，不敢有所動作；述律后這邊也知道自己眾叛親離，也不敢有所動作，她是守有餘而攻不足，能不被世宗皇帝給滅了就不錯了，還主動出擊？因此，雙方就對峙下來。這就急需打破僵局，老這麼耗著不是個事呀！

這個時候，一個關鍵人物出場了，這個人就是遼國的惕隱耶律屋質。惕隱掌皇族的政教，負責協調皇族內部的關係。現在皇族內部的一場火拼眼看難以避免，耶律屋質挺身而出，願意在雙方之間充當協調人的角色。

遼世宗急於把這件事擺平，我已經繼帝位了，但是進不了上京，進不了上京就沒法舉行登基大典，沒法收服人心。他要擺平這件事，唯一的障礙就在於他手下將帥的家屬都被控制住了，所以他就希望上京方面，也就是自己祖母那一方先亂起來。所以他派人給耶律屋質寫信，目的是挑撥耶律屋質跟他祖母的關係，行反間計，讓他們內部先亂起來，他們內部一亂了套，這事就好辦了。

果然，遼世宗給耶律屋質寫的信被太后得到了，太后就召來耶律屋質質問：你看，耶律阮那小子給你寫信，許你高官厚祿，你是不是對我不忠心？你到底作何打算？耶律屋質不避嫌疑，他十分坦率地跟太后講：「太后佐太祖定天下，故臣願竭死力。若太后見疑，臣雖欲盡忠，得乎？為今之計，莫若以言和解，事必有成；否即宜速戰，以決勝負。然人心一搖，國禍不淺，惟太后裁察。」（《遼史．耶律屋質傳》）太后您當年輔佐太祖皇帝，平定天下，於國於社稷功莫大焉，沒有您就沒有咱們大遼的今天。但是，現在出現了祖孫爭位的情況，我十分願意為您效力，赴湯蹈火、在所不辭，但是如果您懷疑我，我也就沒法為您效力了。現在擺在您面前的兩條路，或戰或和。如果您主和，這事咱馬上就操作；如果您主戰，那咱就趕緊進兵，別在這兒耗著。但是我跟您說好了，一旦開戰，人心動搖，國禍不淺，還希望您自己考慮清楚。我不是說我不同意打仗，我給你指出兩條路，或戰或和，我做臣子的，本分盡到了，你有最終決定權，你拍板！可是我跟你說，要是一打仗，人心動搖，國禍不淺，你看著辦！咱們大遼建國才多少年？太祖太宗沐雨櫛風，艱難創業，要是一打仗咱這國家毀了，這責任誰來負？誰在青史上留下千載罵名？這個話您自己琢磨。太后一聽，耶律屋質這麼坦率，所言極是，太后心思就活泛了，臉就不繃著了。

耶律屋質就更來勁了，又跟太后說：「李胡、永康王皆太祖子孫，神器非移他族，何不可之有？太后宜思長策，與永康王和議。」（《遼史．耶律屋質傳》）李胡是您兒子沒錯，您咋就不想想永康王還是您孫子呢？現在甭管他們倆誰承繼大統，皇位並沒有落入他族手中，都是太祖子孫這一脈傳下來的，都是咱們耶律氏做皇帝，所以永康王繼位沒有什麼不可以的。為今之計，應該跟永康王和議，能不打咱盡量不打。太后一想，說的有理。太后智謀廣遠，是一個城府極深的女人，也知道現在自己眾叛親離，說打也就是嚷嚷一下。我雖然是太祖皇帝遺孀，但我孫子已經承繼大統了，也不是名不正言不順，如果打起來的話我也沒把握。因此太后沉吟，和議這活兒不好幹，換個人我還真不放心，愛卿你看誰去合適？耶律屋質跪那兒偷著樂，您不就想說我合適嗎？太后又不能說，你這個主意很對，你辛苦一趟吧，那顯得太后多掉價啊。所以耶律屋質主動說：如果太后信任微臣，臣請求前往，如果永康王聽從勸告，兩下罷兵，乃宗廟社稷之福。太后聽了這話非常感動，那好吧，我寫封信，你帶給那小子，告訴他我的主意。

耶律屋質就持太后書信到了永康王軍中。

耶律屋質勸和（下）

耶律屋質在說服述律太后之後，帶著太后的親筆信，渡過潢河到了遼世宗軍中，將太后的和議信面呈遼世宗。原本耶律屋質認為此刻終於邁出了雙方和議的第一步，然而遼世宗打開信一看，卻勃然大怒。這是為什麼呢？耶律屋質還能完成他的和議使命嗎？

史籍記載：「太后遣耶律屋質，責世宗自立。」（《遼史．耶律海思傳》）太后在信上罵世宗，你小子憑什麼當皇上？你眼裏有沒有家長？世宗皇帝這時候也不把太后放在眼裏，認為自己兵多將廣，群臣擁戴，於是寫了封回信，派手下一員大將給奶奶送去。史籍上記載這封回信詞多不遜，沒什麼好話，連奶奶您好都免了，直接開罵。

耶律屋質把信帶過來，世宗的人再帶過去，兩邊傳書，越罵火氣越大。耶律屋質一看這可不行，罵著罵著就得打起來，雙方都需要冷靜。因此，耶律屋質自告奮勇面見世宗。見面之後他先發制人，說大王沒有得到太后的認可就自立為帝，現在又兵臨上京，你這是什麼罪過？你知不知道咱大遼江山是太祖皇帝跟太后親手所創？你這樣做能得到臣民的擁戴嗎？你這是僭逆行為，你跟奶奶刀兵相向，天理、人情、國法你佔哪條？這麼一說，遼世宗的氣焰果然就一下消滅了。是啊，自己佔哪條？自己再有理，太后也是自己的奶奶，天下無不是的父母，更何況奶奶。所以世宗皇帝忙說，朕被眾將擁立，稱帝是不得已而為之。那不是我想幹的，大傢伙兒非讓我當，我推辭就不合適了，這才當了皇帝。你現在責問我沒有奉太后的命令，當年太后廢長立幼，把我的父親廢了，非要讓我叔叔做皇帝，她這樣做難道理不虧嗎？你為什麼不責備她呢？耶律屋質說，咱們有理說理，太后在這件事上確實有錯，我不偏袒她，我來不是為太后做說客的。但是現在為了不使骨肉相殘，部落瓦解，希望大王能與太后相見，盡釋前嫌，大家見了面，把話說開。世宗皇帝一聽，哈哈大笑，現在我奶奶和我叔叔手裏只有私人部曲，淨是烏合之眾，如果我現在進軍，完全可以獲勝，跟她有什麼可談的？

史書上記載，耶律屋質說：「即不敵，奈骨肉何！況未知孰勝？借曰幸勝，諸臣之族執於李胡者無噍類矣。以此計之，惟和為善。」（《遼史．耶律屋質傳》）大王，你這可就是目光短淺了。我不否認你能打得贏，你麾下精兵猛將，連南朝都被他們滅了。問題是，你打贏了之後怎麼辦？你抓住了你奶奶、你叔叔，把他們殺了？諒你做不出這事來。你更不可能在進軍的過程中下令殺掉你奶奶、叔叔，你肯定得約束部下，不得傷及我的奶奶、叔叔，看見他們也不許放箭，不得兵刃相加，你投鼠忌器。而且，你別忘了，你叔叔、奶奶手裏面有人質啊。耶律屋質一指世宗周圍的文臣武將，他們的家屬可都在上京，你不拿奶奶、叔叔當回事，你也不拿你部下這些人的家屬當回事嗎？你難道希望他們去陪伴先帝嗎？話音一落，世宗皇帝的左右聞者失色，是啊，皇上，您千萬別這麼幹，仗一打起來您沒事，我們全家可都完了，我們的親人已經死得夠多了，血流得夠多了。耶律屋質又進一步跟世宗說，您跟太后見一面，有什麼不滿，親祖孫倆，把這不滿說出來，當面鑼、對面鼓，和解不是一件難事，別在底下搞小動作，不然的話，決戰就要開始了，那時玉石俱焚，後果不堪設想。世宗一聽耶律屋質說得十分在理，就同意議和，派人跟耶律屋質一塊兒返回上京。

耶律屋質回到太后身邊，把世宗跟他見面的經過，他一開始什麼態度，自己怎麼勸他，他後來又是什麼態度，說了一遍，太后也就同意議和了。

祖孫議和

在耶律屋質的努力下，述律太后和遼世宗都同意和議了，於是雙方又開始派出代表商談和議。在幾番交涉之下，這祖孫二人終於在草原的大帳裏見了面，但是他們在皇位繼承人的問題上，依舊有著根本的分歧：一個是一心立自己的小兒子稱帝，另一個是要堅決保住自己的皇位。那麼，能言善辯的耶律屋質會如何解決這個棘手的難題呢？

耶律屋質能言善辯，特別會抓主要矛盾，面對太后，他拋出了世宗皇帝心中最大的痛，把世宗皇帝最想說的話先說出來，一個重磅炸彈：「昔人皇王在，何故立嗣聖？」（《遼史．耶律屋質傳》）當年太祖皇帝歸天之後，你為什麼不讓皇太子人皇王耶律倍繼位，而立太宗皇帝？這是世宗最不服的地方，應該是我爸爸繼位，但是祖母偏心，我叔叔繼位了。耶律屋質先替世宗把這話說出來，如果世宗跟奶奶這麼說，祖孫倆就又得戧戧起來。他說完之後，太后回答：「立嗣聖者，太祖遺旨。」（《遼史．耶律屋質傳》）立太宗是太祖遺命，不是我的意思，我奉遺詔辦事。但誰都不知道太宗皇帝繼位是不是奉太祖遺命，因為太祖是在滅了渤海國回師途中突然病逝，不知道有沒有遺詔留下來，太后非說有，誰敢懷疑太后說瞎話？所以這樣一來等於太后掌握了道義上的制高點，我不是廢長立幼，而是有太祖遺命。

世宗自然也不能說，你的遺命是偽造的。

然後，屋質又問世宗：「大王何故擅立，不稟尊親？」（《遼史．耶律屋質傳》）你為什麼在軍中擅自稱帝，不稟報尊親？你為什麼不等你奶奶點頭就當皇帝？這句話是述律太后最想質問世宗的，等於耶律屋質先把兩邊最想說的話說出來，你們給出答案，我好做評判。世宗一聽，就說：「人皇王當立而不立，所以去之。」（《遼史．耶律屋質傳》）當年按照禮法，就應該是我父親承繼大統，但被祖母、叔父奪走了皇位，我父親不得不遠走他國……他想接著往下說，屋質這個時候把臉一沉，停，你先別說了，你父親遠走他國投奔後唐，這是叛國，你還當功績在那兒擺呀？就算太后有什麼不是，他也不能叛國，還做了後唐的節度使，改穿漢族的衣冠，這根本就不是為人子、為人臣的行為。而大王你，身為王孫，大行皇帝屍骨未寒，你擅自稱帝，兵臨上京，威逼祖母，挑起內戰，這個罪，你承擔得了嗎？世宗一聽，怎麼回事，你是哪頭的啊？面露不快，而太后則面露得意，到底是我的人，這話說得向著我。

沒想到，耶律屋質馬上話鋒一轉，對準了太后。太后您實在是偏心，您廢長立幼，到現在還假託太祖遺命。您立太宗為帝，致使人心不平，您看現在內戰要爆發了，事情發展到這個地步，您難辭其咎，身為國母，明知有錯，到現在也沒有反悔之意。如果再這麼下去的話，今天這事就沒法解決了，就只能打，戰端一起，生靈塗炭，骨肉相殘，太祖太宗基業毀於一旦。耶律屋質越說越激動，把手裏的笏板啪地扔地上了。

他這麼一來，把這祖孫倆全震住了。太后和皇上一琢磨，你看他為國事這麼生氣，君前失禮，笏板都扔地上了，相當於把祖孫倆各打五十大板，你們倆都有不對，誰也別說誰。現在最好的辦法是各退一步，要想議和，就都得讓步。首先太后得做高姿態了，因為畢竟你是祖母嘛，跟孫子斤斤計較，這不合適。所以太后先發表感言，深有感觸地說：「向太祖遭諸弟亂，天下荼毒，瘡痍未復，庸可再乎！」（《遼史・耶律屋質傳》）太祖皇帝即位之前，諸弟三次叛亂，那都是我親身經歷的，我跟太祖皇帝平定諸弟叛亂，叛亂給國家造成的傷痛至今尚未撫平，這種切膚之痛可不能因為我再來一次了。說完，老太后淚下潸然，撿起了屋質扔下的笏板。世宗皇帝一看奶奶哭了，這可是破天荒啊，她切自己手腕時連眼睛都不眨一下，現在耶律屋質一番話，奶奶居然哭了。世宗也趕緊表態說，我父親儘管當年失去了帝位，投奔後唐，但是沒有做出危害江山社稷的事情，而現在我做出了，率領大軍來打我奶奶，眼瞅著血肉橫飛，生靈塗炭，我也有不對的地方，皇上也哭了。

太后和皇上一哭，周圍人都跟著大哭，這時候就是比誰嗓門兒大了，誰嗓門兒大誰忠心。太后跟皇上都哭了，你不哭你啥意思？太后不是把耶律屋質扔的笏板給撿起來了嗎？世宗皇帝也走上去，扶住了笏板的另一邊，兩個人共同把笏板遞到耶律屋質手裏，卿家主持公道，你說怎麼辦就怎麼辦吧。

橫渡之約

耶律屋質對述律太后和遼世宗曉之以理，動之以情，終於說服祖孫倆罷兵停戰，避免了一場戰爭。但是關於皇位繼承人的問題依舊沒有解決。述律太后雖然同意退兵，卻還惦記著皇位。那麼，耶律屋質最終是怎麼說服述律太后徹底放棄皇位的呢？

仗雖然不打了，但這個時候太后心中還有一絲幻想，她問：「議既定，神器竟誰歸？」（《遼史．耶律屋質傳》）咱是議和了，但到底誰來繼承大統，這個問題還沒談呢。我說了不跟孫子打仗，並沒說讓他當皇上，耶律屋質你說，皇位歸誰？

耶律屋質這個時候也豁出去了，說：「太后若授永康王，順天合人，復何疑？」（《遼史．耶律屋質傳》）您如果把皇位交給永康王，也就是世宗皇帝，才是真正順天意合人願，對得起江山社稷黎民百姓，您還有什麼可疑慮的呢？屋質一說這話，耶律李胡不幹了。他也在邊上一直聽著呢，剛才可能一直沒輪到他發言，耶律李胡趕緊跳出來說，我在，這小子不能當皇上，論輩分我是他叔叔，我應該當皇帝。

耶律屋質很輕蔑地看著李胡說，你為人殘暴嗜殺，你搞個民意測驗，問問咱們大遼君臣上下，有多少人擁戴你做皇帝？而且父死子繼，皇位傳給嫡長子是合乎禮法的，中原王朝都這樣。咱們現在也以中原王朝正統自居，哪有傳給弟弟的道理？沒聽說過「皇太弟」這麼一個滑稽的名詞，不倫不類，翻檢史書，有這詞兒嗎？當年皇太后捨人皇王而立太宗，已經是於理不合了，才有今日的局面，如果再讓你當皇帝，江山社稷不保，所以你別想了，這個念頭你趁早打消。

太后見事已至此，只能一聲長歎，無可奈何地跟自己最寵愛的小兒子耶律李胡講，你到了今天這步田地，就是當年我對你太溺愛了，你爸爸早說你不是塊材料，我沒往心裏去，我對你的教育徹底失敗，我非常自責。正如諺語裏說的：「偏憐之子不保業，難得之婦不主家。」（《遼史．耶律李胡傳》）你就是我的偏憐之子啊，不是我不想讓你做皇帝，娘真的是心疼你，實在是你不得人心啊。所以，咱娘兒倆忍了吧，就讓你侄兒繼位。這樣，在耶律屋質膽識過人的斡旋下，太后終於認可了世宗耶律阮的皇位，契丹的第二次權力交接以和平的方式解決了，這個創立不久的政權得到了鞏固。太后跟世宗耶律阮達成了正式的協定，叫橫渡之約，承認耶律阮稱帝，罷兵回上京。

耶律阮回上京做皇帝之後，馬上追認他一生不得志的父親為讓國皇帝。那他會怎麼對付他的叔叔和奶奶呢？

八

世宗皇帝

為了爭奪皇位，述律太后和遼世宗在潢河岸邊準備決一死戰，
但是為了整個契丹王朝的興盛，述律太后還是選擇議和，
正式承認了遼世宗的帝統。
於是，遼世宗終於成為名正言順的遼國皇帝。
但是在遼世宗執政的短短三年間，
竟然數次發生宗室叛亂，那麼遼世宗的統治為什麼會如此不穩呢？
究竟是哪些人要謀奪帝位呢？

太宗皇帝歸天之後，述律太后跟自己的孫子世宗簽訂橫渡之約，承認了世宗的帝統。這樣，帝系就又回到了耶律倍一脈，遼太祖的長孫得以繼位。橫渡之約中，太后承認耶律阮的帝位，耶律阮也表示奉養太后，善待叔父，盡人子之孝，雙方各退一步。但是耶律阮的皇位一鞏固，這個誓言就被他拋到了九霄雲外。

其實橫渡之約是雙方在力量均衡的情況下達成的一種妥協。等耶律阮的地位一鞏固，雙方的勢力均衡就被打破了，變成了太后一方的力量下降，而世宗一方的力量上升。所以，世宗皇帝就怎麼看祖母和叔父怎麼是心腹大患，要下手了。史書記載：「既而聞太后、李胡復有異謀，遷於祖州。」（《遼史・世宗本紀》）

述律太后雖然知道自己最偏愛的小兒子不成器，但一門心思還是想讓他當皇帝，於是倆人密謀謀反。但沒等發動，就被告發了。世宗皇帝先下手為強，抓了自己的祖母和叔父。當然是不可能殺害他們的，怎麼辦呢？遷往祖陵，到太祖皇帝耶律阿保機的陵墓邊去陪伴先帝，實際上把兩人給軟禁起來了。其實，按照正常人的思維，太后當年尚可一搏的時候跟自己的孫子簽訂了橫渡之約，承認他的帝位，現在自己明顯力不如人了，竟然意圖謀反，以太后的心機智謀應該說這種事她是做不出來的。顯然這應該是世宗皇帝的欲加之罪，終於把自己的奶奶和叔叔扳掉了。

太后無可奈何地敗在了自己孫子的手下，帶著自己最寵愛的兒子去陪伴自己的丈夫。太后當年曾經說過這樣的話：「顧子嗣幼弱，國家無主，不得往耳。」（《契丹國志》卷一）

兒女幼弱，國家無主，所以我不能追隨先帝於地下，趙思溫拿話激她，她斷腕陪夫。現在，兒女長大了，被孫子給打發來陪伴先帝，好在保住了一條命，老太太咬牙堅挺著。

據史書記載，述律太后「應曆三年崩，年七十五，祔祖陵，謚曰貞烈」（《遼史・后妃傳・太祖淳欣皇后述律氏》卷七十一）。幾年後，老太太走完了自己不平凡的一生，享年七十五歲。與已經去世了二十七年的丈夫太祖阿保機合葬，謚號貞烈皇后，後來又改謚為淳欽皇后。

一生功過留與後人說

述律太后的一生充滿了傳奇，有人說她是有勇有謀的開國皇后，有人說她是冷酷無情的斷腕太后，還有人說她是不明是非的偏心母親，她一生最大的錯誤就是寵愛最不成器的小兒子耶律李胡。那麼，究竟應該如何評價述律太后的一生呢？

述律太后的一生跌宕起伏，大起大落，很不平凡。史書記載：「述律，本回鶻糯思之後。」（《遼史・外戚表》）她本不是契丹族，而是回鶻商人的後代，輔佐太祖，艱苦創業，把契丹由一個地方民族政權發展成雄踞中國北方的一個大帝國，契丹最後帝祚九傳，享國二百一十年，所以她對於建立契丹王朝的功勞是絕對不能抹殺的。那為什麼老太太在人生最輝煌的時候做出了這麼一個錯誤的選擇？幹嘛非得跟耶律李胡沒完沒了？明知道偏憐之子不保業，耶律李胡不成器、不著調，幹嘛非要讓他當皇帝？實際上，從深層次看，這裏邊體現了契丹在開國之初的價值取向問題。述律太后包括耶律李胡這一派人代表著契丹的傳統舊俗，代表著草原文化、游牧文明。她為什麼死活不讓耶律倍當皇帝？前面講過，耶律倍傾心漢化，崇拜孔子，穿中原衣冠，讀四書五經，工於書法繪畫，他的書畫作品一直到宋徽宗時代都藏於祕府。雖然歷史是不能假設的，但如果耶律倍承繼大統會出現什麼情況？契丹王朝徹底漢化，很有可能會曇花一現。因此，述律太后堅決不讓他繼位，而讓耶律德光繼位，應該說那次廢長立幼是一個明智之舉。耶律德光文韜武略不在耶律倍之下，再加上他跟隨太祖皇帝出生入死，屢經戰陣，後來又滅了後晉，應該說耶律德光比耶律倍更適合做遼太祖的接班人，所以這一點上，述律太后做的是對的。

但是，再往下發展，述律太后的偏執就明顯起來了。這樣的一個女人，出身於回鶻商人家庭，精於計算，當年輔助自己的丈夫，在艱苦創業的過程當中可能也體會到了掌握權力的快樂。我們看中國歷史上大凡干政的后妃，對於她們來講，最看重的東西就是手中的權力。述律太后在太祖皇帝歸天，立了太宗之後，並沒有放權。太宗皇帝承繼大統時二十五歲，按今天的標準也是成人了，但太后還是干政。太宗皇帝一方面感謝母親的栽培，沒有您確實沒有我的今天，我不可能做皇帝；另一方面，他也不滿被母親控制，所以興兵南下，揚名立萬，想讓契丹的大臣們看看，我是會打仗的，是能打仗的，想把君權從母親手裏奪回來，結果死於班師途中。

太宗駕崩之後，述律太后的偏執可以說表現得淋漓盡致。她為啥非要立李胡？誰都知道他是個廢物。但也正因為他是廢物，他對我的依賴就越強，他除了殺人、打人、罵人，啥都不會，他也就不會像遼太宗那樣，一心想把權力搶回去，他名聲越臭，就越依賴我。述律后覺得，這樣的人符合自己的要求，他完全不會自立門戶，甭管他多大歲數，都會聽自己的。另外，漢民族是長子繼承家業，而草原民族是幼子守家，契丹有這種傳統，我們看後來的元朝帝位一直在拖雷後裔的手裏，拖雷就是成吉思汗的幼子。

述律太后的晚年很淒涼，走得也很淒涼，不像她當年輔佐太祖、謀立太宗的時候那麼風光。

耶律和蕭

述律太后雖然差點兒和遼世宗刀兵相見，但考慮到整個契丹王朝興衰，她還是選擇停止戰爭，正式承認了世宗的帝統。於是遼世宗終於成為名正言順的遼國皇帝。後來他為了鞏固帝位，軟禁了述律太后和耶律李胡。但是在遼世宗執政的短短三年間，還是發生了數起宗室叛亂。那麼遼世宗的統治為什麼會如此不穩呢？

前面講，世宗皇帝雖然把太后和叔父囚禁了，可是他的日子過得也實在是不舒服。為什麼呢？因為他這個帝位是撿來的，這幫所謂的從龍功臣們，並不是真心擁戴他。為什麼讓你當皇上呢？因為沒別人。我們絕對不能允許耶律李胡繼位，他一繼位大傢伙兒都得去陪伴先帝，這個咱受不了。當時沒別人能對抗李胡，矮子裏拔將軍，就是你了。等世宗皇帝一繼位，大臣們的不臣之心就全暴露出來了。

契丹人很有意思，我們翻檢史書，會發現他們好像只有兩個姓，一個是耶律，一個是蕭，沒見過別的，其他姓的大臣一般都是異族。后族姓蕭，皇族姓耶律。姓耶律的最起碼跟太祖皇帝當年是一個氏族的，不像中原王朝，皇上姓趙，但姓趙的不都是皇族。契丹人可能本來人口就很少，一個氏族都姓耶律，就都是皇族，都有過一把皇帝癮的資格。你姓耶律我也姓耶律，論輩分我比你大，我為什麼不能當皇帝？有遼一代，皇族叛亂的事非常多。

中國古代，自秦始皇統一六國，廢分封，行郡縣，分封制就基本告別了歷史舞臺，三個逆歷史潮流而動的朝代——西漢、西晉、明，搞分封，出事的概率是百分之百。如果讓皇族們掌握了實權，特別是掌握了兵權、財權，他那個皇帝癮肯定給勾上來，所以發生了西漢七國之亂、西晉八王之亂、明初靖難之役。當然明朝靖難之役是地方藩王燕王朱棣贏了，把正統的皇帝推翻，自己做皇帝了。所以搞分封，讓宗室諸王手裏有兵有權，對皇帝的「維穩」

是非常不利的。一般中原王朝冊封宗室的原則是封而不建，原本封邦建國，謂之封建，但朝廷封而不建，皇上封你為齊王，你就是享有爵位、俸祿和相應的政治待遇，但你不是齊地的最高長官，齊地的軍政民政你無權干涉。到了明、清兩朝，宗室王爺們的封號都不用古國名，秦王、齊王、楚王、趙王，都沒有，改用美稱，恭親王、醇親王、怡親王……謀國你想都別想。中原王朝比較好地解決了宗室問題。但因為北方游牧民族是家族統治，宗室諸王的權力太大，終遼一代，這個問題都沒有解決，耶律氏宗室叛亂的事時有發生。

契丹的另一個大氏族是蕭氏。我們聽評書演義，比如《楊家將》，最熟的就是蕭太后。有遼一代，十幾個皇后全姓蕭，唯一的例外是世宗的皇后——漢族的宮女甄氏。你要說蕭太后，得指出是哪位蕭太后（評書演義裏說的蕭太后，是指遼景宗的皇后蕭燕燕，我們後面會講到），否則你光說遼朝的蕭太后，遼朝后族全姓蕭，都是蕭太后。為什麼后族姓蕭？述律后輔佐太祖建國，功勞太大，太祖皇帝說，我的皇后的功勞太大了，你看我這幫弟弟多壞，整天造反，反了三次，還是我這幫舅子好，他們忠於我，因為他們知道當皇帝沒戲。太祖皇帝自比漢高祖劉邦。劉邦自己講過，連軍百萬，攻必克，戰必取，我不如韓信；運籌帷幄之中，決勝千里之外，我不如張良；安撫百姓，往前線運送軍需糧餉，我不如蕭何。但是這仨人我都能用（也不知道這仨人為什麼聽他的），所以我得天下。這仨人裏誰是老大呢？顯然是蕭何！坊間傳說，韓信都是蕭何追回來的，因此他的功勞最大。漢朝一建立，蕭何做丞相。遼太祖建國之後，就賜后族蕭姓，希望他們像蕭何輔佐漢高祖那樣來輔佐自己。以後耶律氏做皇帝，蕭氏做宰相。

皇上全姓耶律，宰相基本上全姓蕭，這些耶律和蕭們，都是國家的貴戚宗親，都想過過皇帝癮，所以，世宗皇帝的皇位還沒坐穩，這些從龍功臣們就跳出來了。這幫人覺得，我們這兒不像中原王朝，父死子繼，契丹的皇位好像誰胳膊粗、拳頭大誰就能坐。那我練練粗胳膊大拳頭不也能坐嗎？過一把皇帝癮總是件很不錯的事。

駙馬謀逆

由於契丹王朝給予宗室諸王的權力太大，導致宗室叛亂的發生有了可能性。就在遼世宗剛剛開始享受帝王生活沒多久，第一個叛亂者就跳了出來，他不但是擁立遼世宗的大功臣，而且還和遼世宗有著很不一般的親戚關係。那麼，這個可怕的叛亂者是誰呢？

第一個跳出來謀逆的是誰呢？就是當年擁立世宗，立有大功的駙馬蕭翰。遼朝駙馬姓蕭，國丈姓蕭，皇后姓蕭，嬪妃姓蕭，嫁娶通常就是蕭氏和耶律氏互相玩。蕭翰是述律太后的外甥，述律太后是耶律氏的母親，而他又娶了耶律氏的閨女，親上加親，一團亂麻。現在他也想做皇帝了。

當年述律太后隔潢水跟世宗對立的時候，第一個質問的就是蕭翰，你是我親外甥，你為什麼造反？為什麼不跟著我？為什麼謀立世宗？蕭翰理直氣壯地回答：「臣母無罪，太后殺之，以此不能無憾。」（《遼史．蕭翰傳》）當年你殺人立威，我媽被迫陪伴先帝，這仇我忘不了。因此述律太后最恨蕭翰。謀立世宗皇帝，他立了大功。但是，世宗一繼位，他第一個跳了出來。世宗皇帝對他非常信任，把公主都嫁給了他。這樣一來，他跟皇上怎麼論輩分就說不清了，原本是皇上的舅舅，現在他又做了駙馬，變成了皇上的舅舅兼女婿。這個公主不知道是皇上的妹子還是皇上的女兒，史籍沒說明，也可能他是皇上的舅舅兼妹夫。世宗繼位剛一年，蕭翰就勾結其他的幾個耶律起兵造反。幸虧耶律屋質預知了他的意圖，密告世宗。世宗皇帝一聽蕭翰造反，趕緊先下手為強。但是世宗很念舊，蕭翰謀立自己是首功，又是自己的舅舅兼妹夫也可能兼女婿的這麼一種關係，所以對他網開一面，但對其他人就沒那麼客氣了，把那幾個被蕭翰挑唆的耶律們全殺掉了。

契丹民族的倔強性格，在這些叛亂者的身上體現得淋漓盡致。你造反了，皇上念舊，沒殺你，你回去燒高香，阿彌陀佛去吧。不，他沒有那麼做，反而在認真地總結經驗教訓。我叛亂為什麼失敗？因為我沒有找到一個強有力的靠山。這次他不但自己謀反，把自己的公主妻子也叫上了。兩口子在家裏一起算計，什麼樣的人能當靠山呢？第一，資望要夠，這個人振臂一呼，天下能雲集回應；第二，得有實權，胳膊夠粗，拳頭夠大。我們要靠上這麼一個人，大事可成。兩口子一合計，找誰合適呢？明王耶律安端。

安端這個人咱們前面提過，太祖皇帝的弟弟，太祖平定的三次諸弟之亂中，哪次都少不了他，職業造反派。這個人有叛亂基因，腦後有反骨，一看見哪兒有叛亂就興奮，幾十年過去了，老而彌堅，還是對叛亂一往情深。太祖皇帝的弟弟，世宗皇帝的叔爺爺，絕對資望夠。另外，世宗皇帝繼位之後，酬謝這些耶律們，以安端居首。這是朕的叔爺爺，他要首肯認同我的帝位，我的帝位不就穩了嗎？所以讓安端執掌原來的東丹國。安端不但資望夠，還有地盤，有軍隊，有人脈，應有盡有，最符合蕭翰的需求。蕭翰把這個人拉下了水，意圖一塊兒造反。這件事籌畫得很機密，本來認為大事可成，總結了這麼多年的經驗教訓，終於有一個出頭的機會了，沒想到，又讓世宗給破獲了。蕭翰扼腕長歎，命咋這麼苦呢！這次為什麼又被世宗破獲呢？原因是有人告密。誰告的密呢？安端的兒子察割，他把自己老爹給賣了。察割要論輩分也是世宗的叔叔了，當時被封為泰寧王，把自己的父親和蕭翰檢舉了。這一次，世宗不再手軟了，囚禁了公主，處死了蕭翰。

大義滅親為哪般

耶律察割是耶律安端的親生兒子，而且當年遼世宗剛剛在河北登基稱帝，還是耶律察割勸說父親耶律安端去投奔遼世宗。那麼後來耶律安端和駙馬蕭翰謀反，耶律察割為什麼會告發自己的親生父親呢？是因為他對遼世宗忠心耿耿，所以才大義滅親的嗎？

耶律察割出賣自己的父親，不是因為察割對皇帝多忠心，而是察割覺得，如果父親參加了蕭翰的叛亂，是為他人火中取栗。蕭翰是立我父親當皇帝，還是他自己當皇帝呢？當然是他自己當皇帝，那我們家還是臣。我們效忠誰不一樣？我們幹嘛不效忠耶律氏正牌天子，而效忠你這麼個冒牌貨？江山是我們耶律氏的，不是蕭氏的，這是第一個不可。第二個不可，如果蕭翰立我父親做皇帝，那麼很有可能我父親就是個傀儡皇帝，這活兒不能幹。第三個不可，就算我父親掌了實權，有朝一日他老人家走了，下邊輪到誰？我父親又不只有我一個兒子，能輪到我嗎？另外，我一出手把他們告發，我就得到了當今天子的感激與信任，那麼我的機會就來了，咱要玩就玩大的，直接當皇上，這道理還不明白嗎？所以察割「毅然決然」地把自己的父親告發了。

耶律察割這一告發，這次叛亂就被平定下去了。果然如察割所料，世宗皇帝對察割充分信任。愛卿你真是忠心耿耿，為了忠於朕連你爹都能賣，朕太感動了，奴隸、土地、兵馬、錢糧，你說你要什麼吧？隨你挑！察割說微臣什麼也不要，我就是要報答皇恩，我們家世受皇恩，除了想報答陛下，什麼也不想。世宗更是感動得一塌糊塗，其實察割要的是讓自己的營帳一步一步接近天子的宮帳，伺機下手。我得離你近，動手才方便。

親佞遠賢終亡命

耶律察割為了謀取皇位，竟然可以犧牲自己親生父親，充分說明他是一個用心險惡的卑鄙小人，但是遼世宗完全被他的花言巧語所欺騙，一點兒都看不出耶律察割的不臣之心。幸虧朝堂之上還有個人一眼看穿了耶律察割的陰謀。那麼這個人是誰呢？他能阻止耶律察割篡位嗎？——

世宗皇帝被察割蒙蔽了，可有人不傻。誰呀？耶律屋質，此公精明過人，老成謀國。耶律屋質看出察割不是個東西，就給皇帝上奏表揭露察割的醜惡嘴臉。史書記載：「（天祿）三年，表列泰寧王察割陰謀事，上不聽。」（《遼史·耶律屋質傳》）世宗皇帝糊塗到什麼份兒上？他居然把耶律屋質的奏章拿給察割看。愛卿你看，有人說你不好，咱們耶律裏面真是什麼人都有啊。察割一看，伏地哇哇痛哭，哀號不起。微臣對陛下一片忠心，耶律屋質他怎麼這麼說我啊。皇上安慰察割，卿家放心，朕絕對不會相信這個耶律屋質的，不會做出對不起你的事情，朕對卿信任有加。察割記住了耶律屋質，屢屢在世宗皇帝面前說耶律屋質的壞話，漸漸地世宗皇帝對耶律屋質就疏遠了。耶律屋質非常痛苦，當年是我在國家面臨內戰的情況下使祖孫和睦，簽訂橫渡之約，保住了江山，然後世宗才得以繼任天子。現在他如此親小人、遠賢臣，眼看江山社稷不保，禍起蕭牆，怎麼辦？他苦苦上諫，告訴世宗皇帝，察割這個人心懷叵測，有異志，早晚必反，你看他爹你就知道他是什麼人，他們家就這遺傳基因。當然世宗皇帝很不高興，跟耶律屋質講，他把他爹都告發了，你說他能不忠於我嗎？耶律屋質說，自古求忠臣必於孝子之門，正像您說的，他連他爹都能賣，還有誰他不能賣？可惜世宗皇帝不為所動，察割越來越受寵。

過了沒幾年，中原出事了。後晉被滅之後，後晉的節度使做了皇帝，建立了後漢，後漢是五代最短命的王朝，四年換了倆皇上，就結束了，後周代替了它。而後漢的節度使不願意向後周稱臣，跑到太原建國，這就是十國裏的北漢。所以我們講五代是梁、唐、晉、漢、周，十國在北方有一個北漢，南方有九個小政權。北漢的建立者是後漢開國皇帝劉知遠的弟弟，在十國政權裏實力是非常弱小的，大概只強於南方的南平，倒數第二。北漢建立之後，害怕後周王朝出兵打他，因此就給契丹上表，請求契丹的援助，並且願意接受契丹的冊封，給契丹朝貢，等於契丹多了一個藩屬之國。於是世宗皇帝就派人去冊封北漢的皇帝，並且率大軍南下，準備支援北漢。

這一次，世宗皇帝就走上了一條不歸之路，被手下的大臣謀害了。到底是什麼人謀害了世宗呢？

九

睡王穆宗

耶律察割發動政變，篡奪皇位。
可是，儘管他殺死了世宗皇帝，但卻並沒能坐上皇位。
這究竟是為什麼呢？
耶律察割叛亂被平定後，壽安王耶律璟登基即位，
他也就是遼國歷史上非常有名的穆宗皇帝，人稱「睡王」。
那麼，人們為什麼要這樣稱呼遼穆宗？
他究竟是一位怎樣的皇帝呢？

北漢接受了遼的冊封，所以遼世宗耶律阮親率大軍南下，準備支援北漢，不料禍起蕭牆。遼世宗率部行至父親耶律倍當年的行宮時，命大軍駐紮下來，祭祀自己的父親。祭祀之後，君臣歡宴，大家都喝得酩酊大醉。皇帝和一干大臣醉醺醺地入睡後，那個出賣了自己父親的察割就趁機發動了叛亂。耶律屋質幾次向世宗皇帝指出察割這個連親爹都能賣的傢伙人面獸心，必定會反，但是皇帝不當一回事，最終命喪察割之手。包括皇后和一些重臣全都被察割殺害了。

察割在發動政變之前，找到了遼太宗的長子壽安王耶律璟，想讓壽安王跟他一起叛變，被壽安王拒絕了，只好聯合了另外一幫沒有壽安王那麼高資歷的契丹貴族發動叛變。

叛軍一起，營地上火光沖天，兵刃相撞之聲四處可聞，耶律屋質在睡夢中驚醒，掀開自己的帳篷一看，皇帝的大帳起火了，叛軍衝過來了，趕緊起身準備平叛。中國古代的官員，不同品級穿的服裝顏色是不一樣的。最高級的穿紫袍，次等的是緋，就是紅袍，再次的是青，就是藍，最小的是綠，一般八九品小官穿綠袍。《紅樓夢》裏賈家全是當大官的，滿門朱紫，除了穿紅的就是穿紫的，說明穿這兩色官服的是高官。耶律屋質是北府宰相，他身穿紫袍，因此叛軍就高喊，別放過那個穿紫袍的。好在契丹人都住在行帳當中，耶律屋質趕緊退到另一個帳篷裏，換了衣服出來了。叛軍搜捕耶律屋質的時候，察割已經得手，皇帝已經遇害了。

壽安王平叛

在叛亂中，不僅世宗皇帝被弒殺，世宗身邊的一批忠臣也被耶律察割殺害。唯有耶律屋質僥倖逃脫。耶律屋質是世宗最信任的重臣，為人耿直，且忠於朝廷。那麼，此刻面對身後的追兵和大勢已去的局面，耶律屋質會怎麼辦呢？逃跑後他會去哪裏呢？

屋質跑到壽安王帳下，跟壽安王講，大王趕緊起兵平定叛亂。壽安王說，察割叛亂不是殺皇上嗎，跟我有什麼關係？平叛有的是大臣，幹嘛讓我挑這個頭啊？我不去。屋質說：「大王嗣聖子，賊若得之，必不容。群臣將誰事，社稷將誰賴？萬一落賊手，悔將何及？」（《遼史．耶律屋質傳》）大王你可是太宗皇帝的長子，叛賊絕不會容你，因為察割叛亂是想當皇帝，他又聯絡過你，你沒接受，所以他要當皇帝，現在最大的障礙就是你。如果你落在叛賊的手裏，後悔莫及，你現在趕緊起兵平叛，江山社稷賴以保全。壽安王一聽，有理，我不能落在叛賊手裏，先下手為強。契丹宗室諸王手下都有部隊，壽安王立刻整頓本部軍馬，跟耶律屋質合兵一處向叛賊的老巢攻來。

察割得手之後的第一件事就是進行宮搜羅寶物，可見這個人的政治抱負不怎麼樣。進了行宮之後先拿了一個瑪瑙杯，愛不釋手。此稀世之寶，今日歸我所有，得意得不得了。手下人跟他奏事，大王，沒找著耶律屋質。等會兒再說，我還沒玩夠呢。他妻子覺悟都比他高得多，看他愛不釋手地玩個杯子就跟他講，壽安王和耶律屋質都在，我等命尚難保，要此物何用？玩物喪志啊！察割說，壽安王年幼無知，根本就不用害怕他；屋質跑就跑了唄，他手下只有幾個聽差的，他倆還能把我怎麼著？甭怕！然後接著玩杯子。

行宮裏有很多寶物，當然不止這一個杯子，察割玩了半天。這時，探馬來報，壽安王和耶律屋質率兵打來了。察割一看大事不好，匆忙殺死了遼世宗的皇后，領人馬出陣。面對耶律屋質和壽安王帶來的千軍萬馬，察割的肝兒直顫，沒想到平叛的勢力這麼強大。本以為我殺死了皇帝，擒賊先擒王了，我就應該在靈柩前繼位了，沒想到這麼多人不服我。平叛的軍隊齊聲高喊：爾等謀逆，棄甲投刀者不殺，頑抗者必死。察割手下人馬一聽，怎麼茬兒？我們一不留神成叛匪了？因為察割衝進行宮殺皇帝的時候，手下的這幫人，尤其是小兵，不見得知道發生了什麼事，沒準兒察割還對外宣傳自己是在平叛，沒想到現在被官軍包圍了。大家一聽，我們成叛軍了，而且官軍給我們指出了兩條路：第一條路是棄甲投刀者不殺，把刀扔了沒你事；第二條路是頑抗者必死。大家都很聰明地選擇了第一條路，把刀一扔，站著不動了。察割一看麾下的兵士所剩無幾，寡不敵眾，就玩出當年述律太后的那一招，把被抓住的百官及其眷屬推到陣前做人質。放我一條生路，不然的話，看見沒有，你們有人質在我手裏，我把他們一個個全宰了。壽安王和耶律屋質投鼠忌器，有人質在人家手裏，只好退兵。但依然把察割的叛軍團團圍住，讓他插翅難逃。雙方都在想招：壽安王和耶律屋質想，怎麼能夠不傷害人質，消滅叛賊；察割動盡心思想，怎麼能盡快突圍，突圍之後再過一把皇帝癮。

雙方都在想輸兒的時候，被察割扣為人質的一位林牙，林牙是契丹語，漢話講就是翰林，這樣的人肯定是一肚子學問，飽讀詩書，他希圖活命，就忽悠察割，說了這麼一番話：「不有所廢，壽安王何以興？藉此為辭，猶可以免。」（《遼史．耶律察割傳》）不有所廢就沒有所興，壽安王是太宗長子，他現在為什麼能當皇帝呢？是因為你把世宗殺了。所以你這麼跟壽安王講，沒有我殺了世宗，能有你小子當皇帝嗎？這樣一來，壽安王會念及你殺皇帝的大恩，放你一條生路。察割這個時候已經一腦袋糨糊了，誰出個主意他都覺得是給他指了條明路。他一拍大腿，誠如公言，誰願做使者。這位林牙說我願意去，我給你出的主意，我去了之後你就等好消息吧。察割非常信任這位林牙，那您去吧。林牙見到了壽安王和耶律屋質，把這番話講給他們聽，壽安王和耶律屋質當下計議，假裝同意。沒錯，你回去告訴察割，他說得很好，我們倆也是這麼想的，不追究他的弒君之罪，讓他來我的營帳當中，一起商量商量。察割也是死催的，一點兒戒備沒有，大搖大擺地來了。我對當今天子有功，若不是我殺了先帝你能當皇帝嗎？我來領賞了，最起碼那個瑪瑙杯我得拿家去吧？

察割一進壽安王和耶律屋質的營帳，迎面撞到的是遼世宗的親弟弟耶律婁國。你把我哥殺了，咱倆有完嗎？仇人見面分外眼紅，沒等察割反應過來，耶律婁國衝上去一劍正好刺中察割的心臟，察割倒地不起，金甲武士上來將其亂刀剁為肉醬，剖腹挖心，祭祀先帝。這樣一來，察割的叛亂就被平定了。

「睡王」

雖然叛亂得以平定，但世宗皇帝已然被殺，遼國一時國中無主。率軍平叛的壽安王耶律璟，是隨行軍中唯一的直系皇親，因此群臣擁立他登基即位，他也就是遼國歷史上非常有名的遼穆宗，人稱「睡王」。那麼，人們為什麼要這樣稱呼遼穆宗？他究竟是一位怎樣的皇帝呢？

察割叛亂被平定之後，壽安王承繼了大統，他就是遼朝歷史上非常有名的皇帝遼穆宗。穆宗不但在遼的歷史上，甚至在中國歷史上都是非常有名的一位皇帝，他以什麼出名呢？以睡出名，人稱「睡王」。非常能睡，為什麼非常能睡呢？是因為他非常能醉，醉了不就要睡嗎？我們翻看《遼史》，就會發現穆宗皇帝十八九年的天子當下來，《遼史．穆宗本紀》才五千字多點兒，十幾年天子當下來，怎麼只有五千多字記錄啊？就這五千多字裏，穆宗出場的地方也不多，為人很低調，不怎麼亮相。看到的最多的詞是什麼呢？喝酒！

史書上記載，穆宗在宮廷裏設置了專門的釀酒機構，只要遇有節日及國事活動，他就設宴豪飲。今天牡丹花提前開了，來來來，喝三天，明天出現了什麼祥瑞，五穀豐登了，好好好，喝三天。有點事他就喝，醉了醒，醒了喝，保持的紀錄是連喝九天，通宵達旦地豪飲。只要聽說哪位大臣家中有好酒，立刻駕到。你們家如果有好酒，不用打廣告，皇上馬上登門了，耳朵靈著呢。在大臣府上觥籌交錯，大醉方歸。醉中他還隨意賞賜，給這些大臣加官晉爵。問題是這些旨意都是他醉中發的，醒了就不認帳了。大臣們能不懷恨在心嗎？你白糟蹋我一頓好酒。我為什麼苦心巴力巴結你、給你好酒，不就是因為聽說您有這麼一個特點，喝高了愛給人封官，我就想這好事能落到我身上。您可倒好，一張嘴封我一宰相，我就美了一晚上，您那晚上呼嚕呼嚕的，我這晚上高興得沒睡，天一亮您告訴我沒這麼回事，氣人不氣人？後來穆宗皇帝也覺得有點兒不好意思了，就跟手下的大臣說：「朕醉中處事有乖，無得曲從。酒解，可覆奏。」（《遼史．穆宗本紀》）我喝多的時候糊里糊塗，說話也胡說八道，我說的什麼你們別聽，等我酒醒了之後，你們復奏。問題是他沒醒的時候啊，醒了就又喝，只要一睜眼，雙手下意識地就去抓酒杯，一醒就喝，一喝就高。

皇上怎麼一天到晚只知道喝酒呢？沒正經事做啊？穆宗皇帝本來也不是什麼雄才之主，耶律屋質勸他平叛，把他嚇成那樣。察割殺皇上跟我有什麼關係？平叛讓其他人幹，我幹嘛要去？耶律屋質說你不去你就完了，這才激發出他契丹男兒的血性，起兵平叛。其實平叛也都是耶律屋質一手謀劃的，等叛亂平定，穆宗當了皇帝，封耶律屋質為北院大王，穆宗覺得，朝政委託給耶律屋質就可以了，本身他對臨朝理政也沒什麼興趣，樂得每天杯來盞去的。

幸虧有耶律屋質輔政，耶律屋質是北院大王，當時的南院大王也是智謀廣遠之士，兩位大王頗具治國的才能，採取了均賦稅、勸耕稼的措施，鼓勵契丹各部發展農業生產，富國強兵，被契丹百姓稱為富民大王。有這兩位富民大王，老百姓還不至於鬧事。

謀反不斷

儘管耶律屋質等賢臣為穆宗承擔了治理國家的全部工作，讓他可以安心地喝酒睡覺，但實際上，穆宗卻並不能高枕無憂。那麼，究竟還有什麼事困擾著遼穆宗呢？

到此時為止，遼國已經過了太祖、太宗、世宗、穆宗四朝，沒有一次皇位更迭是正常的。太祖傳太宗，是述律太后廢長立幼；太宗也不是要傳位給世宗，而是太宗駕崩之後，世宗在軍前被眾將推立的；世宗被弒，穆宗得以繼統。契丹不像中原王朝，有一套成熟的嫡長子繼承制，父死子繼。契丹的貴族，不是姓耶律就是姓蕭，尤其耶律們都有做皇帝的資格，人人都想過一把皇帝癮。

穆宗皇帝在位的這些年，清醒的時候就是跟叛亂做鬥爭的時候，基本上三年一小叛，五年一大叛，無年不叛，年年都叛。參與叛亂的貴族等級都很高，比如前面講過的耶律李胡，他的兒子喜隱就發動了叛亂。前面提到過，李胡被世宗幽禁，但並沒有被處死。穆宗繼位後，對這個叔叔還不錯，解除了他的幽禁。但是由於兒子叛亂，牽涉到他，父子雙雙下獄，李胡就死在了獄中，時年五十歲。

除李胡父子外，叛亂的貴族還包括述律太后的子弟、太祖的弟弟、耶律倍的兒子等。這說明契丹到此為止，沒能夠建立起一套完善的類似於中原王朝的禮法制度，所以才會發生這麼多的叛亂事件。

叛亂使穆宗疲於應付，就更養成了他殘暴的性格，對待叛亂者，毫不手軟，從肉體上加以消滅。他不像太祖、太宗那樣雄才大略，有人格魅力，可以寬恕叛亂者，我把你的黨羽剪除，你孤身一人，別再跟我較勁了，讓你心服口服，跟諸葛亮七擒孟獲似的。穆宗沒這本事，必須把政敵從肉體上清除，殺得乾乾淨淨。到後來他感覺到殺人這個手段實在是立竿見影，太有效了。問題是契丹貴族前仆後繼，倒下一個又上來一個，皇冠的誘惑力太大了，都想著別人被殺是因為他笨，事不機密，要換了我肯定沒事，結果我也死了。我死了，別人還覺得（我）也笨，接著整！穆宗為什麼整天酗酒啊？也是借酒澆愁。這幫人怎麼不怕死啊，殺不完啊，有個完沒有，你們累不累啊，老叛亂？我殺人都殺累了，你被殺的還不累嗎？

殺人成性

對待叛逆者，遼穆宗唯一的辦法就是殺人。久而久之，他便形成了殘忍、暴戾、嗜殺的性格。史籍記載，穆宗殺人之多、手段之殘忍，同中國歷史上任何一個暴君相比，都是有過之而無不及。那麼，關於遼穆宗的濫殺無辜，史籍上都有哪些記載呢？

《遼史・穆宗本紀》裏，描述遼穆宗最多的字眼就是醉和殺。都殺什麼人？殺他身邊的人，近侍和大臣。他稍微有一點兒不滿意、不順心的地方，隨手抓件東西就往人腦袋上砸，經常用石頭鎮紙或者骨朵打人，骨朵就是契丹人愛用的一種兵器，一根木杆上面安裝一個小銅錘。他的近侍被石頭鎮紙或銅錘砸破頭顱死於非命的多的是。

舉幾個例子：西元九六三年正月，一個給他放養百獸的奴隸被他殺了；三月他又殺了一個放鹿的，並且梟首示眾，不知道這人犯了什麼錯誤；六月又殺了一個養小動物的；十二月又殺了一個養豬的。你說你貴為天子，老跟這幫人較什麼勁兒啊，按現在的話講，掉價不掉價？穆宗還親自動手，連劊子手都省了，即便臣下真有罪，也該送交有司，依律處置。這可倒好，天子親殺，而且人家也沒什麼大罪過。

穆宗濫殺無辜到了令人髮指的程度。契丹皇家放養很多鹿，有一天，穆宗一時性起，不知道他那天怎麼酒醒了，他清醒的時候真不多，就去檢點這些鹿。一檢點，發現鹿少了。也不知道皇上怎麼有數，一天到晚醉醺醺的，養了多少鹿他怎麼會知道？他就愣說少了，立刻把七個養鹿人全都殺了。這還不算完，又把他們的首級砍下來，築一座土丘，把腦袋擺在土丘上示眾，不許別人給他們收屍。就因為少了幾隻鹿，還不知道這幾隻鹿是真少還是假少，幾個養鹿人就被殺了。還有一次，皇上用餐的時候，給他上餐具的侍從動作慢了點兒，皇上拔出隨身攜帶的匕首，一下就把這侍從給刺死了。就為這麼一點兒小事，又是一條人命。

有一次，皇上打獵的時候，一個侍從動作慢了，造成獵物漏網，皇上居然把這個侍從處以炮烙之刑。商紂王才用這種酷刑，銅柱子燒燙了，把人綁在上面，活活燙死。還有一次，一個侍從因為妻子病了，沒跟穆宗請假就回家了。穆宗聽說了這件事之後，派人追到那個侍從家，把他的妻子殺死，並且蒸熟了拿給這個侍從，你不說你媳婦病了嗎？那行，我給她治治吧，高溫不是能消毒嗎？把她蒸熟了，讓她永遠不得病。在中國歷史上，見過暴君，但沒見過這麼暴的君；見過壞人，這麼壞的沒見過。

穆宗殺人殺得太多了，有時候酒一醒，自己也稍微感覺有那麼一點點不好意思。所以他假惺惺地說了一番話：「有罪者法當刑，朕或肆怒，濫及無辜，卿等切諫，無或面從」（《遼史．穆宗本紀》）。有罪者是應當動刑，但是我有的時候隨便發脾氣，暴怒，濫及無辜，大臣們要勸諫我，不要屈從，不要我傳達什麼旨意你們都執行。

庖廚殺手

雖然遼穆宗要求群臣勸阻他濫殺無辜，但大臣們卻都忐忑不安，一旦進諫，穆宗能像他說的那樣不予計較嗎？還是連勸諫者一起殺死呢？但是，如果任其發展，終將導致國家滅亡。在這種情況下，有一個人挺身而出，率先進諫。那麼，這個人是誰？他是如何勸諫皇帝的？穆宗是會聽取他的進諫，還是會殺了他呢？

這個人是殿前都點檢耶律夷臘葛，為遼穆宗所信任，他見穆宗濫殺無辜就想勸諫他。殿前都點檢相當於禁軍總司令，手握兵權。有一次，一個給皇上養雉雞的人，一不留神把雉雞弄傷了。他知道自己小命保不住了，就要逃亡，卻被皇上逮著了。好啊你，弄傷了我的雉雞還敢跑，皇上馬上就要殺他。耶律夷臘葛趕緊跪下來替這個人求饒，此人有罪，但罪不當死，請陛下暫息雷霆之怒，不要殺他。遼穆宗不聽，還是把這個養雞的人殺死了，然後把耶律夷臘葛叫來，指著這個人的屍體跟他說，收下你故人的屍體吧。你不是勸我別殺他嗎？說明你跟他有交情，他是你朋友，好，現在你可以把他的屍體領走安葬了。可想當時耶律夷臘葛氣到什麼程度，我是殿前都點檢，手握重兵，你這麼羞辱我！由此可見，群臣得多麼寒心啊！

雖然遼穆宗講「朕或肆怒，濫及無辜，卿等且諫，無或面從」，但誰敢去諫啊，諫了有用嗎？枉死的人數不但沒有減少，反而不斷地增加。尤其是穆宗身邊的侍從，常年生活在恐懼之中，動輒得咎，不知道什麼時候小命就保不住了。這樣侍從們就要想辦法了，不能引頸就戮，乾脆先下手為強，你拿我們太不當人，那咱們就白刀子進紅刀子出，我們也就豁出去了。

穆宗在位的第十九個年頭，二月己巳（三月十二日），他又出去打獵。那一天收穫的獵物特別多，特別是獵獲了一隻大黑熊，皇上非常高興。打到這麼一隻大熊，值得慶賀吧？慶賀就得喝吧？於是君臣開始通宵達旦地宴飲，喝了個爛醉，皇帝和衣而臥。按一般常理，皇上這個時候就應該睡了。皇上在位這些年，外號睡王，睡的時候多。侍從們一看，累了一天了，皇上要睡了，那我們也就可以稍微歇口氣了。沒想到的是，這皇上剛躺下不久，一骨碌又起來了，可能屬於假睡眠狀態。起來之後吩咐燒水做飯，說自己餓了。剛才可能光顧著喝，肚裏沒食。他這邊喊燒水做飯，可是廚房的火都熄了，侍從趕緊衝到廚房，把廚子全踢醒了，趕緊燒水做飯，皇上餓了。做飯是需要時間的啊，可皇上等得不耐煩了，大叫：我讓燒水做飯，怎麼這麼半天，你們這些狗奴才，等著，我把你們一個一個全殺了。然後一翻身，呼呼又睡了，這回可能是真睡了。他說完殺人的話就忘了，這樣的話他一天可能說三百六十遍都不止。但聽這話的哥兒幾個，面如槁木死灰，完了，你說咱倒楣不倒楣，誰想到他躺下之後又起來要吃飯啊？廚房不能老燒著火啊！看來今天咱們橫豎是難逃一死，怎麼辦？前情往事全想起來了，咱們都有家裏的親人死在這暴君手上，那會兒可能僕從工作也是世襲的，爸爸被殺了，兒子進來伺候皇上。今天，橫豎一死，打死太子也是死，撕碎了龍袍也是死，乾脆咱殺了這個暴君，為天下人出口惡氣，咱就是死，也死得其所！

這幾個人一拍大腿，就這麼幹。於是有的人出去備馬，有的人懷揣利刃就走進了穆宗的帳中。暗殺穆宗易如反掌，皇上背對著帳篷正睡得香，三個人撲上去亂刃齊下，穆宗就被刺殺了，時年三十九歲。正是因為他嗜酒無度，殘暴虐殺，所以元朝人寫的《遼史》對他的評價給了四個字：「死其宜哉」。死得太好了，死得正是時候啊，終於死了，可算是死了。

穆宗一死，遼國的帝位傳承又出問題了。他嗜酒無度，體弱多病，不近女色，膝下無子。那麼，繼位的新皇帝會是誰呢？

十

景宗中興

遼穆宗被殺後，世宗皇帝的兒子耶律賢繼承皇位，史稱遼景宗。
景宗即位時，遼國剛剛經歷了穆宗近二十年殘暴統治，
國力衰退，百姓人心惶惶。
那麼，景宗耶律賢能夠收拾好這個殘局嗎？
景宗在位期間，多年相好的遼宋兩國關係，
突然發生變故，這究竟是為什麼？
遼景宗又會如何處理和北宋的關係呢？

人稱「睡王」的遼穆宗耶律璟被近侍殺死後，遼國的帝位傳承又出了問題。這位耶律璟皇帝只對酒一往情深，史籍上還真沒記載他到底寵幸過哪位嬪妃，三十九歲歸天，沒有子嗣，只好找有皇室血統的人來承繼大統。這個大便宜被世宗皇帝的兒子耶律賢撿到了。

世宗、穆宗兩位皇帝都是被臣下弒殺的。世宗皇帝遇害的時候耶律賢年僅四歲，世宗皇帝的母親和皇后都被耶律察割殺死了，當時耶律賢還小，沒跟父母住在一頂宮帳裏面，一個廚師用毛氈把他包裹起來，藏在柴堆裏，叛軍沒有搜到，小耶律賢就這樣保下了一條命。

穆宗繼位的十年裏，平定了很多叛亂，具有太祖太宗血脈的契丹宗室貴族們，差不多被他殺光了。耶律賢卻躲過了這位皇帝堂叔的屠刀，因為穆宗繼位的時候，他只有四歲，還沒到能叛亂的年齡，而且他一直被大臣們保護著。一朝天子一朝臣，有一些大臣是擁護、追隨世宗的，世宗遇弒，穆宗繼位，跟世宗又不是一個爹，所以這些大臣就失勢了。這些失勢的大臣圍繞在耶律賢的周圍，希望有朝一日幼主能夠登基，他們也算是從龍功臣，有再出頭的機會。

穆宗皇帝被殺時，耶律賢已經二十多歲了，長大成人，馬上在自己的兩個鐵桿謀士蕭思溫和漢人高勳的輔佐下，率領一千兵士趕到穆宗被害的地方，在穆宗的靈柩前繼承皇帝位。在契丹這些被穆宗殺剩下的耶律裏面，耶律賢的血統是最純正的，他是先帝世宗爺的兒子，所以他的即位沒有引起異議。這就是遼國的第五代皇帝——遼景宗。

景宗耶律賢即位時，遼國剛剛經歷了穆宗近二十年殘暴統治，國力衰退，百姓人心惶惶。此時，人們最擔心這位新皇帝會不會也是個暴君。那麼，遼景宗究竟是一個怎樣的人？他能夠收拾好穆宗留下的殘局嗎？

景宗皇帝即位，契丹終於盼來了一個好皇帝。太祖、太宗是明君自不用說了，但太祖、太宗時期主要是創業，制度草創，大多比較簡陋。世宗皇帝本來也就是個中才之主，又被臣下弒殺。穆宗就不用說了，一個暴君，禍國十九年。景宗繼位，在遼史上被稱為「景宗中興」，那麼，景宗都做了哪些事使遼興盛起來了呢？

主要是兩件大事。一件是重用漢官，可以講，在景宗朝，契丹徹底完成了向中原王朝轉化的進程。景宗繼承了爺爺耶律倍的遺志，尊孔崇儒，取法中原。再一件就是對穆宗朝暴政的撥亂反正，寬仁治國。

耶律賢得以承繼大統，他身邊的兩個大臣立下了汗馬功勞，一位是蕭思溫，一位是高勳，景宗登基後，首先就要厚賞這二位。蕭思溫雖然以前做過南京（就是今天的北京）留守，但是全無大將之才。史書上說，蕭思溫為人齷齪，不修邊幅，邋里邋遢。一屋不掃，何以掃天下？通過一個人的外表，就能看得出來這個人的抱負怎麼樣。他跟中原王朝打仗，屢戰屢敗，就被從南京留守的位置上調走了，之後鬱鬱不得志，就投奔了耶律賢。

蕭思溫不著調，但他卻養了個好女兒蕭燕燕，也就是評書《楊家將》裏說的那位蕭太后。耶律賢也心儀豔名遠播的草原第一美女蕭燕燕，所以他提拔蕭思溫，封為王爵，並且迎請蕭燕燕入宮，立為皇后。景宗很小的時候就親眼目睹了父母和祖母被害的經過，給幼小的心靈造成了難以撫平的創傷；長大之後，顛沛流離，又親眼看見他那個堂叔皇帝是怎麼撒酒瘋殺人的，目睹了太多的血腥，受了太多的驚嚇，體弱多病，經常不能臨朝理政，就讓皇后代行國政。於是，十七歲就嫁給他的蕭燕燕代皇帝行政，皇帝甚至准許蕭燕燕下旨時稱「朕」。

種稻玄機

蕭燕燕被立為皇后，她的父親蕭思溫自然成了國丈。蕭思溫看到女兒受皇帝寵愛，並且執掌國政，便在朝中不可一世，肆無忌憚地收受賄賂，買官賣官。那麼對於蕭思溫的這種行為，景宗皇帝和皇后會如何處理呢？

蕭思溫成了國丈之後，權欲薰天，公開收賄受賄，賄賂公行。景宗皇帝因為十分寵信他，所以對他的貪污行為也就睜一隻眼閉一隻眼。但其他大臣看不下去了，你有什麼了不起的？連一場勝仗都沒打過，契丹男兒的臉都被你丟盡了！你不過就是養了個好女兒，就敢這樣賄賂公行，公開在朝廷上賣官鬻爵？所以有耶律氏貴族在底下暗中策劃，要殺掉蕭思溫，但這件事被破獲了。景宗皇帝怎麼處理的呢？我們從這裏就可以看出他寬仁的一面。甭說陰謀殺害國家重臣，就是殺個普通老百姓，殺人償命也是天理人情國法。景宗皇帝對首惡處以杖刑。然後用這件事來警醒蕭思溫，你別做得太過了，如果太過了的話，你看見沒有，朕不殺你，老天也會殺你。蕭思溫一看這個，嚇壞了，收斂了很多。畢竟他的女兒蕭燕燕是非常識大體的，對自己父親的行為也會提出一些規勸，你身為國丈，總要做出點兒表率，不能幹這麼不著調的事。從這件事看，景宗皇帝不是一味地包庇皇親。

還有一位為景宗登基立下功勞的就是高勳。高勳立功，封南院樞密使，執掌幽州，坐鎮南京。高勳覺得自己功勞太大了，而且不知道為什麼，為契丹效命的漢族大臣們，也經常想過一把皇帝癮。是受契丹貴族的傳染？中原王朝也有權臣篡位的事，比如王莽，但是隨隨便便一個大臣就想當皇帝，這種事還真少，一般大臣是知道自己幾斤幾兩的。因為契丹人人都有圖王稱帝的野心，高勳也漸漸有了不臣之心。他一看，草原上當皇帝這麼容易啊？整點兒兵發動個政變，把皇上弄死，陵前一繼位，頂多燒垛柴火，不就成皇帝了嗎？所以高勳有異志。現在皇上把他放到幽州，這地方本來就是漢人多，高勳到了此地大力經營，希望有朝一日以此為根據地，過把皇帝癮。但他很忌憚景宗皇帝，知道景宗絕非庸主，決定先試探試探，就給景宗皇帝上疏，說我要發展經濟，教民耕稼，打算在幽州城的周圍種水稻，請皇帝批准。

景宗罷獵

教百姓耕種水稻，發展農業生產，本來是件利國利民的好事。可是為什麼說高勳是在試探景宗呢？種植水稻和謀反究竟有什麼關係？景宗皇帝能識破其中的玄機嗎？

皇上看到高勳的奏章，龍心大悅，朕的股肱重臣，多會為國家打算啊！准奏！皇帝剛要提筆在奏章上批示，旁邊的大臣說，陛下，萬萬不可。皇上很奇怪，為什麼不可啊？大臣回答高勳有異志。皇上說種稻子能有什麼異志，不就是讓老百姓能吃飽肚子嗎？這是好事啊！

皇上可能一年四季在草原上生活，不識耕稼。大臣向皇上解釋，種水稻離不開水田，高勳要在幽州城四周種水稻的目的是什麼？是要往田裏灌水，這稻田可就成了泥潭了，成了幽州天然的護城河啊，繞城一圈，一旦高勳造反，朝廷派兵征討，大軍怎麼過這片稻田呢？人馬就陷在這稻田裏了，因此絕對不能批准高勳種水稻。景宗恍然大悟，就把高勳的上疏駁回去了。高勳一看，皇上不好糊弄，乾脆直接反了。當然，叛亂很快就被平定，高勳本人也被處死了。

景宗看到了，契丹的耶律們和蕭們有異志的多，還是漢臣比較忠心，當然高勳是個例外。這些漢臣們很明白，自己是二等公民，人家契丹人才是本家骨肉，所以得夾著尾巴做人，朝廷重用我，咱別給臉不要，反而對朝廷忠心耿耿。因此，景宗皇帝非常重用漢臣。

景宗皇帝重用的漢臣中有一位叫郭襲的，非常有名。他給景宗皇帝上疏，勸景宗不要打獵。要知道，契丹的九位皇帝，都是驍武憑陵，游牧民族的叱吒風雲、勇武之氣不脫，平時最愛幹的事就是打獵，連穆宗清醒的時候也主要是打獵。景宗吸取了穆宗的教訓，但是打獵他戒不了，整天縱馬馳騁。

郭襲給皇帝上疏，勸皇上不要打獵，這封奏疏，特別講究，既得讓他聽得進去，認識到自己的錯誤，還不能貶損他，要把皇上貶了，那麼上疏人的下場就可以預見得到了。歷代名臣的上皇帝書，今天讀來美文居多，都非常有技巧。

郭襲的奏摺讀起來十分感人：「昔唐高祖好獵，蘇世長言，不滿十旬未足為樂，高祖即日罷，史稱其美。」（《遼史．郭襲傳》）先捧皇上一通，把皇上比成開創大唐三百年江山基業的高祖李淵。我沒說您打獵不好，而是說打獵是好事，唐高祖也愛打獵，馬上天子就應該幹這事兒。但是唐高祖打獵的時候，大臣蘇世長跟他說，建國不到十年，不足為樂。唐高祖一聽，當天就不打獵了，史稱為美。您看，明君應該這樣，愛打獵不是毛病，但是，大臣一上諫，您該聽，納諫就會青史垂名。景宗皇帝一看，首先心花怒放，郭襲把我比成唐高祖，我好的這口跟唐高祖一樣，唐高祖納諫了，那我是不是也該聽老郭的？

再往下看：「正宜戒懼修省，以懷永圖。側聞恣意遊獵，甚於往日。萬一有銜橛之變，搏噬之虞，悔將何及？」現在，咱們應該休養生息，讓大臣、百姓看看您的仁德施政。結果現在左右議論您恣意遊獵，怎麼跟穆宗皇帝有點兒類似？「況南有強敵，伺隙而動，聞之得無生心乎？伏望陛下節從禽酣飲之樂，為生靈社稷計，則有無疆之休。」現在咱們內亂不已，加上南有強宋，那個時候五代十國的局面已經結束了，黃河、長江、珠江流域已經歸於一統，趙宋王朝建立，國力是正強的時候，強宋一旦知道咱們文恬武嬉，就要趁機進犯。到那時候，後悔就來不及了。陛下應該馬上罷掉遊獵，可保江山社稷。

景宗皇帝覽疏之後大喜，馬上就給郭襲賜封號，稱讚他是功臣，並接受他的建議，罷遊獵。當然，他不可能像唐高祖做得那麼決絕，後來有的時候還是故態復萌。

景宗在位期間，重用漢臣，所以跟中原王朝的關係也比較好。景宗曾派涿州刺史致書宋朝的一位刺史，書中言道：「兩朝初無纖隙，若交馳一介之使，顯布二君之心，用息疲民，長為鄰國，不亦休哉！」（《續資治通鑑》卷八）咱們兩朝本就沒什麼矛盾，應該互遣使臣，有什麼話說開了，開誠佈公，你怎麼想的我怎麼想的，當面鑼對面鼓。這樣一來，兩國也不用打仗，也不會驚擾百姓，咱們常為鄰國，永做好鄰居、好夥伴，這事多好啊！宋朝刺史接到這封書信趕緊送到朝廷，宋太祖深以為善，當時兩國的關係非常好。可是，宋太祖一死，就出事了。

宋遼關係變化

宋太祖趙匡胤在世時，宋遼兩朝多年為友好鄰國，使臣往來不斷。那麼，為什麼宋太祖死後，兩國的關係會發生變化呢？這還要從宋太祖同遼國修好的真實目的說起。

宋太祖趙匡胤陳橋兵變，黃袍加身，代周自立之後，制定了「先易後難，先南後北」統一中國的方針。今天很多史學家對趙匡胤的方針進行抨擊，認為應該先難後易，先滅掉北漢，收復幽雲十六州。當時遼國在位的是那位睡皇帝，你趁著他國政不修，是完全有可能的。但是宋太祖先打南方那些割據政權。那些政權非常腐朽，完全不堪一擊。南唐後主李煜在宋朝大軍壓境時，不戰不和不守，不死不降不走，整天填詞，「最是倉皇辭廟日，教坊猶奏離別歌，垂淚對宮娥」。瞅這點兒出息，江山社稷傾覆，不想是否對得起父祖，反而垂淚對宮娥。滅這樣的對手算不得什麼好漢，這些割據政權，如果跟草原上的遼比起來，真是天壤之別。宋太祖有生之年，沒能夠把十國完全平定，十國中唯一在北方的北漢，是遼的附屬國，有老大罩著，宋朝沒法把它怎麼樣，只能先把南方統一了。當然，也有史學家認為，中國古代的經濟重心自安史之亂之後就轉移到了南方，這個時候南方的經濟發展水準已經超過了北方，所以宋太祖先統一南方也是對的。統一了南方才能有一個穩固的後方，但是北伐幽雲的時機已經失去了。

而且，宋太祖做了一件非常有意思的事，他設立了一個封樁庫，把每年的財政盈餘擱在裏面攢著。他攢的不是錢，是彩絹。他打算攢夠了三五百萬匹彩絹之後，跟遼贖回幽雲十六州。到時候就跟遼說，你佔著這塊地兒也沒什麼用，你也不會治理，你不就是想撈點東西嗎？我現在給你三五百萬匹彩絹，你把幽雲十六州還給我吧。太祖皇帝這個想法過於天真了，契丹佔這幽雲十六州可不僅僅就為圖這點兒綢子。宋太祖皇帝也想過，如果遼不答應的話，我就用這三五百萬匹彩絹招募死士，討伐遼國，遼有十萬精兵，我二十匹彩絹買他一顆人頭，二百萬匹也就夠了。所以宋朝整天在那兒攢絹，終宋太祖之世並沒有跟遼撕破臉。

宋太祖一死，弟弟宋太宗繼位。宋太宗怎麼繼位的呢？燭影斧聲，千古謎案。當時就有人懷疑太宗的帝位來路不正。按照宋太宗自己這一派人的說法，是杜太后有一次問宋太祖，你為什麼能夠當皇帝、得江山啊？宋太祖就奉天承運了一番，咱們趙家祖墳風水好，長靈芝了，類似於這種話，祖宗洪福齊天，母親教導有方，兒臣順天應人，各種說。太后搖頭，你能當皇帝是因為後周世宗英年早逝，你欺負人家孤兒寡母，後周末代皇帝恭帝柴宗訓年僅七歲嘛，所以你能得天下。咱們家現在好不容易有了天下了，這種事可別在咱家身上發生。萬一你要走得早，怎麼辦？你的孩子還沒成器，相反，你弟弟晉王趙光義跟隨你多年，南征北討，出生入死，而且他也是謀國之士，所以你最好把帝位傳給你弟弟，確保江山永遠在咱趙氏手中。據說太祖皇帝欣然允諾，帝位就傳到太宗趙光義的手裏了。當然這是太宗一夥人自己說的，無從考證。當時就他們娘兒仨在場，太后說了什麼，太祖皇帝是不是同意，沒人證明。因此，趙光義繼了皇位之後，大家都認為他帝位來得不正。

既然大家都認為趙光義的帝位來得不正，他就要想辦法給自個兒正名。怎麼正名？對內不用講了，誰敢懷疑我誰就去陪伴先帝，你不是忠於先帝嗎，你追隨太祖去吧！關鍵是對外，我要完成太祖未完成的遺願。太祖皇帝歸天時，南方已經平定，太祖只有兩個遺願沒有完成：第一，北漢；第二，幽雲十六州。太宗皇帝就要完成太祖的這兩個遺願，於是在西元九七九年親率大軍去滅北漢。

宋太宗親征

北漢既是遼的附屬國，又是遼國的天然軍事屏障，因此多年來一直受遼國保護。宋太祖在世時，曾三度率軍攻打北漢，都被遼國援軍擊退，因此他至死都未能完成平定北漢的夙願。那麼，這次宋太宗率軍出征，能夠完成太祖的遺願嗎？

北漢國主得報，宋太宗親率大軍前來，急急忙忙奏報上國，請求援兵。遼景宗當即派遣宰相、大將，率軍增援北漢。宰相領兵，可能更多是擺擺姿態，而且這種姿態主要是擺給北漢看的。小兄弟你看，老大很重視你，把宰相派出來支援你；當然也擺給宋看，這是我們的附屬國，我們很重視，你們是皇帝親征，我們也不能太掉價，皇上不來，派宰相來。要按外交對等原則也是對北宋的一種尊重，你們皇帝親自率兵來，我派來一個團長也不合適，所以我派出宰相。

不料宰相、大將、監軍仨耶律不和，大將主張慎重，而監軍貪功。大將認為我們沒跟宋朝打過仗，不知道宋兵的實力如何，進軍宜緩不宜速，穩紮穩打。監軍說咱們以前也不是沒跟中原人打過，太宗皇帝的時候大軍南下，玩兒似的就把後晉滅了，現在宋朝能怎麼著？宋朝的開國皇帝趙匡胤應該是馬上天子了，據說一條盤龍棍打平天下四百軍州，那麼厲害的人都沒滅得了北漢，現在他弟弟繼位，名不正言不順，怕他什麼啊？看來契丹朝廷對宋朝的內幕也不是一無所知。趕緊著，一戰成功，解了盟邦之圍，回朝奏明主上，咱們大功一件。兩人爭論不休，需要宰相裁決的時候，宰相被監軍遊說動了，同意了監軍的主張。大將很沉穩，既然這樣，不若分兵，你們倆主張冒進，你倆就送死去吧，本帥不陪你們玩，我不去。就這樣，遼軍分兵了。分兵之後，監軍冒進，大將率部接應，果然，被宋軍打了個慘敗。遼國一共就來了兩萬多人馬，而宋朝有十幾萬大軍，幸虧有穩重的大將收拾殘部，徐徐退去。而北宋這個時候主要想滅北漢，還不想跟遼較勁，把遼國的援軍打退之後，宋軍也就沒乘勝追擊。

遼軍一退，北漢可就是孤掌難鳴了。宋軍圍住了太原城，晝夜攻打，最終消滅了北漢。

宋太宗挑釁

宋軍攻佔北漢，實現了宋太祖的第一個遺願。然後，宋太宗便計畫一鼓作氣完成太祖的第二個願望，收復被遼佔領的幽雲十六州。於是他藉機向遼國挑釁，打算挑起戰爭。那麼，宋太宗是怎樣向遼國挑釁的，遼景宗又是如何回應的呢？

削平了北漢這個心腹大患之後，宋太宗志得意滿。我哥沒有完成的一樁大事，被我完成了，看來，北漢被滅掉，遼不在話下。於是，他派了個使臣去遼廷報喜。因為將相雙敗北，景宗皇帝正在氣頭上，不是我們遼兵不能打仗啊，而是因為將相失和才打了敗仗。正生氣呢，宋朝居然派人來了，我滅了北漢了，咱倆不是友好鄰邦嗎？我哥哥死的時候你不是還來弔唁了嗎？現在我們國內有大喜事啊，我把你們的附屬國給滅了，你應該來慶賀慶賀啊。景宗皇帝非常生氣，這是什麼人性啊？看到宋使伶牙俐齒，說得天花亂墜，我們大宋如何神勇、如何厲害、北漢怎麼被滅的，云云。景宗皇帝就跟宋使說，你們皇上的人性不怎麼樣，把你派來，讓你來送死。你想想，我正在氣頭上，你們皇上居然把你派來在我這兒吹噓怎麼滅北漢，還讓我去道賀？看來你在你們國內待遇也不怎麼樣吧？如果你效忠我朝，我會重用你。宋使一聽，斷然回絕。我是來出使的，又不是來投降的，我身負皇命而來，兩國正常交往，我們國家確實有大喜事，你就應該道賀，你不道賀是不懂禮貌的。我不辱皇命，怎麼能向你契丹人投降呢？遼景宗一看，你有種，回去吧，報告你家皇帝，道賀的事容我們君臣商議商議。遼景宗的意思再明確不過了，北漢求援，我派兵相救，其實希望你北宋懂得見好就收。你十多萬大軍來討北漢，我只派兩萬兵馬助陣，也就是做個姿態給北漢看看。而且，我也告訴北宋，北漢有老大給罩著，你能罷手就罷手，可你沒罷手，那這事就算了，你滅了北漢，我也沒說什麼，希望兩國仍然能夠和平共處，互不侵犯。遼景宗希望宋使能把這個意思帶回給宋太宗，兩國還能和平共處。

等宋使回來，把出使經過跟宋太宗一說，宋太宗更找不著北了，你們看見沒有，遼被咱嚇破膽了。宋太宗也知道自己提的這個要求比較無理，你把人家的小兄弟給滅了，還讓人家給你道賀？但我讓我的使臣去提這麼無理的要求他都沒敢把我的使臣怎麼樣，看來遼不足畏。既然不足畏，可以以兵圖之。於是，宋太宗攜滅北漢之餘威，親率數十萬大軍北征，準備一舉收復幽雲十六州。

十一

北宋伐遼

宋太宗輕鬆滅了北漢之後，想一鼓作氣，
親率大軍出征伐遼，一舉收復幽雲十六州。
幽雲十六州乃戰略要地，遼國會派何人在此堅守？
而宋太宗又會用什麼辦法來攻城呢？
宋遼之間將會展開怎樣的激戰？
這一次宋太宗能否收回幽雲十六州呢？

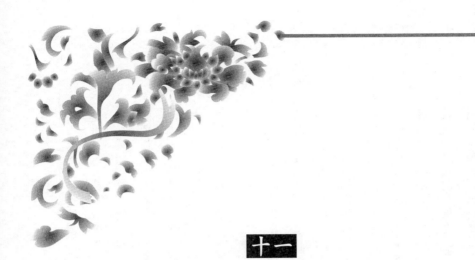

宋太宗平復北漢，完成了太祖皇帝的一個遺願。於是，他覺得自己很好很強大，準備對遼用兵，一鼓作氣，收復幽雲十六州。

這個時候，數十萬宋軍將士在太原城下屯駐多年，師老兵疲。另外，打下太原，滅了北漢之後，人人求賞。一聽又要跟遼打仗，北方草原民族的勇武，宋軍將士都是知道的，打個北漢都這麼費勁，好不容易打贏了，以為能休息休息，沒想到接著還要跟遼打，要克復幽雲十六州。幽州在哪兒？在北京啊。宋軍在太原。太原離北京六百多公里，今天坐動車都得三個半小時，那個時候的步兵可是名副其實的「步」兵，行軍就靠兩條腿。六百多公里路，還要一路打過去，而且得翻過太行山，宋軍將士上上下下皆面有難色，不想打。

宋太宗召集群臣商議，大臣們紛紛諫言反對伐遼，太宗皇帝很不高興。你們沒有見識，現在正是大軍得勝之機，我軍攜滅北漢之餘威，讓遼人懼怕，一仗可成，我不能聽你們的。有沒有人贊同我的意見？知制誥趙昌言，這個人是文官，負責起草詔令，他跟皇上說：「自此取幽州如熱鍋翻餅爾。」（《麈史》）太容易了，打幽州就跟熱鍋翻個餅似的，啪地一下就翻過來了。宋太宗一聽，你看見沒有，不愧是我的翰林學士知制誥，多會說話。殿前都指揮使呼延贊，《楊家將》也經常提這個人，出言反對：「書生之言，不足盡信，此餅難翻。」（《麈史》）他告訴您打幽州就跟翻餅似的，您讓他翻。一介書生，懂兵事嗎？會打仗嗎？打仗的時候你上嗎？你是皇帝身邊的心腹知制誥，肯定不會兩條腿走著去。去攻打幽州的士兵，可是得六百多公里兩條腿走過去，你走六百公里路試試。上戰場一刀一槍拼殺的是小兵，不是你，你說過去翻餅是想讓別人流血，而你領功。皇上聽了呼延贊的話，很不高興，就你這樣也配當殿前都指揮使？一點兒勇氣都沒有，我就要去翻這塊餅。這時候殿前都虞侯崔翰，深知太宗的心意，跟太宗說：「此一事不容再舉，乘此破竹之勢，取之甚易，時不可失也。」（《續資治通鑑》卷十）您甭跟他們商量了，現在我們正是破竹之勢，時不可失，機難再來，一鼓作氣，收復幽雲，正當此時。太宗皇帝龍心大悅，我朝就是有忠臣啊，依二卿所奏，出兵！宋軍將士罵著娘就上路了，大仗剛剛結束，人馬也沒有調整，糧草也沒給齊，賞賜更沒到手，淨給我們打白條了，還得跑六百多公里路，奔向遙遠的幽州，去迎接一場生死攸關的戰鬥。

這個情況下出兵，宋軍士氣如何，可想而知。哩哩啦啦地從河東翻山越嶺，兵分多路，奔幽州城而來。宋軍一開始很順利，幽雲十六州的守臣大多是漢人，這些漢臣一看宋軍勢大，就開城投降了。兵不血刃就拿下了涿州、易州，大軍直抵幽州城下。在此遭遇了遼軍主力，遼國大將耶律奚底率軍出戰，但耶律奚底寡不敵眾，宋軍大敗耶律奚底於沙河，遼軍退走。宋軍把幽州城團團圍住，穴地而進。幽州自古以來是北方重鎮，城高池深，固若金湯，不好打，怎麼辦呢？挖地道。

幽州大戰

遼軍主力已經撤退，宋軍也已兵臨城下，可是幽州城為什麼還是屢攻不克呢？這個幽州城的守將是誰？

幽州城的守將是鼎鼎大名的韓德讓，後來被封為王爵，賜姓耶律（在遼朝的漢臣裏，封王賜國姓的，非常少見。）他登城守禦，布置戰守之法，滾木檑石齊下，讓宋軍久攻不下。宋軍穴地而進，韓德讓也在幽州城裏往外掏地道，在地道裏面埋上大缸，讓遼國士兵趴在缸上聽聲，一聽聲就能夠知道宋軍大概在什麼方向，就可以在那兒設伏，宋軍的地道往往被韓德讓所阻。韓德讓熟悉幽州地形，經常把地道挖到宋軍背後，讓士兵從地道中鑽出來，偷襲宋軍。因此幽州堅若磐石，守而不失。

宋軍屢攻不克，困於堅城之下。宋太宗最後都想出什麼招來了呢？找了一幫舞劍士，在城底下耍雜耍。這些舞劍士是宋太祖培養的，所謂的雜耍有點像軍事體操。幾百名勇士腰佩利劍，拔劍出鞘往天上扔，並扔出花樣，跟京劇舞臺上的表演差不多。京劇舞臺上是一個人扔，這是幾百人，而且扔的是真傢伙，萬一接不住自己就沒了。幾百人利劍翻飛，拿劍鞘接，用雙手接，打著跟頭把式接，這確實挺駭人的。據說太祖朝的時候，遼國來使，開完了宴會，太祖讓體操隊上，給遼使表演一下，遼使往往嚇得冷汗直流。遼使應該不是覺得這個表演太神奇了，八成是怕這幫人接不住，奔自己飛過來，這太可怕了。這一次宋太宗又把這招拿到幽州城下，遼國將士覺得不錯，整天打仗多乏味啊！宋軍夠人性化的，還在城下演戲給自己看，挺好玩的。你說這東西打仗有什麼用？除非能扔上城去，斬他幾個。就在宋軍困於堅城之下、晝夜攻打的時候，遼國又開始派援軍了。

這次來的遼國援軍統帥，可不是一般人，在遼國軍事史上，乃至在中國古代冷兵器戰爭史上，都是赫赫有名的，就是耶律斜軫和耶律休哥。耶律斜軫當時任南院大王，駐軍清河北，是輔佐太祖皇帝開國的于越曷魯之孫。耶律斜軫率軍前來增援，正碰上兵敗回來的耶律奚底。耶律奚底跪在陣前，說大王饒命，末將知罪，我打了敗仗了。耶律斜軫說沒關係，你的兵少，宋軍兵多，瞧我的，我給宋軍點兒教訓。一看耶律奚底的部隊打青色旗幟，耶律斜軫馬上下令，把咱們的軍旗換成耶律奚底的。耶律斜軫率軍高張青幟，向宋軍進攻。宋軍一看，哎喲，手下敗將你又來了，不知死活的東西！剛才讓你跑了正後悔呢，你還敢來？宋軍喘息未定，就掩殺過去。一下撞上了耶律斜軫率領的生力軍，宋軍大敗，被斬首無數，這是太宗皇帝用兵以來的第一次慘敗。但是，畢竟宋軍兵多，遼軍兵少，耶律斜軫在打敗了宋軍之後，並沒有追擊，而是在清河屯軍。

當時還有一員遼將耶律沙也在幽州城北屯軍，與幽州城成犄角之勢。宋軍以一部阻擊遼援軍，主力部隊圍攻幽州，晝夜不停地攻打。韓德讓是一員文武兼備的名將，在城上堅守，幽州又一時半會兒打不下來。

這個時候，耶律休哥又率領遼國生力軍趕到。休哥兵分兩路，以五千弱卒出陣，邀擊宋軍，親率三萬主力埋伏於後。宋軍果然上當，一看，呵，這些個老弱病殘，你遼國沒人了，敢派這號人跟我打仗？於是宋軍興沖沖地奔著這五千弱卒就過去了，而耶律休哥率領三萬主力軍，及時趕至戰場，兩軍激戰於高梁河，即今天北京西直門外，大概紫竹院公園這個位置。這一仗下來，宋軍是真真正正地領略到了遼國生力軍的厲害。耶律休哥一代名將，越戰越勇，宋軍大敗虧輸，太宗皇帝本人親自上陣，腿上中了兩箭，狼狽地逃了下來。據說耶律休哥身上也多處負傷，不能馭馬，乘輕車追擊宋軍。耶律休哥跟宋軍一交手，耶律斜軫、耶律沙、韓德讓四軍齊發，一下就把宋軍陣營衝了個稀里嘩啦。耶律休哥出仗時是暗夜，天亮之後，宋軍的屍體鋪滿了高梁河兩岸。

每逢追擊宋軍，耶律休哥都命遼軍虛張聲勢，兩手盡執火把，遠遠望去火光一片，宋軍也不知道遼軍到底有多少人。休哥派三百多名輕騎雙手執火把，人不卸甲，馬不離鞍，晝夜追擊，擾亂宋軍。宋軍一路走，一路敗，剛剛到一個地方紮營，遼國的輕騎兵趕到，宋軍大喊，遼國人來了，上馬就跑；又到一個地方剛要喘口氣，遼國人又來了，接著跑。宋太宗帶著箭傷，一路南逃，就聽得四周殺聲不絕，真是風聲鶴唳，草木皆兵。皇上縱馬飛奔，不料馬陷泥潭，眼瞅追兵越來越近，一串火把就過來了。宋太宗仰天長歎，朕為崔翰所誤，自蹈危機，後悔莫及啊。真不該聽他的話，否則貴為天子，萬金之體，哪有機會大腿上中兩箭啊，自古以來沒這回事。看來，吾命休矣！

宋太宗正閉目待死，援軍到了，皇上得救了。援救者是誰呢？

落跑皇帝

宋太宗身陷困境，追悔莫及，就在宋太宗徹底絕望的時候，宋朝援軍及時趕到。那麼，是誰救了宋太宗一命呢？

就是押送糧草的宋將楊業，也就是評書演義裏所說的楊繼業，北漢降將。當北漢國主都準備出降的時候，楊繼業堅守不降，最後北漢國主出面招降他，他登城痛哭，才歸降了北宋，降宋之後，對宋忠心耿耿。此次他負責押運糧草，正好此時趕到，一看皇上在泥潭裏正歎氣呢，趕緊下馬參拜，微臣救駕來遲，請皇上恕罪。皇上這個時候還能怪罪誰啊，有人能把他救出去，就再好不過了。楊業跳下馬，蹚水過去，把皇上從馬上抱下來，交給岸上的一員小將，說你保護皇上，我打退敵兵。楊業一看，皇上的戰馬也沒法要了，血流滿地，隨時有倒斃的可能。於是就跟這員小將說，把你的馬給皇上騎。皇上特別感動，問楊業，這員小將是誰啊？臣子楊延昭。皇上說，不行啊，大將沒有馬怎麼能殺敵呢？我不能騎他的馬，你給我找個驢車我坐車走就行了。實際上皇上大腿有箭傷，騎不了馬，但是他不能說，所以擺高姿態。但楊氏父子感動得熱淚盈眶，皇上多為我們考慮，大將無馬不能殺敵，趕緊給皇上找輛驢車。皇上就坐著押糧運草的驢車跑了。

這個時候，宋軍潰兵也到了，大家逃到這個地方以後，商量下一步怎麼辦。這夥宋軍裏級別最高的是大將潘美，就是評書演義裏說的陷害楊業的潘仁美，大家都指著他拿主意。遼軍馬上追過來了，您說怎麼辦？潘美說，我們得追隨聖駕，保護聖駕要緊。說白了就是要逃跑。皇上坐驢車跑了，咱得追他，馬蹄當然比驢蹄快多了。楊業一聽，義正詞嚴，我父子羸弱之師，尚敢於血戰，諸君百戰之餘，所率精兵，難道不敢與遼軍一戰嗎？潘美面有愧色，人家一個降將，都對我朝忠心耿耿，咱們都是百戰名將，怕他遼國個啥啊？潘美以後我們還會提到，絕對不像評書演義裏刻畫得那麼不堪。

宋軍消滅十國時，滅南唐的首功是曹彬，滅南漢的首功就是潘美。潘美跟南漢打仗的時候，遭遇到了中國歷史上極少見的重型武裝力量——象軍。南漢定都熱帶廣州，訓練戰象成軍。我不太了解大象的習性，不知道大象能不能打仗，但最起碼，甩著長鼻子那麼老高的一頭巨獸，晃晃悠悠奔你過來，你第一個反應就是別被它踩著吧？單憑它那個模樣，不就跟坦克開過來一樣嗎？對手第一個反應肯定是逃跑。宋軍不但士兵驚慌，戰馬也驚叫著往回跑，可能北方的馬沒見過這種動物。南漢軍非常得意，你們誰見過這玩意兒？重型武裝力量，踩死你們！潘美一看大象來了，說弟兄們不要害怕，給我放火箭，動物都是怕火的。火箭一排排射過去，戰象一驚，調轉身來就踩南漢兵。南漢兵沒有防備，正準備看宋軍被踩扁了什麼樣呢，這回看得真真的，就在自己身邊。這樣，全軍潰散，南漢遂亡。所以潘美不像評書演義裏說的那麼不堪。這一次跟遼打仗，見兵無戰心，不想打了，才說出逃跑的話來，被楊業一番搶白，只好整頓軍隊，回師再戰。

統帥無能，累死三軍

宋軍本想回師再戰，但是遼軍統帥耶律休哥身受重傷，已無暇再追擊宋軍，因此宋軍正好藉機撤退。高粱河一戰，最終以遼軍大獲全勝而落下帷幕。那麼，如果仔細盤點一下，這一仗宋軍的失誤在哪裏呢？

第一，不應該在師老兵疲之際出兵。勞師襲遠，兵家之大忌。犯了這個錯誤之後，有沒有改正的機會呢？有啊。可惜，宋軍打到幽州城下的時候，又犯了第二個兵家大忌。《孫子兵法》講「上兵伐謀，其次伐交，其次伐兵，其下攻城」，最不會打仗的才攻城掠地，宋軍恰恰就幹了最下的事。應該以一部分兵力牽制住幽州守軍，守軍完全憑著地形險要、城池堅厚來防守，一般情況下，不會開城迎戰，一開城迎戰，兵力居寡，就處於劣勢了。所以宋軍應以一部分兵力牽制住守城的遼軍，主力北上，把耶律斜軫、耶律休哥、耶律沙的大軍擊敗，再回師攻打幽州，幽州可下。可是宋軍主力屯駐在堅城之下，給了遼國的生力軍以喘息的時機。遼軍從北方草原趕過來增援，也是長途跋涉，但他們是騎兵，機動速度很快，一般一個人三匹馬，換著騎，宋軍這一下正中遼軍下懷。

圍城的宋軍將士厭戰到什麼程度呢？打幽州城屢攻不下，穴地而進，那個時候自然環境還比較好，一挖戰壕地下水就挖出來了，接著挖出螃蟹。宋軍將領看到士兵把螃蟹挖出來，就說了這麼一番話：「蟹，水物而陸居，失其所也，且多足，敵救將至之象。又，蟹者，解也，其班師乎！」（《續資治通鑒》卷十）螃蟹是水物而居陸地，它有好多腳，證明敵軍援兵將到。咱應該回咱中原，老老實實待著，沒事耗在幽州這兒，不是好兆頭。敵人的援兵將到，你們又挖出螃蟹了，螃蟹的蟹，跟鬆懈的懈同音，咱甭打了，趕緊班師吧。可見不是宋軍不能戰，而是不想戰，最關鍵的還是出兵的時機不對，一下被遼國打了個大敗虧輸。宋太宗中箭回去，箭傷年年復發，越想這事心裏就越氣，最後他駕崩也是因為這個箭傷復發。

宋遼高梁河之戰，證明統帥無能，累死三軍，證明了太祖太宗重文輕武的國策是很失敗的。皇上對武將不信任，親自領兵，披堅執銳，太宗皇帝不幸中了兩箭，再也不敢上陣了。他不敢上陣了，對武將又不信任，仗由誰來打？這樣就出了問題。

陣圖

宋朝皇帝不信任武將，因此就制定了一系列很特殊的軍事管理政策，而且這其中還鬧出了不少笑話。那麼，宋朝皇帝是如何用兵打仗的呢？

第一，武將出陣，必派監軍。派文臣，甚至宦官監軍，武將的手腳就被捆住了。監軍不知兵，萬一主帥堅持己見，監軍跟他爭論，肯定爭不過人家，你光看過《孫子兵法》不行。皇上為了將從中禦，前線打仗的大將，中央要能夠控制住，所以將士上前線，都必須依照皇帝的陣圖跟敵人作戰。

陣圖是什麼東西？中國古代打仗，特別講究排兵布陣，平時的演習也講究這個。不能說一打仗，幾千上萬上十萬的人一擁而上，那是打群架，沒有那麼打的，必須要排陣。冷兵器時代，一個人的體力是有限的，如果一方的陣形被沖散了的話，基本上就敗局已定。這個陣是有一定的章法的，我們聽評書講，有什麼一字長蛇陣、二龍金鎖陣、九宮八卦陣，這些陣式，評書演義可能進行了文學色彩的加工，但是這些陣形在中國古代，實際上就是士兵打仗時列的隊形，確實是有據可查的。

在中國歷史上，最重視陣圖的朝代，莫過於宋朝。皇帝事先設計好陣圖交給將領，到前線按照這個陣圖紮營、列陣、出戰，不許有一點兒的改變。皇帝制定陣圖的時候，完全不考慮當地的氣候情況、山川險要、兵要地志，完全想當然。比如兵書上有這麼一個陣，我覺得這個陣可以破騎兵，馬上就畫好了給前線將士，用這個陣圖，去跟敵人作戰。統帥拿著陣圖上了前線，打開一看，傻眼了：皇上讓我紮營的地方是一條河啊？怎麼辦？將士們都在水裏泡一晚上？您是按照哪朝的地理課本，給我布的這個陣圖啊？按照酈道元《水經注》？這不行啊，這麼多年過去，河改道了。皇上布陣圖時不看這個，他哪知道河改道了，他沒上前線，他就給設置這麼一個圖。怎麼辦？問監軍。監軍大人，您看，咱真的在河裏泡著嗎？監軍說這事我作不了主，快馬請旨，問皇上，我們今天晚上是在河裏泡著嗎？沒等快馬到東京汴梁，這一宿就過去了，誰知道大軍這一晚上在哪兒待著。統軍大將都真的按照陣圖打仗嗎？監軍不懂，你大將得懂啊，你就真按這個陣圖打仗啊？真按這個陣圖打！為什麼真按這個陣圖打啊？打敗了沒有我的罪過，我是按照皇上您的吩咐來的，沒有半點兒違拗之處。您讓我在河裏泡著，我就在河裏泡著，至於在河裏泡著對士兵的身體有什麼影響，那不關我的事，遵旨是最重要的。所以我按照這個陣圖打，打敗了沒罪過，打勝了那當然天子聖明，大家俱有封賞，一塊兒高興。

如果統帥改變了陣圖，勝了還好說，如果要是敗了的話，一干人等是要掉腦袋的。皇帝對陣圖重視到什麼程度？宋太宗說過這樣的話：「布陣乃兵家大法，非常情所究，小人有輕議者，甚非所宜。」（《續資治通鑒長編》卷四十）布陣就得我說了算，兵家大法，非常情所究。你跟我說，皇上，您讓我紮營的地方是河。非常情可究，是河怎麼了？小人有輕議者，甚非所宜。有的人老嘀咕，說朕不應該用陣圖指揮戰鬥，這種人是小人，他愛說什麼說什麼，朕不聽，你們必須按照朕的陣圖打仗。有一次宋軍跟党項打仗，改變陣圖，也打了勝仗，但是沒有抓住党項的首領，太宗耿耿於懷。打贏了，我早料到了，為什麼沒能逮住敵人的頭領呢？因為你們沒按照我的陣圖來，所以絕不封賞。這個陣圖實在是害人不淺，都是皇上事先整合好的東西，到前線不能臨機處置。

宋軍變陣

宋軍作戰講究排兵布陣，遼軍作戰講究靈活機動。因此，遼軍根本不把宋軍放在眼裏。當初高梁河一戰，宋軍主動挑釁，激怒了遼國皇帝，這次遼國皇帝決定大舉南下。那麼，宋軍僅憑一張陣圖，如何抵擋遼軍鐵騎？

宋太宗伐幽雲打了敗仗，宋軍撤回來了，遼可沒完。遼景宗為了報復宋朝，命大軍南下，在今天的河北滿城，與宋軍展開了一場激戰。兩軍激戰的時候，宋朝皇上沒來，但是皇上的陣圖到了，宋軍依陣圖布陣。皇上給了一個八陣圖，讓士兵列成八個集團，每個集團之間的距離在百步之上。宋軍正排隊呢，向左看齊，一二三四五報數，陣形還沒有列完呢，但見遼國輕騎，兵分兩路，揚著滾滾黃沙奔宋軍包抄過來了。宋軍隊形沒有排完，陣與陣之間的距離在百步之上，非常便於遼軍騎兵穿插包圍。宋軍將士面有懼色，膽小的兵已經扔了武器跑了。這不是送死嗎？

在這種情況下，宋軍的兩個副帥就跟主帥說，趕緊變陣，不能按照皇上的陣圖打了，八陣太分散，要化零為整，敵人兩路來，我們兩陣迎。主帥說絕不能這樣，天子怪罪下來，誰人能夠承擔？士兵們掉腦袋就掉腦袋吧，大丈夫戰死沙場，馬革裹屍是應該的。他們不裹屍，咱哥兒仨就得裹屍。那倆副統帥說，您趕緊下令變陣，天子怪罪下來，我們倆承擔責任。主帥還猶豫不決的時候，副帥下令變陣，宋軍將士趕緊抱成團，由原來的八陣變為兩陣，上前迎敵，大獲全勝，把遼軍打退了，然後快馬奏報京師請罪。對不起，我打贏了。改變了您的陣圖，結果我還贏了，這是死罪啊，天子聖明，臣罪當誅。

史籍上記載，宋軍變陣之後，遼軍「遂敗績，潰兵悉走西山，投坑谷中」（《續資治通鑑》卷十）。遼軍的士兵掉在山澗裏死的，就數不清。一變陣，宋軍立刻有戰鬥力了，把遼軍打得大敗。遼景宗想報復一下宋朝，但被宋軍打得大敗。可是宋軍將領還得向皇帝請罪，對不起我錯了，我打贏了，不好意思。

這一次宋太宗非常大度，知錯就好，就不治你們的罪了。為什麼不治罪？道理很簡單，那倆副統帥一個是皇上的連襟，一個是皇上的舅子，都是皇親國戚。所以他倆敢變皇帝的陣圖，換了別人，吃了熊心豹子膽也不敢啊。皇上自然不能處置自己的連襟和舅子，而且他們也打贏了，所以這一次就算了。但絕不證明其他人可以隨便改變皇上的陣圖，以後再打仗，還是必須依照陣圖出陣，不按陣圖出戰的，雖勝不賞，有罪加倍罰。很快，宋與遼又爆發了大戰，宋軍依然依照陣圖出戰，那會有什麼結果呢？

十二

諜間情報

宋太宗在第一次伐遼的過程中險些丟掉性命，
因此，宋太宗再也不敢輕舉妄動，只是在靜觀戰局，伺機而動。
就在這個時候，宋太宗得到了一個關於遼國內部動盪的情報，
宋太宗認為時機已到，準備二次伐遼。
那麼，宋太宗得到的是一個什麼樣的情報？
這個情報的可信度又有多少呢？

宋遼之間已經進行了三次大戰，幾年下來，雙方實力比較均衡，互有勝負。於是大家休養生息，整軍精武，為下一次大戰做準備。在這準備的過程當中，誰沉不住氣先挑起戰爭，誰就理虧了，甚至有可能吃虧。那麼誰沒沉住氣，先挑起戰爭了呢？是宋朝。

宋為什麼沒沉住氣呢？因為接到了一個不甚準確的情報，說現在遼國「國主新喪，女主當國，寵幸用事」，正是對遼用兵的大好時機。「國主新喪」沒錯，遼景宗病逝了，景宗雖然是中興之主，但他身體一直不太好，體弱多病，英年早逝，三十多歲就駕崩了，這個消息是準確的。景宗皇帝病逝之後，他的兒子承繼大統，從遼景宗開始，遼也確立了嫡長子繼承制，梁王耶律隆緒繼統，這就是歷史上著名的遼聖宗，遼朝在位時間最長的君主之一。遼聖宗繼位時，年僅十二歲，由他的母親承天皇太后蕭燕燕總理朝政，「女主當國」就指的是承天太后蕭氏當國。至於「寵幸用事」，這個「寵幸」指的是誰呢？指的是蕭燕燕最寵信的漢族大臣韓德讓，後來被皇帝賜名耶律隆運，封王爵，在遼國獲得了契丹貴族都很少能夠獲得的高位。這是為什麼呢？

幽州韓氏

我們暫時拋開蕭太后寵信韓德讓是真還是假這件事，讓我們先來看看韓德讓是個什麼樣的人，先了解一下韓氏家族的背景。

遼朝有兩個韓氏家族非常出名，一個是幽州韓氏，就是輔佐太祖開國的韓延徽那一支；再一個就是韓德讓這一支，被稱為玉田韓氏，因為他是河北玉田（當時叫薊州）人士。

韓德讓的爺爺韓知古，是逑律皇后的奴隸。他本是讀書人，契丹南下時被搶來的，作為陪嫁的奴隸到了逑律后那兒。韓知古在遼國一直很不得志，因為他是宮內人的身分，清史講就是包衣出身，屬於皇室的奴隸。但他有一個好兒子，也就是韓德讓的父親韓匡嗣，此人通醫術，經常給逑律后和太祖皇帝看病，很受逑律氏和太祖皇帝的寵信。當時契丹剛剛興起，急缺人才，尤其缺醫生，粗通醫術的人在那兒都能得到寵信。韓匡嗣就藉著給太祖和逑律后看病的機會，推薦自己的父親。太祖說你什麼都會，真是個人才啊。韓匡嗣說了，我有今天是我爸爸教導的結果，我爸爸比我還有本事。他一推薦，太祖就召見了韓知古。史籍記載，太祖跟韓知古論事，發現韓知古有上通天文、下知地理、經國安邦的大才，於是開始重用他。「太祖平奚及俘燕民，將建城，命韓知方（當為「知古」）擇其處，乃完葺柳城，號霸州彰武軍。」（《遼史．地理志三》）太祖平定奚族，俘獲了中原燕地的漢民之後，讓韓知古建城安排這些人，建城之後，號彰武軍，授韓知古彰武軍節度使職位。從此，韓知古輔佐太祖，成為太祖皇帝的佐命功臣。可以講，把中原制度介紹到契丹的主要就是韓知古。韓知古、韓匡嗣父子倆互相提攜，最後都身居高位，歷事數朝。

韓德讓就出生在這樣一個世家，父祖都在遼做大官，深受皇帝信任。韓德讓從小飽讀詩書，文武兼備，高梁河之戰的時候，韓德讓是幽州守將，不但能文，而且知兵。這樣一個人，景宗皇帝對他十分寵信。景宗皇帝臨終前，召見兩個大臣，託付後事。其中一個是耶律斜軫，這不用說了，南院大王，本家骨肉；另外一個就是漢臣韓德讓。所以韓德讓和耶律斜軫，應該說是顧命大臣，輔弼幼主，千鈞重擔，壓力山大。韓德讓知道自己擔子重，景宗皇帝撒手人寰時，蕭太后三十歲，皇帝只有十二歲，主少國疑，契丹貴族們此時蠢蠢欲動，就跟過了驚蟄的蟲子似的，心裏又癢癢了。在景宗皇帝的壓制下，咱們沉靜了這麼多年了，該活泛活泛了吧？該過把皇帝癮了吧？當時的情勢危急到什麼程度呢？據史籍記載，「諸王宗室二百餘人擁兵握政」（《契丹國志》卷十八），手裏有兵權的宗室諸王二百多人，非常可怕。遼是北方騎馬民族建立的家族式國家，重用的都是本家骨肉，皇室貴戚，封爵太濫，王爺太多。後來同樣是游牧民族建立的清朝就吸取了封爵太濫的教訓，親王們沒有什麼大權，而且爵位不濫封。世襲罔替的親王建國之初只有八個，到滅亡的時候也只有十二個，其他都是降封，親王的兒子是郡王，郡王的兒子是貝勒，貝勒的兒子是貝子，一路降到鎮國公。而遼只要姓耶律就能封王，就可以招募私人武裝，可以自己建立州邑。遼為什麼內亂頻仍？這是一個重要的原因。

韓德讓在景宗的病榻前，接過手來的是這麼一個攤子，他苦心孤詣地要制止叛亂，對得起先帝托孤厚恩，一個弄不好，以前世宗、穆宗朝宗室內亂的事件就會再發生。我們可以看到，從太祖建國到景宗登基，遼宗室內部的叛亂，血雨腥風、刀光劍影，一直伴隨著遼帝國的成長。遼帝國在不斷地平定內亂和外患的過程中，才發展成為一個大國。韓德讓一方面參決政事，撫政安民，另一方面教導百姓，休養生息，深得太后寵信，成為朝中權勢最顯貴的大臣。

花邊新聞

常言道，「寡婦門前是非多」，遼當時流傳著許多蕭太后與韓德讓的花邊新聞。那麼，蕭太后與韓德讓到底是什麼關係?史書上又留下了哪些記載呢?

野史筆記記載，韓德讓跟太后是情人關係，而且說得有鼻子有眼：他們倆年輕的時候就訂過婚，本來就是一對愛侶。（這種事在影視作品中，應該是很愛熱炒的，但還真沒有反映這段歷史的影視作品，一般都是多爾袞跟孝莊后，慈禧跟×××。）沒想到，蕭燕燕後來嫁給皇上了，一入宮門深似海，韓德讓就別惦記了，人家已經是皇后了。蕭燕燕做了皇后之後，並沒有打消對韓德讓的思念，初戀是很美好的嘛。倆人已經是使君有婦，羅敷有夫，心裏對彼此的思念卻沒有減少。景宗皇帝歸天，蕭燕燕已是萬人之上，據野史記載，她跟韓德讓這麼講：「吾常許嫁子，願諧舊好，則幼主當國，亦汝子也。」（《乘軺錄》）當年我曾答應嫁給你，一不留神沒嫁成，這不賴我，是我父親作主的，把我嫁給皇上了，我也沒轍。現在願意跟你重修舊好，皇上幼弱，你要把皇上當成自己的兒子。這種情節在文學和影視作品中是很常見的。先皇向你托孤，只是讓你照顧他兒子，可沒托媳婦，沒說你順帶手連皇后一塊兒照顧了吧。皇后把皇帝的意思延伸了一下，皇上不好意思說，我替他說出來，願議舊好，我兒子就是你兒子，你要盡心地輔佐皇上。韓德讓當然欣然同意了，「自是，德讓出入幃幕，無間然矣。」（《乘軺錄》）從此之後，韓德讓出入太后的帳幕，就很坦然了，沒有什麼不好意思的，太后都答應了跟我重議舊好嘛，自家人，常回家看看。

還有的記載就更離譜了，「蕭氏與韓私通，遣人縊殺其妻。」（《宋會要輯稿》）太后因為妒忌韓德讓的妻子，就把韓德讓的妻子勒死了，公開跟韓德讓同居，而且還給韓德讓生了兒子。

正史上也確實說，遼聖宗把韓德讓視若父親，以父禮待韓德讓，韓家終遼之世，寵信不絕，世代高官。

所以，宋朝邊將向皇帝彙報，說遼國主新喪，女主當國，寵幸用事，也並不是完全沒有根據。問題是蕭太后跟韓德讓堪稱遼國歷史上一對黃金搭檔，絕不能說因為寵幸用事而誤國，相反正是因為蕭太后對韓德讓的無比信任，才使得遼內憂外患的局面得以緩解。宋朝皇帝沒有分析到這一點。

一個王朝走向衰敗，一般來說具備六種徵兆──女寵、閹豎、外戚、強藩、悍夷、朋黨。韓德讓就符合女寵的標準，當然，太后寵的是男寵。我們看史書裏一說唐朝衰敗，就賴楊貴妃。「開元之治，幾於家給人足，而一楊貴妃足以敗之。」（《廿二史札記・唐女禍》）沒有皇上荒淫無道，光楊貴妃她怎麼敗啊？女寵在亡國的六個徵兆裏排第一。然後是閹豎，就是宦官；外戚不用說了，皇上的姥爺、老丈人、舅舅、舅子這幫人；悍夷就是強大的游牧民；強藩就是藩鎮；朋黨就是大臣結黨。宋朝這個時候一分析遼的形勢，喲，基本六個亡國之兆全具備。女寵，耶律隆緒皇帝還小，十二歲，沒有女寵，但他媽有男寵；外戚，契丹貴族不是耶律氏就是蕭氏，當國的全是外戚；悍夷，遼國西北有不臣服的少數民族黠戛斯人，就是今天柯爾克孜族的祖先，西邊還有回鶻，西南有党項，北部蒙古高原有室韋，東北有女真，再加上我們大宋，隨時可以給他致命一擊；強藩，就那兩百多握有重兵的宗室諸王，比唐朝安史之亂後的藩鎮割據還厲害；最後還有朋黨。六種亡國的徵兆，遼國具備了五種，也就沒有閹豎，沒有宦官當權罷了。遼國不亡有天理嗎？這個時候不打他啥時候打？所以，宋朝趁著這個機會，再一次出兵，大舉北伐，準備收復幽雲十六州。

三路伐遼

宋朝根據打探到的遼國內部情報，分析出此時的遼國，一定是上下危機四伏。宋朝感覺時機已到，準備二次伐遼，一舉收復幽雲十六州。那麼實際上，宋朝得到的遼國情報是真實的嗎？

這一次，宋朝把緋聞當成情報了。且不說韓德讓跟太后是不是有一腿，就算有，在中原人看來，這是大過天的事，不得了，動搖國本，穢亂宮廷，相當於十級強震，足以把朝廷給震塌。但在契丹人看來，是再平常不過的一件事，很正常。國主新喪，太后寡居，再改嫁有什麼大不了的。北方游牧民族有收繼婚的傳統，父親死了，兒子可以娶自己生母之外的所有母親；哥哥死了，弟弟必須娶嫂子，你要是不娶嫂子，嫂子改嫁別人，家產就帶走了。王昭君在北國做了兩代單于的閼氏，嫁了父子兩代。這在中原人看來不是亂倫嗎？但在北方民族看來這不算什麼。所以宋朝人覺得會動搖國本的事，在契丹是水波不興，風平浪靜。而且正是因為太后對韓德讓十分信任，韓德讓才能施展拳腳。

宋朝此次出兵，犯的第一個大錯誤就是把緋聞當情報了，也不認真調查調查；第二個大錯誤，「趁喪出兵，大不義也」。按照正常來講，人家國主死了，你得派人弔唁，表示哀悼才對。您這可倒好，人家國主一死，你興高采烈出兵打人家，忘了哀兵必勝了？宋朝這一下在道義上可就不佔理了，就找倒楣吧。這一次宋太宗沒有親自領兵，而是選派大將，兵分三路伐遼。

依據太宗皇帝的陣圖，三路大軍北上。

東路軍以曹彬為主帥，米信為副帥，率領宋軍主力出雄州（今河北雄縣），以緩慢行軍的戰術，大張聲勢，向遼南京進發，以牽制遼軍主力。曹彬是當時宋軍第一名將，當年太祖皇帝命曹彬出征平定南唐的時候，曾經問他，你平定南唐有什麼訣竅啊？曹彬說不亂殺人，收買人心，遂平南唐。這次太宗以曹彬所部為主力，讓他率東路軍進攻遼南京。

中路，以田重進為統帥，出飛狐口（今河北淶源）。

西路，以潘美為主帥、楊業為副，出雁門關（今山西代縣），然後攻取關外諸州，再與中路軍會合，揮師東進。

宋軍兵分三路，兩路在河北，一路在山西，多頭並進，最後集於一點。這樣的戰略，就出現一個大的失誤——三路大軍過於分散。很簡單的例子，打人應該怎麼打啊？應該把拳頭攥起來重重地砸，張開手指絕對不行。宋軍在兵力上本來佔上風，但是把部隊分散了。遼軍總兵力不如宋軍，你是個大拳頭，我是個小拳頭，拳頭砸拳頭，我就完了。問題是你現在可是手指頭叉過來的，我砸你的拳頭砸不過，你現在把拳頭張開了，我攥成拳頭一個一個砸你手指頭，還砸不過你嗎？而且更致命的是，東路軍是主力，可是行動遲緩。宋太宗想得很好，大張旗鼓，慢慢走，把幽州城的遼軍主力吸引出來，為東西兩路創造時機。但是一廂情願，《孫子兵法》上講，兵貴速，不貴久，兵貴神速，遲則生變。更不能在敵國的土地上停留時間過長，要吃沒吃，要穿沒穿，找個問路的都找不著，誰也不願意為你效力。在敵國的土地上暴露的時間過長，兵家之大忌。

宋朝這一次出兵，還沒打呢，就犯仨錯誤：趁喪出兵，把緋聞當情報，戰略部署失當。

兩軍相持

宋軍兵未動錯已犯，那麼，接下來的仗該怎麼打？宋軍能否扭轉頹勢，贏得戰事呢？

三路大軍出戰，一開始進展都很順利。西路軍、中路軍攻佔了幾個州縣，東路軍也攻佔了歧溝關。但是遼國名將耶律休哥看穿了宋軍的詭計，堅守南京，絕不出戰。你想誘我出來，然後趁著幽州空虛，那兩路軍想佔我南京？我是誰啊？你跟我耍這個？甭理他，堅決不出戰，以空間換取時間。

曹彬誘敵的任務是無法完成了，皇上讓你緩慢前進的目的，是誘耶律休哥的主力南下，然後你與耶律休哥主力決戰，絆住耶律休哥主力，為中西兩路軍創造戰機。現在這個任務你無法完成了，耶律休哥百戰名將，人家不上當。這個時候按道理說，你應該改變戰略戰術，火速進軍，他不來你去啊，你到幽州找他玩命去。中、西兩路軍已經殺出宋境了，進入幽雲十六州的境內了，東路軍應該跟那兩路軍配合才對。但是，不行！誰也不敢改變皇帝的既定方針，只有皇上的連襟和舅子敢，那還是在打了勝仗的情況下。我如果改變了皇帝的作戰方針，萬一敗了，皇帝怪罪下來，誰能負這個責任啊？我們看這個時候的曹彬，跟在太祖朝平南唐時候的曹彬比，簡直就是判若兩人。那個時候的曹彬多厲害，意氣風發，儼然名將，這個時候，縮手縮腳，為什麼？太祖是宋朝皇帝中唯一的天才軍事家，真的是馬上天子，打出來的，後周的殿前都點檢，禁軍總司令。而且他用將專而不疑，只在出征前做一些簡單的部署，委託指揮，至於你排兵布陣怎麼打，全是你的事，不為遙制。宋太宗就不行了，心胸狹隘，又非將才，自認為自己很高明，整個一業餘軍事愛好者，打仗就給陣圖。後來他兒子真宗也那樣，所以太宗、真宗兩朝是宋朝敗仗最多的時候，也是陣圖最盛行的時候，完全捆住了前線將帥的手腳。因此，曹彬仍然按照皇帝的既定方針，畏首畏尾，哆哆嗦嗦出兵。

這時，遼聖宗與承天太后接到了耶律休哥的求援，立即徵調諸軍，火速南下，趕往幽州。到了幽州，諸軍歸耶律休哥統一指揮，太后和皇帝絕對不干預軍事指揮，不會給耶律休哥一張陣圖，愛卿，照這樣打。耶律休哥統一指揮諸軍，太后與皇帝率軍南下，駐兵涿州，等待各路援軍齊集。這樣，曹彬衝出宋境之後，就與耶律休哥的部隊相持。此時，對宋朝非常不利的事情發生了。

糧草不足

宋軍的東路軍是主力部隊，負責誘敵深入，但是卻被遼國大將耶律休哥一眼識破，結果兩軍相持不下。那麼，這種局面對宋軍來說非常不利，這是為什麼呢？

中原士兵打仗，離不開糧草供應，這麼多天遠離祖國，深入敵境，糧草供應不上了。契丹兵不需要，人家是嚼著肉乾，喝著優酪乳，騎著馬來的，只要身上帶點兒鹽、帶著火種就足矣，甭管天上飛過去的還是地上跑過去的，一箭放倒，烤一下就吃了，渴了接馬奶喝，沒問題。漢族兵得肉絲炒蒜苗，這事就麻煩了。為什麼不能在敵境待得太久，沒法就地籌糧啊。你想以戰養戰？麥子長起來沒等你割，人家村長一敲鑼，老百姓都給收走了。所以曹彬只好跟米信說，退守雄州，以待軍糧到達，咱不能繼續深入了。等於東路軍剛一出境就退回來了，沒辦法，兵馬未動，糧草先行。你再發什麼陣圖也沒用了，士兵餓著肚子還圖什麼圖，沒法圖了。

曹彬這一撤回來，太宗大驚失色，趕緊指示曹彬，與米信軍會合，然後跟中路軍會師。又因為宋軍東路是主力，耶律休哥得防著曹彬，遼軍主力還是準備對付東路軍的，所以中西兩路宋軍連戰連捷。東路軍將士紛紛要求出戰，去晚了沒仗打了，打了勝仗能立功，立了功能領賞，三路大軍出來，你瞅人家多風光，我們怎麼這麼倒楣啊，在曹彬帳下，沒有立功受賞的機會，餓著肚子怎麼了？咱不怕，殺了敵人咱再飽餐戰飯。於是，將士紛紛要求出兵。加上皇上屢下嚴旨催促，曹彬沒轍了，只好出兵。

宋軍潰逃

曹彬所部是此次伐遼的主力軍，自出征以來，一直沒能發揮作用，現在將士們士氣高漲，個個摩拳擦掌，請命出戰。那麼，這一次曹彬主動出兵能夠大獲全勝嗎？

這一出兵，可就慘了，這個仗沒法打，宋軍士兵餓得直打晃，完全是憑著殺敵立功受賞的勇氣出來的。勇氣可嘉，行為愚蠢，哩哩啦啦戰線排出好幾十里地，這算什麼陣，一字長蛇陣？這蛇也太長了！前進後退毫無章法。耶律休哥派輕騎襲擾，今天殺你仨人，明天捅死兩個，後天給你放一宿爆竹，讓你睡不著覺。天天襲擾，弄得宋軍將士疲憊不堪。從雄州到涿州二百里路，宋軍走了二十多天。

等到達涿州，曹彬一看大事不好，承天太后親率遼軍主力趕到了，再打下去，必敗無疑。所以，令旗一揮，撤！問題是這個時候，撤不了了。乘勝之師，鼓譟而來，撤退沒問題；疲累之師，晃晃悠悠來的，你讓撤退，立刻就變成了潰退。耶律休哥的士兵可是戰飯吃得飽飽的，戰馬餵得肥肥的，刀磨得鋥亮，就等你了。現在來了你想跑？耶律休哥令旗一揮，遼軍就衝殺出來，兩軍激戰於歧溝關。曹彬用糧車環繞自衛，因為沒來得及列陣。平原上怎麼抵禦遼國騎兵？只能把糧車繞一圈。你以為遼國人衝不進來，但你也出不去。遼軍是騎兵，宋軍是步兵，馬能跳過糧車，人可蹦不過去，一下成了關門打狗之勢。曹彬、米信匆匆忙忙率部突圍，渡過拒馬河的時候，被遼軍追擊，溺死者不可勝數。好不容易退到了易州，駐營沙河，聽說追兵來了，上馬又跑。這回掉到河水裏淹死的宋軍多到什麼程度？河水為之不流，出現堰塞湖了，宋軍屍體能當堤壩使了。殘餘宋軍潰走，刀槍甲帳堆積如山。

宋廷接到東路軍慘敗的消息之後，命令中路軍駐紮定州，西路軍駐代州，別再前進了，東路軍已經慘敗了。三路大軍恰似三股鋼叉，一股折了，還剩兩股，而折的那股最粗。承天太后此時調兵西去，全力對付中西兩路的宋軍。中路軍退得快，平安地撤回到了宋境。西路軍撤得慢，因為已經收復了幽雲十六州中山西的四個州，在撤軍的時候，要掩護這四州百姓撤退，因為大家都是漢人，中原百姓如果不願意在遼國做順民的，可以跟隨宋軍南下，致使大軍的行動非常緩慢。西路軍就被耶律斜軫率領的遼軍給攆上了，遼軍是騎兵，打敗了東路宋軍之後，迅速馳援西線。宋朝是步兵，行動不迅速。這樣一來，眼看西路軍馬上就重蹈東路軍的覆轍了。這時，一位大英雄挺身而出，掩護全軍撤退，最後不幸壯烈殉國。這位大英雄是誰？西路軍最後的結果又如何？

十三

楊家父子

有關楊家將的傳說，從宋朝開始就在中國民間流傳。
一千多年以來，在中國的各種戲曲、小說裏，
楊家將的故事比比皆是，中國的老百姓耳熟能詳。
那麼歷史中真實的楊家將，和傳說中的楊家將，有什麼不同？
楊家父子為什麼能夠成為中國歷史上如此著名的人物呢？

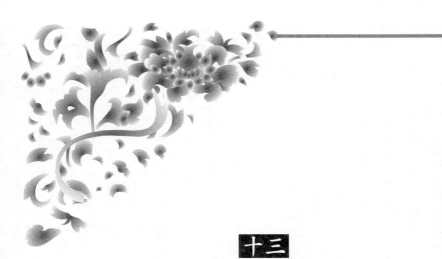

宋太宗在雍熙年間兵分三路北伐遼國，遼軍在擊敗了宋朝的東路軍和中路軍之後，名將耶律斜軫率十萬大軍，以自己的騎兵優勢，迅速馳援西線，西線戰事千鈞一髮。在這個時候，一位宋朝名將挺身而出，使西路軍避免了像東路軍那樣全軍覆沒的命運，這位名將就是大家耳熟能詳的楊老令公楊繼業。

楊家將的故事在中國歷史上流傳甚廣，從北宋就開始了。歐陽修給楊家將的一位後人寫墓誌銘，裏面有這樣一段話：「父子皆為名將，其智勇號稱無敵，至今天下之士，至於里兒野豎，皆能道之。」（《歐陽文忠公文集》卷二十九《供備庫副使楊君墓誌銘》）在歐陽修的時代，宋朝上上下下，對於楊家將的事蹟就已經是津津樂道了，不僅是士大夫階層，「至於里兒野豎，皆能道之」，就連一般老百姓，也是他們的粉絲。從北宋算起到現在，楊家將的故事，流傳將近一千年了。到了清朝，據統計，光跟楊家將有關的戲，就有三百六十多齣。比如京劇裏面，《四郎探母》《穆桂英掛帥》《大戰洪州》等，都跟楊家有關。

文學、戲曲當中，演繹的成分比較多。那麼歷史上真實的楊家將，是什麼樣呢？楊繼業本名叫楊重貴，麟州（今陝西神木北）人士，父親叫楊信，是當地的一個土豪。唐朝末年，天子無道，諸侯並起，中原逐鹿，很快就進入了五代十國時期。楊信割據一方，後來成了麟州的刺史，相繼依附於後漢和後周。後漢滅亡之後，國主的弟弟逃到今天的山西太原，建立了北漢。楊信把自己的兒子楊重貴，送給國主當侍從，北漢國主對楊重貴十分喜愛，就賜他姓劉，然後按照自己的孫輩排行，起名叫劉繼業，帶在身邊。後周建立之後，楊信投了後周，而自己的兒子保著北漢，父子倆不在一個陣營。這種事情在城頭變換大王旗的五代十國時代，也是屢見不鮮的，因為誰也不清楚，將來哪一方會統一天下，哪棵樹上會結果子，所以最好每棵樹底下都蹲一個人，等著果子往下掉。等宋太祖趙匡胤黃袍加身，代周自立，建立了宋朝之後，太祖皇帝採取先南後北、先易後難的政策完成統一，結束了五代十國的混亂局面。當江南、嶺南、蜀地相繼被平定之後，只有北漢偏安一隅，在遼國的羽翼下苟延殘喘。這個時候的劉繼業，向當時的北漢國主提出了一個建議——奉國歸宋。

咱們這麼一個彈丸小國，區區十幾個州縣，肯定不是大宋的對手，南唐比咱們廣大得多吧？南漢也比咱們強大得多吧？後蜀至少有山川之險，都沒能擋住宋軍，如果咱們頑抗下去，肯定是死路一條。所以咱不如投降宋朝，這樣生靈免於塗炭，國主亦不失王侯之位。國主當然不同意，我有大遼國給罩著呢，如果宋軍打我，遼必出兵援助，我國土再小我也是個國主，總比投降之後，封我一個不鹹不淡的閒散官職要強得多。這種情況下，劉繼業仍然忠於自己的國主，跟宋軍打過幾仗。但是據《宋史》記載，劉繼業在跟宋朝打仗的時候，就沒贏過，老是被人打敗。慘到什麼程度呢？說他夜裏帶著幾百勇士來偷營，被宋朝的大將發現了，宋軍猛烈反攻，劉繼業全軍覆沒，自己躲到壕溝裏，等天亮的時候，城上面墜下繩索，他抓著繩才爬上了城。

楊業歸宋

劉繼業就是後來的楊繼業，那麼當時的劉繼業，是怎麼歸降宋朝的呢？在《宋史》的記載中，劉繼業在歸宋之前是個常敗將軍，而歸宋之後，就成為楊無敵了，這又是怎麼回事呢？

這個事很難想像，楊業後來是號稱無敵的一員名將，跟宋朝打仗卻從來沒勝過，不知道他無敵的基礎是怎麼奠定的，看來《宋史》的這種記載並不可信，可能很多地方是不真實的。劉繼業在北漢這些年，除了跟宋朝打仗之外，還跟遼軍打仗。這個聽著新鮮，北漢是遼的附屬國，劉繼業怎麼能跟遼打仗呢？說明他看出來，遼有野心，咱北漢不過是他們手裏的一張牌，他們隨時有可能翻臉。劉繼業吸取了後唐、後晉滅亡的教訓，契丹虎狼成性，動不動就想南下入主中原，中原大國都擋不住，咱河東小國更是一下就完。當宋太祖北伐，遼軍來援使宋軍撤兵之後，劉繼業就跟北漢國主說，城外遼軍非常鬆懈，戰鬥力很有限，正等著咱們去犒勞。不如這個時候，臣帶兵出去，他們絕對不會想到咱們敢打他，殺他個措手不及，為中原除害。國主當然沒有聽從，這太過分了，人家是來援助咱的，幫咱保住江山，你上去揍人家，這不太合適吧？這充分說明劉繼業在北漢時，心裏就有夷夏之防，他降宋之後，對遼作戰那麼義無反顧，跟他這種觀念不無關係。

宋太宗打河東的時候，北漢幾乎無力抵抗，全軍覆沒，在皇帝都已經投降的情況下，劉繼業仍然在城牆上堅守，不肯投降。宋太宗知道劉繼業是一員名將，驍勇異常，想招降他，不願意傷害他，就讓北漢的降君親筆修書，派人持書去招降劉繼業。劉繼業看到了舊主的親筆修書，伏地痛哭之後，歸降了宋朝。宋太宗因劉繼業「老於邊事，洞曉虜情」，多年跟遼國交手，知道遼國的內情，所以對他仍然是十分重用，跟他說既然你已經歸降大宋，也就別再姓北漢國主賜你的姓了，還改回楊姓，另外繼業這個「繼」字，也是北漢國主給你的行輩字，以後也就別用了。因此劉繼業降宋之後恢復了本姓楊，單名一個業字。評書演義裏有時管他叫楊業，有時管他叫楊繼業，其實是一個人，我們為了講述方便，都叫他楊業。

常敗將軍變身楊無敵

楊業，原名楊重貴，侍從北漢國主時被賜國姓，改名為劉繼業，歸宋之後又恢復了楊姓，雖然後人有的稱他為楊繼業，也有的稱他為楊業，但他有一個後世公認的名字，就是楊無敵。那麼楊業歸宋之後，是怎樣成為名垂青史的大將軍楊無敵的呢？

宋太宗封楊業為左領軍衛大將軍、知代州兼三交口副都部署，隸屬於大將潘美。實際上潘美在前線是一個虛銜，真正防禦的重任就落在楊業的身上。

楊業降宋之後，忠心耿耿，屢立戰功，經歷的最有名的一場戰鬥，就是代北雁門之戰。那一次，遼國大將，駙馬、侍中、節度使蕭咄李和殿前都指揮使李重海，率十萬大軍來犯雁門關。宋軍也就一兩萬人，主帥潘美又不在前線，楊業就跟自己的幾個兒子商量，這幾個兒子我們後面還會提到，不是像評書演義裏說的七郎八虎，沒那麼多，敵人十萬大軍，雖然可能是號稱，但宋軍不過一兩萬眾，只可智取，不可力敵。楊業就問兒子們，你們有沒有好辦法？俗話說打虎親兄弟，上陣父子兵，楊業每次上陣都把幾個兒子帶在身邊。他的一個兒子說，遼軍遠來，他們不知道此地山後有小路，兒願率一支人馬，從小路繞過去，打他一個措手不及。楊業說這個主意好，咱爺兒幾個一塊兒去。數千人馬，趁暗夜，走小路，突然出現在遼軍背後。遼軍猝不及防，沒想到宋軍神兵天降，睡眼惺忪的遼國統帥蕭咄李上馬迎戰，被楊業一刀斬於馬下，另外一員大將殿前都指揮使李重海被生擒。《宋史》記載這場戰役是楊業出偏師，潘美領主力，內外夾擊的結果。但是《遼史》中只提楊業，沒有提潘美，有可能就是楊業偏師偷襲，沒潘美的事，因為他離前線還有一段距離。這一仗後，楊業就被遼國人尊稱為楊無敵。《宋史紀事本末》記載：「時以業善戰，號楊無敵。」《續資治通鑑長編》卷二十一說：「業自雁門之捷，契丹畏之，每望見業旗即引去。」契丹人一看見楊字大旗來了，轉身就跑，沒必要跟他硬拼，北宋有的是地方，有的是軍將，我幹嘛非啃這塊難啃的骨頭啊？

楊業打仗的時候非常驍勇，總是身先士卒。其實他打獵的時候就這樣，每次收穫物都比別人多得多。別人覺得特別奇怪，說咱們打獵，這不就是個玩嗎，您幹嘛沒事跟動物這麼較勁，非得把兔子追得站在地上瞪著眼睛跑不動了，沒必要嘛，這隻兔子逮不著，咱逮別的兔子，您這是何苦呢？楊業說，我之所以打獵這麼狠，是因為我覺得將來上戰場殺敵就得這樣。你們打獵是玩，我是練兵，弓馬武藝不能荒廢，殲敵我要狠，打獵也要狠。同僚一聽，您真有覺悟，您在玩的時候，都不忘保家衛國啊？敢情您把野兔子野雞，都看成契丹人了。佩服！楊業平時苦練殺敵的本領，所以才能在戰場上屢立戰功，號稱楊無敵。

以死明志

楊業的英勇善戰，使遼國人不僅怕他，而且敬重他，所以尊稱他為楊無敵。但是，木秀於林，風必摧之，楊業剛剛歸宋，就屢立戰功，使宋朝的一些老將領心生忌恨，他們不斷向宋太宗進讒言，誣陷楊業。那麼，宋太宗會怎樣對待楊業呢？

楊業在戰場上屢立戰功，號稱楊無敵，有同僚心裏不樂意了。你不過一個河東降將，憑什麼老出鋒頭，受表彰？這幫人就給皇上打小報告，皇上接到這些小報告之後，怎麼處理呢？《續資治通鑑長編》卷二十一這麼記載：「主將戍邊者多嫉之，或潛上謗書，斥言其短。上皆不問，封其書付業。」皇上看到這些小報告之後，置之不理，封好了，交給楊業，表示對楊業的信任。你看這麼多人告你，說你河東降將，心懷異志，朕都不問，你拿著這些匿名信，朕信任你。楊業接到皇帝封給他的謗書，感激涕零。這裏看得出皇上手段非常高，一方面表示，愛卿，我很相信你，你看，所有的謗書我都給你了；暗一層意思，不知道楊業看出來沒有，小子，你一舉一動有人盯著，給我小心點兒，我現在是不問，想問的時候就可以問。你怎麼知道皇上給你的謗書有沒有副本啊？不過這樣一來，楊業在戰場上更賣命了，直到最後把命賣進去。

上文說到，宋軍三路北伐，中、東兩路失敗了，西路軍當時已經佔了幽雲十六州中雲州、應州、寰州、朔州四州之地，都在今天的山西。這時，遼軍主力回師西線，朝廷一看，三路大軍已經折了兩路了，別西路軍再玩個全軍覆沒，急令前線迅速退兵。但是，退兵可以，為了使中原華夏子民不陷於夷虜，朝廷要求掩護四州百姓撤入關內。這四個州咱不要了，但得把老百姓帶回來。這個任務可太難完成了，遼軍都是騎兵，來如迅雷，去如閃電，宋軍的步兵自己能不被遼國人咬上就不錯了，還要帶上老百姓。老百姓不能空手跟大軍走，所有過日子的傢伙什兒都得拿著，那行軍可就要變成烏龜爬了。這個兩難的問題擺在了西路軍統帥們的面前。

當時，西路軍的主帥是潘美。潘美這個人不得了，跟宋太宗是兒女親家，平荊湖、滅南漢，潘美都是主帥，不像小說裏寫得那麼不堪，而是一員名將。監軍叫王侁，副將就是楊業。幾個人湊在一塊兒開會，怎麼辦？朝廷交給的這個任務怎麼完成？楊業出主意說，現在大軍應該自代州北上，先送密信給雲州、朔州守將，大軍到達雲州的時候，雲州百姓出發。然後我軍從朔州到寰州，我軍到寰州，遼軍主力必來應戰，這個時候朔州百姓再出發，這樣可次第掩護。別一窩蜂全出來，幾個州隔著那麼老遠，首尾不能相顧，大軍得兵分四路去救百姓。一個州一個州來，然後我軍在前線跟敵人決戰的時候，三州百姓可以保全。我們到二號州，一號州百姓出發，我們到三號州，二號州百姓出發，我們到四號州，三號州百姓出發，朝廷讓我們保全四州，最起碼三州百姓我能保全，我們完成了四分之三的任務，就可以了。然後埋伏一千弓弩手，當我軍撤回來的時候，強弓硬弩，打退遼國騎兵，這活兒就幹完了。諸君意下如何？潘美沉吟不語，監軍王侁堅決反對，這哪兒成啊？朝廷讓我們把四個州的百姓全帶回來，您帶回來三個州的？要麼勝利，要麼失敗，沒聽說過百分之七十五的勝利，咱們沒法跟朝廷交差。所以這個時候，必須大軍北上，直撲寰州，與敵決一死戰。楊業說，現在天時地利人和，都不利於我，如果這樣做，必敗無疑。

監軍王侁看了楊業一眼，說了一句讓楊業接受不了的話，一個重磅炸彈扔了過去，他說：「君侯素號『無敵』，今見敵逗撓不戰，得非有他志乎？」（《宋史．楊業傳》）你不是號稱楊無敵嗎？現在擁兵數萬，不敢與敵一戰，莫非有他志乎？你忘了你什麼出身了，你河東降將，勢窮來投，現在看到我軍不利，莫非你另有打算嗎？楊業一聽這話，當即表示：「業非避死，蓋時有未利，徒令殺傷士卒而功不立。今君責業以不死，當為諸公先。」（《宋史・楊業傳》）我不是怕死，但是現在打仗，天時地利人和都不在咱們這兒，白白死傷士卒，不能成功，既然你們懷疑我的話，好吧，我死給你們看，我願意領兵打先鋒。聽了王侁夾槍帶棒的這一番話，楊業準備以死來明志了。

楊業殉國

楊業明知此行凶多吉少，但決心以死明志。臨行前，楊業懇求主帥潘美，在陳家谷兩邊埋伏下弓弩手，一旦大軍撤回時，以強弓硬弩打退追兵，尚可以避免全軍覆沒。那麼，潘美是否答應了楊業的請求呢？

楊業出征的時候，拉住主帥潘美說：「此行必不利。業，太原降將，分當死。上不殺，寵以連帥，授之兵柄。非縱敵不擊，蓋伺其便，將立尺寸功以報國恩。今諸君責業以避敵，業當先死於敵。」（《宋史・楊業傳》）我是河東降將，國破當死，蒙皇上寵幸，沒有殺我，而且授我將帥，給我兵權，因此我要為國家立功。現在，敵兵勢大，我不是不敢跟敵人作戰，因為作戰也沒有好下場。但是，既然你們說我避敵，我願死在軍前，希望主帥能代稟天子，讓天子明白我一番苦心。而且楊業還跟潘美說，我這一去凶多吉少，我死不足惜，我早做好這個準備了，沒打算活著回來。但我手下這些人隨我多年，乃國家有用之才，在戰場上屢立戰功，都有父母妻子，他們的傷亡要盡量減到最小。說著楊業手指陳家谷，請大帥在谷兩邊埋伏下弓弩手，當他們掩護百姓撤回來時，伏兵以強弓硬弩打退追敵，否則的話，我軍「無遺類矣」。如果你不這樣做的話，我們就全軍覆沒了。

潘美也是百戰名將，當然明白楊業所說。當時潘美的內心也許是很矛盾的，又想立功，又覺得楊業說得有理。所以當監軍王侁犯壞，挑唆楊業的時候，潘美就默而不言。反正你去打，輸了是你的，立了功是我這個主帥的。但是他也覺得楊業說得在理，將軍放心，你率軍去，我埋伏弓弩手，一旦你回來的時候，弓弩手幫你打退敵兵。楊業上馬領著自己的兒子和部將，就追到陳家谷跟遼軍決戰。楊業軍剛一動，監軍王侁貪功，登到高處一望，不見遼軍旗鼓。他下來就跟潘美說，大功告成，沒想到楊業這老兒還真行，居然把遼軍打退了，我看不到遼軍的隊伍了，咱們也進軍吧，不能功勞都讓老兒搶了。

潘美沒主意了，就聽了監軍的話下令進軍，宋軍全部出動。大軍走了不到二十里，前線有百姓和潰兵跑來，說宋軍敗了。楊業再忠勇異常，畢竟以寡擊眾，也還是敗了。王侁一聽宋軍敗了，馬上跟潘美說，咱們撤吧，趕緊跑，楊業這支偏師就幾千人，覆沒就覆沒，咱要把整個西路軍這幾萬人都擱在這兒，回去拿什麼跟皇上交差啊？東路軍將領回朝之後，全都受到降級處分。本來這是皇上「將從中禦」，瞎指揮的結果。但曹彬很會揣摩皇上的心思，主動代皇上攬過，說天子聖明，都是我指揮不利，您隨便懲罰我吧。皇上的氣才稍微消了點兒，但東路軍將士回來還都降三級，咱要全軍覆沒，得降多少級？前車之轍後車之鑒，咱趕緊跑吧。潘美一聽這話，明知道如果大軍一撤，楊業必然全軍覆沒，但當時私心戰勝了公義，就跟著王侁帶著大軍跑了。

等楊業奮戰到了陳家谷口，一看援兵早就沒影了，一個弓弩手都沒有。此時楊業身上七十餘處創傷，衣甲戰馬全部被鮮血染紅，部下剩了不足百餘人，後邊遼國追兵逼近，馬上就到。楊業悲憤異常，對自己的部下說：「汝等各有父母妻子，與我俱死無益也，可走還報天子。」（《宋史．楊業傳》）你們趕緊突圍，我一個人擋在這兒，你們突圍之後，把戰役的經過上報當今天子，為我鳴冤。部下被楊業的偉大人格所感召，「眾皆感泣，不肯去」（《宋史．楊業傳》），沒有一個願意走的，回過身來跟遼軍決戰，最後全部戰死，無一生還。楊業在跟遼軍激戰的時候，刀鋒所及之處，幾百具遼軍屍體倒在地上，他驍勇異常，有點兒當年趙子龍長阪坡前，七進七出的感覺。但是也有一種說法是遼軍統帥耶律斜軫想生擒楊業，下令不得傷害，他砍你就讓他砍，看他能砍多少，一會兒他累了沒勁兒了，掉下馬來，你們再去逮他。楊業殺了很多遼兵，最後遼國大將蕭撻凜趁楊業不注意，暗放一箭，射中楊業的戰馬，楊業掉下馬來，被生擒了。被擒之後，遼國統帥耶律斜軫得意揚揚地問楊業說，你與我國角力三十餘年（楊業降宋沒這麼長的年頭，從這句話看出來，楊業在北漢的時候，可能就跟遼國打仗了），今有何面目相見耶？你不是無敵嗎？這回被我逮著了吧？你有什麼面目見我啊？史籍記載，楊業歎息曰：「上遇我厚，期討賊捍邊以報，而反為奸臣所迫，致王師敗績，何面目求活耶！」（《宋史．楊業傳》）楊業對耶律斜軫說，皇上待我很不錯，讓我討賊捍邊，我想保衛邊疆，報答皇上，現在為奸臣所迫，打了敗仗，不是我打不過你，是因為奸臣迫害，致使王師敗績，我確實沒有面目存活。《宋史》記載：「乃不食，三日死。」絕食三天，殉國而死。評書演義裏說他碰死在李陵碑，實際上是被俘之後絕食三天，不屈殉國而死。

楊業的事蹟被朝廷得知，監軍王侁革職充軍，主帥潘美降三級調用。評書演義裏說是潘美迫害楊業，可能是覺得王侁不夠迫害楊業的資格，王侁官太小，讓這個人迫害楊業，顯不出楊家將的偉大，所以找個大官來迫害楊業。潘美確實負有責任，身為主帥，在明知王侁不對的情況下，沒有制止，是失職行為。但是真正迫害楊業的，確實是監軍王侁，而不是潘美。所以王侁革職充軍了，潘美降三級使用。當然，潘美是後來的真宗皇帝的老丈人，跟太宗是兒女親家，所以又提升上去了，這是後話了。

楊業殉國之後，《宋史》中有這樣一段評價：「業不知書，忠烈武勇，有智謀。練習攻戰，與士卒同甘苦。」你別看他沒怎麼念過書，但是忠烈武勇有智謀，練習攻戰，與士卒同甘苦，「御下有恩，故士卒樂為之用」。楊業殉國時，幾個兒子跟他一起犧牲了，但有一個兒子突圍出來了，這就是評書演義裏大家耳熟能詳的楊家第二代六郎楊延昭。

楊六郎鎮守三關口

楊業最終以死明志，壯烈殉國，他的幾個兒子也在陳家谷一戰中幾乎全部殉國。有一個兒子突圍出來了，他就是楊家將的第二代楊延昭，也稱楊六郎。那麼楊延昭為什麼被稱為楊六郎？是因為他是楊業的第六個兒子嗎？

楊延昭並不是楊業的第六個兒子。那他為什麼被稱為楊六郎？各種說法莫衷一是，比較公認的一種是，北斗七星第六顆是將星，專剋遼國，所以宋朝人就把楊延昭稱為楊六郎。楊延昭在宋朝為將，繼承父親的遺志，繼續跟遼國作戰。實際上，他小時候就特別喜歡玩行軍打仗這種遊戲，楊業非常高興，說「此兒類我」，「每征行必以從」（《宋史・楊延昭傳》），每次出征都把楊延昭帶在身邊，這樣楊延昭戰場上的事見多了，打仗也就很有經驗。前面講過，高梁河之戰，太宗皇帝的馬陷在泥潭裏，是楊延昭把皇上背上來的，還要把自己的戰馬給他騎；陳家谷之戰，又是楊延昭一馬當先跟著父親衝進去，最後終於突圍生還，他本來就是戰功赫赫的一員小將。楊業殉國後，朝廷覺得對他不起，於是厚待楊氏子孫，楊延昭的官職也是屢屢上升。

河北民歌《小放牛》裏有一句「楊六郎鎮守三關口」，這三關口是指的哪三關？是今天河北地區最重要的三處關隘——高陽關、益津關、瓦橋關。楊六郎最後官至高陽關副都部署，大概相當於今天的一個集團軍司令員，正面當敵。宋軍北伐失敗之後，遼國太后蕭燕燕和聖宗皇帝親率二十萬大軍南下，要收復瓦橋關以南十個縣，這十個縣是被後周佔走的。皇太后親自擂鼓，跟韓世忠的夫人一樣，指揮遼軍攻城。當時宋軍主帥傅潛，擁軍八萬，龜縮定州，不敢出戰，部下罵他，公如此膽怯，跟個老太太有什麼區別？傅潛心理素質極好，裝沒聽見，你們愛說什麼說什麼，我就不出戰。你說我是老太太，老太太還能活著，出戰萬一戰死了呢？宋朝跟遼國打仗，高級將領陣亡的特別多，因為宋軍的素質實在是不怎麼樣，經常一哄而散，就剩主帥一個人了。當遼軍打到楊延昭鎮守的遂城（今河北徐水縣西）的時候，城內只有三千士兵，城外遼軍數萬，眼看遂城不保。遂城城牆低矮，易攻難守。但是老天爺相助，一陣風颳來，氣溫驟降。楊延昭有招了，史書記載：「會大寒，（楊延昭令士兵）汲水灌城上，旦悉為冰，堅滑不可上。契丹遂潰去，獲其鎧仗甚眾。」（《宋史．楊延昭傳》）楊延昭讓士兵往城牆上灌水，一會兒工夫城牆就變成溜冰場了。契丹人長於野戰，短於攻堅，楊延昭還把城牆變成了溜冰場，本來像這種小城，年久失修，城磚都碎了，踩著城磚的缺口，都能爬上去。但這一變成冰牆，遼軍無計可施，只好退去。沒見過這麼打仗的，不按常理，哪所軍校都沒教過這種人怎麼對付。宋軍繳獲鎧仗無數，三千守軍大敗數萬遼軍。可以講，楊延昭作為楊家將第二代，在抗擊契丹的戰場上也是威名赫赫。後來宋與遼達成了澶淵之盟，遼軍北返，楊延昭堅決反對，但是朝廷計議已決，要跟遼國議和。楊延昭

十四
澶淵之盟

遼國開始屢次南下攻宋。
西元1004年，蕭太后與遼聖宗親率大軍南下，迅速打到了黃河岸邊的澶州。
當時的宋真宗在宰相寇準的敦促下，御駕親征，也來到澶州。
那麼是在什麼情況下，宋遼兩國簽訂了澶淵之盟？
澶淵之盟的重要意義又是什麼呢？

宋朝兩次北伐遼國，高梁河之戰、雍熙北伐，全都失敗了。而這一下，遼也基本上摸到了宋的底牌，中原大國，就這麼點兒戰鬥力，遼朝的根基就得到了鞏固。《遼史》卷八十三有這樣一段話：「是兩役也，遼亦岌岌乎殆哉！休哥奮擊於高梁，敵兵奔潰；斜軫擒繼業於朔州，旋復故地。宋自是不復深入，社稷固而邊境寧。」兩場仗下來，宋再也不敢主動伐遼、深入遼境，遼在軍事上已明顯佔有優勢了。所以，宋朝兩次北伐之後，遼就要開始南征了，讓宋朝瞧瞧我們的厲害，捎帶手也報復一下宋朝。以前你老折騰我，現在該我打你了。

幾年以後，遼國于越耶律休哥，率軍南下。有遼一代二百一十年，拜為于越的只有三個人，于越是契丹最高級的官職，比中原的丞相都高，漢語中沒有這麼一個對應的職務。遼國被拜為于越的三個人，我們都講過了，太祖的族弟耶律曷魯，世宗重臣耶律屋質，再有就是耶律休哥。耶律休哥率領大軍南下，屢破宋軍。宋朝老百姓一聽「于越至矣」，小孩就嚇得不敢哭了，跟狼來了似的。耶律休哥非常厲害，卻有一次在小陰溝裏翻船了。

耶律休哥大軍南下的時候，深入宋境，大搖大擺。大軍行進時，正好宋朝的一員小將，這個小不是年齡小，是官職小，偏裨小將，都巡檢使尹繼倫，率領千餘名士兵，在邊境上巡邏。遼國大軍跟尹繼倫這千把人打了個照面，理都不理，跟沒看見一樣，沒工夫搭理你，我們要跟宋軍主力決戰，你愛幹嘛幹嘛。大軍絕塵而去。尹繼倫這千把來人目瞪口呆，目送著遼軍南下。

這也太看不起我們了，忒不拿我們當人了，尹繼倫非常悲憤，跟這千把來人說，敵寇蔑視我等如魚肉爾，太不把我們當人了，都懶得理我們，人家不吃開胃菜，直奔主食去了。「彼南出而捷，還則乘勝驅我而北，不捷亦且洩怒於我，將無遺類矣。為今日計，但當卷甲銜枚以躡之。彼銳氣前趨，不虞我之至，力戰而勝，足以自樹。縱死猶不失為忠義，豈可泯然而死，為胡地鬼乎！」（《宋史・尹繼倫傳》）等他們北上回軍的時候，要是打贏了，李繼隆將軍數萬大軍都不是對手，就咱這千把來人，他們一定會驅我等北上，把我們俘虜了；他們要打敗了，咱們更慘，他們打幾萬人打不了，打咱這千把來人沒問題，肯定會拿咱們洩憤。現在該怎麼辦呢？咱嘴裏含上棗，把馬蹄子包起來，衣甲遮住，躡手躡腳地跟在他們後面。遼軍銳氣前行，趾高氣揚，絕對想像不到咱這千把來人敢襲擊他，我們打他一個措手不及。如果打贏了，我等建功立業，上報君恩，下慰妻子；如果打輸了，我們死亦為鬼雄，總比在這兒不明不白地枉死要強得多！將士感憤，願隨將軍殺敵。

於是，這一千多宋軍就躡手躡腳地跟著耶律休哥大軍南下。

小陰溝裏翻船

耶律休哥率大軍趾高氣揚一路南下，根本沒想到，後面還跟著一支宋軍的邊防軍。耶律休哥的大軍在離宋軍主力軍營還有四五里的地方紮下營來，準備休整隊伍，和宋軍主力決戰。而此時的尹繼倫知道，自己的機會來了。

耶律休哥大軍離宋軍四五里紮營，遼軍是太輕敵了，絕對沒想到尹繼倫這千把來人敢來送死。所以紮營之後，曬被子的曬被子、洗衣服的洗衣服、做飯的做飯，當時正值飯點，遼軍戒備鬆懈，連流動哨都沒有，就開吃了。尹繼倫一聲令下，這千把來人就衝入遼營，尹繼倫直奔于越中軍大帳，如果能夠斬殺耶律休哥，就我這麼個八九品的小官，把我碎屍萬段也值了。宋軍衝到耶律休哥帳前，因為遼軍各種忙，居然沒有人保衛。耶律休哥正在吃飯，宋軍衝到，揮刀就砍，耶律休哥只能用切肉刀抵抗。來不及拔劍了，也可能劍沒在身上，被宋軍用短刀砍傷了手臂。契丹武士們瘋了似的保衛耶律休哥，要是耶律休哥死了，這一票人都得死於軍法，他是多大的幹部啊，大家拼命把耶律休哥救出去了。

宋軍主帥看見遼營騷動，一開始還不明所以，很快就看到遼營中有宋軍旗幟，非常高興，沒想到我們還有一支游擊隊在附近，趕緊起兵配合。這一次，耶律休哥打了一生最後一場大仗，也是最大的一場敗仗。大江大河都過了，小陰溝裏翻了船。瞧不起人家尹繼倫，把他激怒了，跟你玩命，太輕敵了，被打了個措手不及。

《遼史》為尊者諱，沒講這場敗仗；《宋史》則語焉不詳，不知道怎麼回事。宋軍糊里糊塗就贏了，耶律休哥百戰名將，怎麼突然跑了？據說還受傷了。實際上是尹繼倫這千把人立了奇功。耶律休哥回國後，沒幾年就病死了。

真宗懼戰

耶律休哥雖然大敗而歸，但是遼國仍然屢次興兵南下攻宋。西元一〇〇四年，也就是宋真宗景德元年，遼國的蕭太后與遼聖宗耶律隆緒再次親率大軍南下，他們繞開城池，迅速打到了黃河岸邊的澶州，只要過了黃河，就可直取宋朝的首都東京汴梁。此時的宋真宗有什麼對策呢？

當時宋太宗已經駕崩了，繼位的是他的兒子真宗，宋朝的第三代皇帝。從真宗開始，宋朝皇帝對戰爭有一種本能的畏懼，因為他們都生長在深宮之內，由婦人之手撫養，與閹寺為伍，從小跟太監混在一塊兒，不識兵戈。遼聖宗統和年間，蕭太后、遼聖宗、韓德讓，再加上大將蕭撻凜率二十萬大軍再次南下。這一次大軍如席捲之勢，迅速打到了黃河岸邊的澶州。如果打過了黃河，那宋都東京汴梁開封府，可就保不住了。真宗皇帝非常著急，趕緊召集文武百官議事，諸卿速想良策，如何退敵？

參知政事王欽若（相當於副宰相）是江南人，建議皇上遷都金陵，以避敵鋒。敵人打到黃河岸邊了，怎麼辦？跑啊。跑到哪兒？我的家鄉金陵。為什麼往那兒跑呢？有長江天險啊，曹孟德八十多萬大軍都過不去，遼軍肯定打不過去。如果真宗要聽了王欽若的話，建炎南渡的事就得提前一百年發生了，那不就成南北朝了嗎？一聽要遷都，皇上沉吟，皇上的心思還真動了，開封這個地方本不適合建都，無險可守，遼軍打到黃河岸邊，枯水季節戰馬都能蹚過來，冬天黃河又結冰，此地確實不宜久留。這時，簽書樞密院事陳堯叟又向皇上諫言，不要去金陵，去成都，當年安史之亂，明皇幸蜀，「蜀道難，難於上青天」。江南雖說有長江天險，但秦、晉、隋，包括本朝太祖皇帝幾次平定江南，不都過了長江嗎？還是蜀地保險。陳堯叟之所以建議皇上幸蜀，因為他是四川人。皇上更拿不定主意了，看來兩位宰執的意見是一致的——逃跑！區別在於往哪兒跑，都想讓皇帝往自己的家鄉跑。皇上說，兩位愛卿的意見，朕一定慎重考慮，反正跑是大計已定，就是往哪兒跑的問題，朕還得徵求一下第三方的意見，因為你們倆都讓我往你們家鄉跑，朕得找一個不是你們老鄉的人，聽聽他的意見。聽誰的呢？新任宰相寇準，皇上讓把寇準叫來，再問問他。

皇上想，這寇準是陝西人，八成他會讓我遷都長安吧？等寇準一來，皇上跟他說，寇愛卿，現在大敵當前，兩位宰執一個讓我去金陵，一個讓我去成都，您準備讓我去哪兒啊？寇準問，這主意誰出的？皇上說是兩位宰執，但沒點名。寇準說甭管誰出的主意，先把這倆人宰了，拿人頭祭旗。皇上一聽，好大的口氣啊，本朝從來不殺士大夫，有宋一代三百二十年，一品官就殺了倆——張邦昌和岳飛。您可倒好，大敵當前，竟然要把宰執給宰了，還拿腦袋祭旗。寇準說都城是天下根本，根本動搖，人心盡失。樹根要動搖了，樹還能活嗎？您跑了，指望著臣僚、百姓為你保家衛國？這根本不可能。國君都棄江山於不顧，我為誰留守？況且，兩條腿跑得過四個蹄嗎？就算咱跑，咱可是步兵，跑得過遼國的騎兵嗎？你跑到金陵，遼軍追到金陵，你跑到成都，遼軍能追到成都，所以必須把這兩個壞種斬首祭旗，若採用此二策，則人心崩潰，敵騎深入，天下不保。真宗雖然懦弱畏戰，但並不糊塗，寇愛卿說得對，不能遷都，祖宗基業寸土不能與人，都城是太祖太宗定下來的，怎麼能說扔就扔了呢？太祖太宗陵寢神主都在此地，扔了對不起祖宗，不肖子孫，走到哪兒都得挨罵。

現在最緊要的事是什麼呢？急需派一位重臣鎮守河北大名府。如果河北大名府一失陷，社稷不保。皇上問寇準，抵擋敵人沒問題，朕親征都沒問題，現在敵軍深入，沿途很多地方並沒有佔領，特別是河北大名府。此地必須守住，能切斷敵人的後路，愛卿你看，派誰去鎮守大名府？寇準說讓王欽若去啊，他不是主張遷都金陵嗎？先讓他去大名府鎮守。皇上召見王欽若，王愛卿啊，寇愛卿推薦你鎮守大名府，你是去呢？還是不去呢？王欽若一聽，皇上沒讓他下跪就跪下來了，腿軟了，臣是文人啊，我怎麼會鎮守大名府呢？沒等皇上說話，寇準先說，現在不是臣子辭難之日，參政當體此意。王欽若沒話可說了，寇準把他推到一線，王欽若只好出任，以參知政事判大名府事，罵著娘上任去了。但是不管怎麼說，王欽若宰執一級的高官，到達前線，證明朝廷對這場戰事的重視，前線宋軍就安定下來了。

真宗親征

寇準心裏清楚，遼軍雖然來勢洶洶，但他們只是孤軍深入，宋朝的主要城市和軍隊還在朝廷的控制之下，所以只要宋軍全力抵抗，遼軍是不可能渡過黃河的。那麼寇準會用什麼辦法，來激勵宋軍奮起抗敵呢？

這時，遼軍攻打甚急，邊報雪片似的飛到東京汴梁。到寇準那兒都被扣了下來，攢齊了一塊兒給真宗送去，厚厚一摞。真宗皇帝打開一看，我的天哪，怎麼全是告急的？沒一個報捷的。你要今天給他送一件，他一看一個小城告急嘛，沒事，別擔心。明天又送一件，昨天那個他忘了，還不著急。寇準一塊兒堆送，報憂不報喜。楊延昭在遂城打勝仗，我不告訴你，戰後再議功。給皇上的全是告急文書，江山社稷危若累卵，祖宗開創的基業就要毀在您手裏了，您說怎麼辦？真宗說，你說怎麼辦吧？寇準說，這還猶豫什麼，御駕親征，激勵六師，敵人不是打到黃河邊上了嗎？咱抬腿過了河不就能跟敵人決戰嗎？您必須御駕親征。真宗一想，事已至此，這保的是我趙家的江山，我要不做出個榜樣來，部下就不賣命，罷了，一咬牙、一跺腳、一橫心，豁出去了，御駕親征！寇準說陛下勿憂，您內穿鎧甲，外罩錦袍，金甲武士裏三層外三層地圍著您，不會有生命危險，臣等拼了性命，也會保您萬全。真宗皇帝此時也只能聽寇準的，就率大軍出發了。

大軍出發後沒走多遠，從東京傳來消息，留守東京的雍王病逝。真宗命參知政事王旦負責鎮守東京，他的後代王倫在兩宋之交出使金國非常有名。王旦悄悄地問真宗，陛下這一走，多少天能回來？真宗皇帝沉吟不語，王旦就追問了一句，十日不勝將如何？如果您十天都沒打勝仗，那怎麼辦？真宗沉默半晌蹦出了仨字「立太子」。如果十天之內打不了勝仗，還回不來，就立太子，讓太子監國。真宗皇帝感到此去凶多吉少，做好了國君死社稷的準備。

大軍走了數天之後，澶州在望了，這個時候軍心浮動。又有人建議，咱們這是去送死啊，我們送死沒關係，天子萬金之體，怎麼能去送死呢？不如暫去金陵，以避敵鋒。敵人孤軍深入，走得越遠，後勤補給越跟不上，我軍越容易斬斷他。《孫子兵法》上講「避其鋒芒，擊其歸惰」，何必跟敵人爭一城一地之得失呢？真宗皇帝這個時候又有點動心，這不是朕的主意，但軍中有這樣的意見，就問寇準，愛卿你看如何？寇準說，這個時候了，「唯可進尺，不可退寸」，只可往前進，絕不能往後退。「若回輦數步，則萬眾瓦解，敵乘其後，金陵亦不可得而至矣！」（《續資治通鑑》卷二十五）您只要一回身，萬眾瓦解，都別說您是真逃跑，就是給您抬錯地了，鹵簿法駕轉了個兒了，當兵的都會以為您要逃跑，萬眾瓦解，可就沒人保護您了，誰跟您去金陵啊？敵軍要是趁勢掩殺過來，到不了金陵，咱們君臣就全交代在這兒了。殿前都指揮使高瓊也趕緊跟皇帝講，禁軍將士都是北方人，不願意隨陛下去金陵，您要非讓他們去金陵，準出大亂子。皇上一聽這個，打消了去金陵的念頭，接著往前走吧，就到了澶州。

真宗過河

澶州城位於河南濮陽，黃河正好從城中通過，把澶州劈成了兩半。此時遼軍已經兵臨北城，南城相對比較安全，所以宋真宗一到澶州，就住進了南城。而寇準希望真宗皇帝能夠過黃河到北城去，才可以激勵宋軍將士，但真宗皇帝不願意。那麼寇準怎樣才能使皇帝過河呢？

澶州城被一條黃河劈成了兩半，河北一半，河南一半，河北可能是老城區，又小又破，河南是新城區，又大又寬敞又安全，最關鍵的是安全。真宗皇帝到了澶州，就進了南城住下了。寇準、高瓊敦促真宗皇帝趕緊過河，皇帝就是不願意，過河多危險啊！寇準說您一定要讓北城將士看見您來了，您來這兒幹嘛，不是激勵六師嗎？您躲在屋裏不出來，怎麼激勵六師，老百姓和將士怎麼能知道您來了？您得上城牆，讓人看見。真宗皇帝心裏嘀咕，咱的將士是看見了，遼國將士也看見了，萬一那裏面埋伏著狙擊手，我不就完了嗎？

殿前都指揮使高瓊是武將，說話直，跟皇上講，陛下不過河，河北人民如喪考妣，你要不過河，河北人民跟死了爹娘似的。皇上還沒說什麼呢，一位簽書樞密院事，斥責高瓊無禮。你怎麼跟皇上說話？大老粗，沒家教！高瓊這個時候也顧不上了，按說簽書樞密院事比他級別高多了，高瓊一看，你們這幫碼字的文臣，壓了我這麼多年，現在可有武將為國建功立業的機會了，這個時候，到了前線你還敢呵斥我？高瓊馬上反唇相譏，公以文章升為兩府，你就靠碼字升為兩府，大敵當前，還敢呵斥我無理？你不是有本事嗎？你不是瞧不起我們武將嗎？要不你寫首詩，把敵人嚇退了，我讓將士們打著鑼唱你這首詩，看遼國騎兵退是不退。這文臣一聽，得，我別說話了，我要有那本事，多寫幾首，幽雲十六州也收回來了。皇上一瞧，自己挨訓了，替自己擋橫的也挨訓了，弄得灰頭土臉的，再豁出去一次吧，過河！

過河的時候，皇上是真的害怕啊。御輦要過便橋時，皇上心裏打鼓，就故意磨蹭，找各種藉口，就是不願意過去。寇準急得什麼似的，便向高瓊一使眼色，趕緊想招。高瓊掄起鞭子抽給皇上抬御輦的人，瞎了你們的眼了，皇上著急過河，你們還不趕緊抬？這幫人就把皇上抬過去了。御輦到了北城，那排場可大極了，「諸軍皆呼萬歲，聲聞數十里，氣勢百倍」（《續資治通鑑》卷二十五）。守城的將士看到皇帝的儀仗，山呼萬歲，驚天動地，士氣大振。這個時候，各路勤王兵馬也陸續抵達前線。《續資治通鑑》裏記載：「詔督諸路兵及澶州戍卒會天雄軍。」宋軍人數多達二三十萬，而圍城的遼軍只有八九萬。遼軍南下的時候是二十萬大軍，但因為他們繞過宋軍設防堅固的城市南下，要布下一些兵力看守，不能全軍南下，被人截斷退路不得了，奪佔的城要防守，沒奪佔的得圍住，免得我軍回師時遭到截殺，所以遼軍這個時候只有八九萬人。遼軍一瞧，趙桓小兒還真到前線來跟我們拼命來了，得讓他看看我們大遼的厲害。

第二天，遼朝的統軍使蕭撻凜（遼朝名將，宋太宗雍熙北伐時，就是他射倒楊業的坐騎，生擒楊業的）親率數千名騎兵，出營挑戰。宋軍知道蕭撻凜英勇，沒人敢跟他當面對戰。但是，別看我軍戰鬥意志薄弱，但武器先進，你敢出營挑戰？你個不知死活的東西，讓你嘗嘗我們先進武器的厲害。宋軍施放床子弩，一支箭好幾米長，命中了蕭撻凜，那玩意兒可以用來射城牆，射人還有活路嗎？蕭撻凜中箭墜馬，遼軍士氣大挫。這時，于越耶律休哥已經故去，耶律斜軫年老，蕭撻凜已是遼朝第一名將。我朝第一名將居然被宋軍給射死了，連他都能射死，我們上去不是更白給嗎？蕭太后一看蕭撻凜死了，痛哭不已，輟朝五日，扶靈柩北返。她親自扶靈走了幾里，然後把蕭撻凜的靈柩送回北方。

《遼史》記載：「將與宋戰，撻凜中弩，我兵失倚，和議始定。或者天厭其亂，使南北之民休息者耶！」剛要跟宋朝開戰，我朝第一名將中弩而死，這樣一來，我大遼軍隊失去了倚靠，才會跟宋朝議和。所以遼人都認為，是老天都不願意宋遼打仗了，才安排這麼一齣，讓蕭撻凜戰死，遼軍失去主心骨，南北之民就可以休息了。蕭撻凜一死，遼國感到了前所未有的壓力，宋朝皇帝來跟我們拼命了，兵力上佔優勢，天時地利人和，全在宋朝一方，我軍孤軍深入，兵貴速而不貴久，尤其在敵軍的地盤上，因糧於敵，取食困難，如果敵軍切斷糧道，我軍是必敗無疑。屋漏偏逢連夜雨，統帥又陣亡，所以遼國急於撤軍。

澶淵之盟

蕭撻凜之死，成為澶州之戰的轉捩點，遼軍損失統帥無心再戰，蕭太后提出了議和的建議，宋真宗當然求之不得，這就是歷史上有名的澶淵之盟。那麼澶淵之盟究竟是怎麼簽定的？主要內容是什麼？對中國歷史的發展產生了哪些重要的影響呢？

但是，怎麼撤軍呢？蕭太后不愧為中國歷史上非凡的少數民族政治家，特別還是一位女性政治家。怎麼撤軍？上馬就跑，宋軍乘勝掩殺，我們就完了。那怎麼走呢？利用宋的畏遼心理，他已經怕我們了，就算打了勝仗，也不敢把我們怎麼樣，我們跟他達成和議，得到保證之後，從容撤軍。再者說，我們來了一趟，蕭將軍又陣亡了，花了這麼多錢，軍費總得有地方報銷吧，得讓宋朝出點兒血，咱們得有點兒收穫才能走。所以，遼國仍然擺出一副咄咄逼人的架勢。

同時遼國暗中託宋朝降將給宋真宗皇帝帶話，我們也可以考慮議和，如果雙方能達成和議，對雙方都是很好的事情。遼一說這話，宋真宗正好就坡下驢，太好了，朕亦早有此意，既然遼國現在來求我們，他已經認輸了，不給他這個面子也是不友好的。就這樣，雙方開始議和。

雙方使臣往還幾次以後，宋朝派了個叫曹利用的小官出使遼營去跟遼議定。臨行之前，真宗皇帝交代曹利用，割地斷不可行。因為遼提出來的議和條件是歸還關南十縣，被後周世宗佔領的瓦橋關以南的十個縣。真宗皇帝說割地對不起祖宗，要點兒錢無所謂，遼不是窮嗎？我們可以援助他一點，我答應每年給一百萬，你照這個底線去談。曹利用表示，絕不辜負皇上的信任，赴湯蹈火，粉身碎骨，萬死不辭，如果遼提出非分要求，臣在遼營自殺明志，嚇死他們。曹利用轉身出來，被寇準攔住了。寇準什麼級別啊？攔住他說，曹利用，你這次去遼營議和，皇上答應你給一百萬歲幣，你要敢超過三十萬，回來我就宰了你。曹利用諾諾稱是，您放心，丞相，絕不會超過三十萬。

曹利用到了遼營一看，蕭太后和韓德讓並排坐在氈車上。雙方一開始談，遼果然提出索取關南十地，後周時候奪取的土地必須還給我們。曹利用說，後周奪取的土地，你跟我要？那又不是我朝佔的土地，你跟後周要去。我朝沒聽說這事，割地斷不可行，您要是再說割地的事，對不起，我走了，咱甭談了。這時候一位遼國大臣，上來跟曹利用講，地必須割，歲幣你得給多少多少。曹利用哈哈大笑，說現在仗已經打到這個份兒上，你們統帥陣亡，我們也不是不知道，你也別拿打仗嚇唬我，你們既然毫無誠意，我現在回營覆命，和談失敗，兩軍明日再戰。遼一看自己的底牌都被宋朝摸到了，只好說大家都別激動，有話好商量。最後，跟曹利用達成了協定，地不用割了，歲幣每年白銀十萬兩，綢緞二十萬匹。

曹利用帶了遼朝一位翰林回來覆命，正好真宗皇帝在吃飯，不方便接見。但是皇上急於知道給了多少歲幣，就派一個宦官出來問。宦官出來說皇上問你給了多少啊？曹利用說，此國之大事，你不得與聞。這都是國家絕密的東西，我哪能告訴你，你別問。宦官就急了，皇上著急，不是我問，給多少錢又不掏我們家錢，你必須告訴我。曹利用以三根手指覆面，太監回去就跟皇上說，這姓曹的他不告訴我，但是他拿三根手指頭壓臉上，估計是三百萬吧，您說讓給一百萬，他有負皇恩。皇上一聽，筷子都掉地上了，怎麼能給這麼多呢？連呼太多。轉念一想，哎，花三百萬，買個天下太平，這事值了。等皇上把飯吃完，趕緊召見曹利用。曹利用一進來就口稱死罪死罪，微臣答應得太多了。曹利用也能裝，這不成心嚇唬皇上嗎？皇上高度緊張，沒關係，愛卿，你說給了多少？三十萬！皇上高興得簡直就要擁抱曹利用，我讓給一百萬，你才給三十萬，地也沒割，就把這事了了。於是，趕緊提拔曹利用，曹利用後來也是官居宰執。遼國的使臣進來，跟宋真宗談，一開始態度還很強硬。但是宋朝已摸到遼的底線，甭來這套，有三十萬就不錯了，不要連這三十萬都沒有。

宋遼幾次使節往還之後，雙方達成了和議。和議內容在《續資治通鑑長編》和《契丹國志》中都有記載。因為澶州又稱澶淵，所以這場會盟被稱為澶淵之盟。核心內容是：

第一，遼、宋約為兄弟之國，遼聖宗年幼，尊宋真宗為兄，宋真宗尊蕭太后為叔母。

第二，以白溝河為界，雙方各自撤兵。誰也不要佔誰的地盤，也不要加強國防工事，不要針對對方有不友好的舉動。

第三，每年宋要給遼歲幣白銀十萬兩，綢緞二十萬匹。雙方在邊境開設榷場，互市貿易，遼用馬匹、皮毛換宋的絲綢、瓷器、茶葉等。

澶淵之盟締結之後，宋遼百餘年間不再有大的戰事。宋遼和平友好，雙方都可以致力於發展內政。但不管怎麼說，遼在劣勢的情況下，逼迫宋簽署了澶淵之盟，對於宋來講，確實是一件不怎麼光彩的事情。遼宋之間，明顯看到遼佔優勢。在當時，指導遼取得這麼大優勢的人，就是中國歷史上著名的女政治家，承天皇太后蕭綽蕭燕燕。

十五

承天太后

宋遼兩國「澶淵之盟」的簽訂，
充分展現了承天太后蕭綽非凡的政治、軍事能力，
其實承天太后可以說是遼史中最具爭議的一位太后。
在評書和戲曲《楊家將》中，她是奸詐陰險、殺伐決斷的蕭太后。
然而在《遼史》中她是創造遼國盛世的傑出女政治家。
那麼歷史中真實的承天太后究竟是什麼樣的？

澶淵之盟，畢竟是宋在優勢的情況下跟遼簽訂的一個多少帶有點兒屈辱性質的盟約。所以，「澶淵之盟」雖然是宋遼的一種雙贏，但是遼更佔了上風。在這個過程中，遼的實際掌權者承天太后蕭綽功不可沒，她是中國歷史上一位傑出的女政治家。《遼史．后妃傳．景宗睿智皇后蕭氏》稱讚蕭綽說：「明達治道，聞善必從，故群臣咸竭其忠。習知軍政，澶淵之役，親御戎車，指麾三軍，賞罰信明，將士用命。」遼朝在後世的評書演義、小說戲曲中更多的是被抹黑，或者被醜化了，所以蕭太后蕭綽被刻畫成了一個奸詐陰險的婦人，實際上這對她是不公平的。

蕭綽是遼景宗的皇后。她出生於后族，父親就是高官，被封為王爵。前面講過她父親打仗不怎麼樣，但很會拉攏勢力，擁立遼景宗有功。遼景宗繼位之後，就立蕭綽為妃，後來做了皇后，當時蕭綽才十六歲。

蕭綽小的時候，就能看出她與眾不同，據史書記載：「思溫嘗觀諸女掃地，惟后潔除，喜曰：『此女必能成家！』」（《遼史．后妃傳．景宗睿智皇后蕭氏》）她們家一共姐兒仨，蕭思溫有一天讓三姊妹打掃帳幕，兩個姊妹草草地應付，只有蕭綽打掃得乾乾淨淨，收拾得井井有條。從一個人的言談舉止能看出來這個人將來有沒有成就，所以君子修身，內修其心，外正其容，一屋不掃，何以掃天下？蕭綽幹點兒小事都兢兢業業，很了不起。她爸爸非常高興，說我這幾個丫頭裏面，數這個丫頭以後最有出息。蕭思溫這個人雖然功業不怎麼樣，養的幾個閨女卻都不錯。蕭綽的一個姐姐，嫁給齊王做妃子，就是史書上記載的齊王妃，當時齊王負責契丹西北邊境的防禦，跟回紇、黠戛斯等民族作戰。齊王去世之後，蕭綽的姐姐齊王妃，就擔負起了領軍的重任，鎮守西北，保境安民，開疆拓土，所以史籍上對她的記載非常多。而且用現在的話講，齊王妃大膽地追求自己的愛情。當齊王去世之後，她不顧自己太后姐姐的身分，又是統軍方面的大員、封疆大吏，看中了一個奴隸，就下嫁給那個奴隸。看來蕭思溫這幾個閨女都有這種性情，天真率性、敢作敢為，還能打仗，蕭綽的某些作為，跟她姐姐也有很多驚人的相似之處。

蕭綽嫁給景宗皇帝後，景宗多病，常不能視朝，就由皇后蕭綽代行國政。《契丹國志》卷六這樣記載：「刑賞政事，用兵追討，皆皇后決之，帝臥床榻間，拱手而已。」什麼事都是皇后蕭綽說了算，景宗就在床上躺著，病秧子一個，只會批「同意」。

景宗皇帝專門「諭史館學士，書皇后言亦稱『朕』暨『予』，著為定式」（《遼史・景宗本紀》）。皇后可以稱朕或予，並成為定式。自秦始皇統一中國以來，只有皇上可以稱朕，別人要這麼稱那就被鎮壓了。比如京劇，因為產生在清朝，那時候還有皇上呢，京劇裏面凡是扮演古代帝王，絕對不敢稱朕，都是孤王如何如何，實際上他扮演的是皇帝，但也只敢稱孤王。為什麼不能稱朕呢，你想掉腦袋嗎？景宗朝皇后可以稱朕暨予，並著為定式，可見皇帝對皇后的高度信任。

聖宗登基

在景宗的支持下，皇后蕭綽開始實施一系列改革，使得遼國國勢日益強盛。可惜好景不長，西元九八二年景宗在巡幸途中突然病逝。雖然他留下遺詔命嫡長子耶律隆緒繼位，但是留守上京的皇后蕭綽和年僅十二歲的耶律隆緒孤兒寡母，無依無靠，而那些對皇位虎視眈眈的宗室諸王們隨時都有可能發動叛亂。那麼皇后蕭綽能有什麼辦法來保護自己和年幼的兒子呢？

當時形勢嚴峻，景宗駕崩的時候，並不在上京城內，而是死在巡幸途中，而聖宗必須在先帝靈柩前繼位。萬一留守上京的諸王大臣們有一位舉兵造反，這事就麻煩了。前面講過，契丹的皇族後族，誰都想過一把皇帝癮，那麼多耶律裏出來一個造反的，可咋整？

蕭綽召見兩個心腹，前面我們都提過——耶律斜軫和韓德讓。皇后哭著說：「母寡子弱，族屬雄強，邊防未靖，奈何？」（《遼史．后妃傳．景宗睿智皇后蕭氏》）母寡子弱，我是寡婦，我兒子才十二歲，未成年。族屬雄強，咱們講過這個問題，北方民族建立的王朝，遼、西夏、金，還有後來的元，內亂頻仍，一個重要的原因就是藩王們手裏都有私人軍隊。遼最為甚，藩王都可以治軍護衛，最少的也有百十來人，還有幾千人甚至上萬人，皇后甚至可以自領三萬人。邊防未靖，指的是當時跟宋的關係。這樣內憂外患的形勢下，我該怎麼辦呢？

耶律斜軫和韓德讓拍著胸脯向皇后表示，您別擔心，有我們哥兒倆在，內憂外患我們替您擺平。雖然我們不是皇族，但都有忠君愛國之心，絕對勝於皇族，只要您放心，朝政您交給我們倆，沒我們哥兒倆擺不平的事。皇后的心這才安定下來。

韓德讓說，微臣已率侍衛親軍趕來護衛，這裏絕不會有危險，太后跟皇上的安全，我韓德讓一力擔當，您放心，不會有問題。皇后問，上京城裏萬一有人舉兵造反怎麼辦？韓德讓說，您趕緊下旨，禁止諸王私會，都給我回王府閉門思過。先帝怎麼死的，就是被你們氣死的。誰不思過，就讓誰去追隨先帝。不許開宴會，你呼朋引伴的，密謀造反啊？上京諸王都以妻子來陪伴皇后，把你的老婆孩子送來，皇后青年寡居，把她們叫來作伴。這樣就有人質攥在蕭綽的手裏，聖宗耶律隆緒得以順利登基。

那個時候，遼經過了太祖、太宗、世宗、穆宗、景宗五朝，向中原王朝學習，漢化的程度比一開始也高得多了，叛亂這種事也不像以前那麼頻繁了。皇后一發旨意，諸王就乖乖把妻子送來了，要擱在前朝說不定就馬上舉兵造反了。聖宗皇帝能夠順利登基，有驚無險地度過一關，韓德讓的功勞最大。

韓德讓改名

遼聖宗耶律隆緒登基第二年，蕭綽被尊為承天皇太后，開始臨朝聽政。而承天太后攝政之後，對韓德讓異常寵信，不但讓他總攬遼朝的軍政大權，甚至命遼聖宗對韓德讓以父禮相待。於是一些史書就記載，韓德讓和承天太后其實是一對情人。那麼這些記載究竟是真是假？

韓德讓出身大族，父祖就在遼做官。他少年老成，比承天太后大十幾歲。有記載說，他跟承天太后是舊情人，本來承天太后應該嫁給他，結果沒想到被景宗皇帝看中了，她就嫁給景宗了，但是兩個人一直未忘舊好。等景宗一歸天，承天太后主動找到韓德讓，說當年我應該嫁給你，一不留神嫁給皇帝了，現在皇帝歸天了，咱倆重拾舊好，景宗的兒子就是你的兒子，你要盡心輔佐。《宋會要輯稿》說韓德讓與承天太后兩人「入居帳中，同臥起如夫妻，共案而食」。從此以後，韓德讓跟承天太后就是事實夫妻了，住在一個帳篷裏，同臥同起，共案而食，接見宋使曹利用的時候，兩個人並排坐。一般人誰敢跟太后並排坐？

實際上，韓德讓比承天太后大十幾歲，承天太后嫁給遼景宗的時候，韓德讓已經三十了，不可能沒結婚。所以這些記載可能是宋人的筆記小說，成心噁心遼國。但甭管韓德讓是不是承天太后的舊情人，在輔佐承天太后這一點上，他確實盡忠竭力。承天太后對韓德讓的提拔也是毫不吝惜。

有一次，韓德讓跟遼國的一個刺史發生了衝突。這個刺史叫耶律虎古，在言語之間頂撞了韓德讓，耶律氏是皇族，而韓德讓是個漢人。但韓德讓一怒之下，搶過衛士手裏拿的骨朵，就是長把銅錘，一錘子就把耶律虎古砸了個腦漿迸裂。韓德讓無故擅殺大臣，他只不過跟你發生了衝突，就被一錘子砸死了。沒想到這事承天太后不予處置，只是厚葬耶律虎古，並且重用耶律虎古的兒子。澶淵之盟的時候，耶律虎古的兒子耶律摩魯古仍然在軍中做前鋒，而且耶律摩魯古也不敢記恨韓德讓。韓德讓跟承天太后是什麼關係？你敢記恨，再給你一錘子。

還有一次，契丹貴族們打馬球，唐代最流行的體育活動就是馬球，而契丹有唐之遺風。打球的時候有一個契丹皇族橫突，撞韓德讓，打不著球我打人，韓德讓從馬上掉下來了。承天太后一看，勃然大怒，當即在球場上就處死了這個貴族。大家都覺得這個貴族很冤，打球時合理衝撞是難免的，您要說不讓撞您，那您一個人玩得了，這球門給您空著，您隨便往裏打。這兩件事足以說明韓德讓在太后心中的地位。

並且承天太后告訴遼聖宗，韓德讓就是你父親，你要待他以父禮，要恭敬。所以《契丹國志》說，遼聖宗「見則盡敬，至父事之」，用對待父親的禮節來對待韓德讓。遼聖宗讓自己的弟弟楚王專門伺候韓德讓，按現在的話講叫貼身副官。楚王離韓德讓的大帳二里地，就要下馬步行，以示恭敬。進了韓德讓的大帳就要下拜，楚王見君主什麼禮節，見韓德讓就是什麼禮節，要小跑過去，不能大搖大擺。韓德讓每次要出帳的時候，楚王帶著帳中的文武趕緊先出門，兩邊列隊，挑起簾，別撞到大丞相的腦袋。韓德讓大搖大擺地出來，這幫人列隊相迎相送。甚至聖宗皇帝本人來探望韓德讓，離韓德讓的大帳五十步時，也要下馬步行。韓德讓不用出帳迎接，只需等在帳門口。進了韓德讓的大帳之後，皇帝先行禮，然後倆人再行抱見禮，拍拍肩膀。韓德讓在遼境遇之隆，連契丹人都達不到。

後來承天太后給韓德讓改名，賜姓耶律，名隆運。所以《遼史》沒有「韓德讓傳」，這麼個大人物《遼史》怎麼沒傳？因為《遼史．耶律隆運傳》講的就是這位韓德讓。耶律們不是看不起你嗎？就你不是皇族嘛，這還不容易，你也姓耶律，封為國王、大丞相、南北院樞密使，就差拜于越了。

一人之下，萬人之上

除了封高官，賜國姓，承天太后甚至還特許韓德讓建大宮帳。在遼國，只有太后和皇帝才能建大宮帳。由此可見，韓德讓的地位真是一人之下，萬人之上。那麼韓德讓為什麼會得到如此禮遇呢？

承天太后之所以重用韓德讓，拋開個人感情因素不談，她生長於南京漢地，父親蕭思溫是南京留守，長期鎮守中原，承天太后從小耳濡目染，覺得不變更契丹舊俗，國力沒法強盛。韓德讓是漢人，兩人在政治見解上一拍即合，也是知音。感情上又那樣默契，所以關係融洽，朝政興隆。但也有另一種說法，承天太后用韓德讓壓制耶律們，就是殺皇族樹威。因為承天太后是蕭氏，要樹立威信，震懾皇族，讓他們別起異心，有點兒像武則天殺李唐皇室。這樣，韓德讓的威望就很高了。

聖宗皇帝是真把韓德讓看成自己的父親，因為他知道，沒有韓德讓，就沒有自己的今天，正是韓德讓殫精竭慮，自己的皇帝寶座才能這麼穩。遼國的國事興隆也完全是韓德讓盡心籌畫的結果。每次吃飯，韓德讓要坐主桌，聖宗給他布菜，您想吃什麼，山珍海味，只要我能給您找著的東西，全國各地給進貢，對韓德讓恭敬到了無以復加的程度。

那麼，韓德讓是不是就居功自傲了呢？聖宗拿我當爹，我隨便能敲死大臣，有人打球撞了我，承天太后當場就宰了他。韓德讓還真不是這麼跋扈，當時可能是一時衝動砸死了耶律虎古，而且據說耶律虎古當年得罪過韓德讓的父親，韓德讓可能有點兒挾私報復。韓德讓看到承天太后和聖宗這樣地信任他，他確實鞠躬盡瘁，忠心耿耿，為遼的興旺壯大貢獻自己。《遼史・耶律隆運傳》記載：「統和間，位兼將相，其克敵制勝，盡賢輔國，功業茂矣。」統和年間，韓德讓位兼將相，大丞相，南北院樞密使，封晉王，盡心輔國，克敵制勝，在遼朝的對外戰爭和內部政權建設上都做出了非常大的貢獻。

韓德讓比承天太后晚去世幾年，承天太后死的時候五十六七，韓德讓幾年之後去世，時年七十一歲，諡文忠。朝廷專門給他建立影殿，有點兒像現在的紀念堂。他的畫像真容，在太廟裏和景宗掛在一起，可見他受遼恩遇之隆。

韓德讓是漢人，他傾心輔佐，讓遼走上漢化道路，跟宋和睦相處。他清楚地看到，中原王朝即便是武力弱，但經濟文化發達，長期對峙下去，對遼沒有好處。宋遼能夠和睦相處，韓德讓居中調停之功也很大。

兩邊為臣

在韓德讓的盡心輔佐之下，承天太后大力推行新政，重用了一大批漢臣。其中有一個人非常特別，他本是宋真宗的寵臣，卻到遼國做了高官，那麼這個人究竟是誰呢？

承天太后當政之後，非常重用漢臣。這些漢臣們有追隨太祖太宗開國的從龍功臣，也有在歷次對外戰爭當中被俘虜的宋室舊臣，最有名的就是王繼忠。

王繼忠是宋真宗在潛邸時的舊臣，深受真宗重用。真宗在潛邸的時候，有一天閒來無事，從大街上找來一算命瞎子，這個人前知一千年，後知五百年，就沒有他不知道的事。真宗說你不是能掐會算嗎？算算我手下這些文武大臣將來會怎麼樣？這算命的就開始摸骨相，他看不見，只能摸，摸完了就開始胡說，張三這樣，李四那樣，有說得準的也有說不準的。摸到王繼忠，算命瞎子大呼，奇怪奇怪。真宗問怎麼奇怪了？算命的說這個人半生食漢祿，半生食胡祿。王繼忠一聽就火了，你什麼意思？我是王爺的心腹，將來王爺承繼大統，我就是天子近臣，你是說我要叛國投敵嗎？於是跟真宗說，王爺您得為我作主。真宗說他不就是算命的胡說八道混口飯吃嗎？甭理他，賞倆錢轟出去。

沒想到這話後來真應驗了。宋遼澶淵之盟前，遼國大軍南下，王繼忠率軍迎敵，宋軍統帥跟個老太太似的，坐擁八萬步騎，不肯援助。王繼忠孤軍奮戰，從天黑到天亮，又從天亮到天黑，部下傷亡殆盡，王繼忠也重傷墜馬被俘。被俘之後，蕭太后和遼聖宗知道他是宋真宗的舊臣，跟真宗皇帝有私交，所以對他禮數十分周到，甚至把開國功臣的孫女嫁給他，極盡籠絡之能事。這樣，王繼忠決死之心也就沒有了。最搞笑的是，宋朝還給他開追悼會呢，當今聖上潛邸舊臣為國死難，這種精神氣節不鼓舞著你們去奮鬥嗎？沒想到過了若干天，王繼忠親筆寫的手札到了，上呈真宗皇帝。對不起皇上，微臣沒死，不但沒死，還在遼做了官了。現在這種戰爭環境下，我太后、皇上有好生之德。因此不願再打仗，有和談的跡象，咱能不能談一談？真宗一看王繼忠來書，稱我太后、我皇上有好生之德，真是啼笑皆非。你的追悼會都開了，也隆重地表彰了，你的家人都得到了崇高的禮遇，四個兒子全部入朝為官，夫人授國夫人，一品誥命，結果你沒死？沒死就沒死吧，做一輩子囚虜也成，你還在遼為官了？還給遼國遞信，張口閉口「我太后、我皇上」，你可是朕的從龍舊臣啊！你是要考驗朕的心胸嗎？

宋真宗的心胸還真大！王繼忠既然已經降遼，如果罵他、譴責他，就堵了他的路了，現在正好宋遼雙方需要一位調解人，所以真宗皇帝就給王繼忠寫信，你在宋遼之間居中調停，我們大宋不會忘記你的。王繼忠就一再跟承天太后、聖宗講南下作戰的害處，殺人一萬，自損三千，宋朝有多少人，死多少個一萬都沒關係，咱死幾個三千就沒人了，不要塗炭生靈，上天有好生之德……澶淵之盟能夠達成，王繼忠居中調停功不可沒。雙方達成和議之後，宋朝為了感謝王繼忠居中調停，每年兩國使臣互相賀正旦的時候，真宗皇帝都要封一個禮盒，並且親筆手書，禮盒裏面有錦衣、茶藥、金帶，專門贈給王繼忠。每年宋使來送禮盒的時候，經蕭太后特准，王繼忠穿上南朝衣冠，面南哭拜，口稱未死臣王繼忠如何如何。這個人兩朝為臣，兩邊還都這麼信任他，可見宋遼統治者的心胸都夠大的。

澶淵之盟後，宋遼之間的關係非常友好，宋朝皇帝的名字在遼也是要避諱的，不許書寫。蕭太后去世時，宋真宗痛哭；宋真宗去世時，遼聖宗也痛哭。宋真宗剛死，遼國一個新晉大臣的名字犯了宋真宗的諱，遼聖宗立刻就急了。怎麼不避我皇兄的諱？革職永不敘用，這輩子都甭當官了，放羊去吧。這個新晉的遼國大臣可能都不知道宋真宗叫什麼，名字跟他起重了，犯了忌諱，這輩子甭當官了，真是比竇娥都冤。

承天太后

承天太后大力重用漢臣，推行新政，但卻遭到了很多契丹貴族的強烈反對，他們甚至企圖發動叛亂，推翻承天太后和遼聖宗的統治。那麼，承天太后會如何解決這場危機呢？

這個時候的遼更注重加強君權，改變貴族擁兵自重的情況。通過什麼削弱呢？首先是制定法律，讓皇族、后族跟漢族大臣平等，把原來契丹貴族在法律上擁有的部落傳統、部落習慣等特權一律取消，這樣一來，貴族沒了法律保障，就不能為所欲為了。

另外就是發展農業生產。幽雲十六州的獲得，使遼得到了一塊鞏固的根據地，農耕定居對於契丹的重要性怎麼形容都不過分。從事農耕，就不會再因為風災、雪災、雹災等自然災害造成這個民族的滅亡。我本來武力比你強，經濟又跟你看齊，也是農耕定居，文化水準也就比你差不了太遠，可能鬥嘴皮子還鬥不過你，但我正在向你學，我也開科取士。這樣，我自然就佔有了優勢。遼非常注重發展農業生產，把會種田的能手，就像現在所說的農業生產模範、種田大王，把他們的生產經驗向各地推廣，甚至招來宋地流民發展農業生產。宋朝不是不給你分地嗎？我這兒地多得很，上我這兒種地來。這樣一來，遼的農耕文明發展起來，經濟跟宋的差距越來越小了。今天我們能看到很多精美的遼代文物，比如瓷器、佛像等，工藝都非常精湛。遼的農業發展了，而農耕文明是中原文明的核心，遼的漢化程度就進一步加深了。

承天太后在一班文武的輔佐下，使契丹的經濟、文化、國力都空前地提升，遼朝從一個邊疆政權、一個游牧政權發展定型為一個中原大國，這個轉捩點就應該是在蕭太后時代完成的。蕭太后在母寡子弱的情況下受命，最後迎來了自己的巔峰時刻——澶淵之盟，迫使宋朝議和，開創一百二十年的和局，鞏固了遼的統治，扭轉了世宗、穆宗以來中衰的局面。

蕭太后在位期間及她去世以後，遼朝迎來了自己的鼎盛。《遼史・天祚皇帝本紀四》認為：「聖宗以來，內修政治，外拓疆宇。既而申固鄰好，四境乂安。維持二百餘年之基，有自來矣！」聖宗以來，遼朝政治清明，開疆拓土，跟宋的關係也很好，四境乂安，保境安民，維持二百餘年之基。而奠定這個基礎的就是承天太后蕭氏。

蕭太后在澶淵之盟後幾年，就把政權完全交給了聖宗皇帝。聖宗親政後，一代傑出的女政治家蕭太后就故去了。那麼聖宗繼位之後，遼國又發生了什麼事情，遼國的國政如何呢？

十六
聖宗主政

西元982年遼景宗病逝，
由嫡長子耶律隆緒繼承皇位，史稱遼聖宗。
據史書記載，聖宗十二歲繼承皇位，
卻一直是個傀儡皇帝，年近四十才開始真正掌權。
雖然聖宗一朝是遼國的最鼎盛時期，但是就在遼聖宗去世後，
遼國卻立刻爆發內亂，從此國勢由盛轉衰。
那麼遼聖宗究竟是怎樣的一個人？
在他執政期間，又發生了哪些特別的事情呢？

澶淵之盟後五年，也就是遼聖宗統和二十七年（一〇〇九年），承天太后把政權正式地交給遼聖宗。遼聖宗這個時候已經做了二十七年的皇帝，年近不惑，終於擺脫了兒皇帝的地位，名正言順地開始處理朝政。

遼聖宗是遼景宗和蕭皇后的長子，初封梁王，十二歲的時候遼景宗故去，聖宗得以承繼大統，他的漢文名字叫耶律隆緒。遼聖宗繼位時，因為年幼，一直是承天太后掌權。承天太后為了鞏固國政，啟用了很多著名的大臣，其中一位是遼國名將耶律斜軫。承天太后讓耶律斜軫跟十三歲的聖宗皇帝交換弓馬，等於義結金蘭，耶律斜軫就成了聖宗皇帝的兄弟輩，盡心地輔佐聖宗。在一班文武大臣的輔佐下，聖宗皇帝很快成長為一位文武雙全的少年天子，在他十八歲那年，奉承天太后之命，領兵出戰，當然有耶律斜軫這樣的名將輔佐，全殲了一路宋軍。天子親征，也算立下了功勳。

史書上記載，承天太后對聖宗皇帝「教訓為多」（《遼史·后妃傳·景宗睿智皇后蕭氏》），使聖宗成為遼朝的一代英主。契丹皇帝是馬上天子，平時愛打獵，打馬球，非常重視這些活動，這是皇帝的必修課。游牧民族的皇帝，都非常強調騎射是根本，中原王朝的皇帝可能就比較重視書畫，而契丹皇帝個個都是高強的獵手。但是如果過多沉溺於射獵，顯然會荒廢朝政。聖宗皇帝就比較愛打獵，整天出去遊獵。遊獵能強身健體，另外多少也帶點兒軍事演習的性質。承天太后看到兒子沉浸於狩獵，就說了這樣一句話：「前聖有言，欲不可縱。」（《續資治通鑒》卷十九）先賢曾經說過這樣的話，欲不可縱，所以你的欲望要克制，不能縱欲。你是天下之主，萬金之軀，整天打獵，萬一有個馬失前蹄怎麼辦，怎麼向天下臣民交代？咱們好不容易有了今天的地位，母子能夠執掌政權，你如果出點兒意外，就前功盡棄了。聖宗皇帝非常虛心地接受了太后的批評，之後就很少再去打獵。

成年以後，聖宗皇帝「益習國事，銳意於治」（《遼史．刑法志上》），很快就成長為一代明君。

聖宗親政

遼聖宗雖然十二歲承繼大統，但是承天太后臨朝聽政二十七年，直到遼聖宗年近四十歲時，才真正把政權交給他。那麼，聖宗皇帝掌權之後要做的第一件事會是什麼呢？

遼聖宗直到承天太后給他權力之後，才正式執掌政權，一個月後，承天太后就去世了，又過了一兩年，韓德讓也去世了，這時就再也沒人能對聖宗皇帝的施政掣肘了。聖宗皇帝直到自己繼位二十七年後，才舉行了燔柴禮，焚柴告天。這個禮節是契丹每一個皇帝繼位時必須要履行的，相當於中原的登基大典。以往的遼國皇帝，都是在繼位的當年就要舉行燔柴禮，否則名不正言不順。遼聖宗遲了二十七年，從他以後，也就形成一個傳統，他之後的遼國皇帝，興宗、道宗、天祚帝，都是在繼位後幾年才實行燔柴禮，以示對聖宗的尊重。先皇遲了二十七年，我繼了位馬上就燒柴火，有點兒不太合適。

有人可能會一想，燔柴禮，不就是大家堆一堆柴火在那兒燒嘛，這有什麼意義呢？實際上燔柴禮是非常隆重的，積柴為壇，把柴火堆成壇，然後焚柴告天。在告天以前，新皇帝要不斷地進行謙讓。契丹舊分八部，八部大人、元老重臣、勳老耆舊都來擁戴皇帝。皇帝要謙虛，說：「先帝升遐，有伯叔父兄在，當選賢者。沖人不德，何以為謀？」（《遼史・禮志一》）先帝歸天了，我還有伯父、叔父、兄弟，應該讓他們做皇帝。我沒什麼道德，因此我不能夠做皇帝。然後群臣要表示衷心擁戴，要說「臣等以先帝厚恩，陛下明德，咸願盡心，敢有他圖」（《遼史・禮志一》）。我們都要盡心竭力，絕不敢有他圖，就得您來當。皇上這才接受群臣的推戴，先掛起先帝的御容祭拜。契丹的燔柴禮是在草原上舉行的，契丹還保有游牧民族的特色，不是完全漢化。皇帝行燔柴禮的時候不是住在宮殿裏，而是住在草原的大帳篷裏。到了晚上，找九個容貌、身高跟皇帝類似的大臣，換上皇帝的服飾，趁著暗夜，一個帳篷一個，九個大臣一個真皇上，分別住進十個帳篷。這一天算過去了。第二天非常好玩，讓大臣、侍衛來捉天子，挑簾進帳篷去逮皇上，你若能逮到真皇上，賞牛馬駱駝千餘頭。估計可能事先群眾演員們也得做點兒安排，可能有人洩露哪個帳篷裏是真皇上，當有人進帳篷逮到真皇上的時候，皇上要謙虛，說我不是皇上，你逮錯了，我是皇上的替身。逮他的人還得說，您就是皇上，沒錯！十個人穿著一模一樣的衣服，身高、長相也類似，你能被大臣一眼就認出來，證明你是真命天子。這也可能是事先安排好了，不能逮錯了，逮出來一個不是真命的，不麻煩了嗎？那個人得嚇死，怎麼把我逮著了？真不是我！皇帝被大臣一眼就認出來，這才能名正言順正式繼統。

聖宗皇帝親政之後，基本上蕭規曹隨，完全繼承了母親和丞相韓德讓的既定政策，不敢有一絲違背。契丹的極盛時期就是聖宗一朝。

聖宗文治

遼聖宗不但武略過人，精於騎射，而且文采出眾，通曉音律繪畫，漢文化修養頗高。據說他曾經寫過五百多首詩，其中有一首詩《傳國璽》，講的就是遼聖宗得到了自秦始皇以來中原王朝歷代相傳的傳國玉璽。那麼遼聖宗真的得到過這個玉璽嗎？

遼聖宗的詩篇大多散失，流傳下來一首代表作，名叫《傳國璽》。傳國璽就是玉璽，秦始皇統一天下之後，據說用和氏璧刻成玉璽，由丞相李斯用鳥蟲篆文在上面刻了八個大字「受命於天，既壽永昌」，代代相傳。西漢末年，王莽篡漢，派人去跟太皇太后要這塊玉璽，太皇太后非常生氣，把玉璽扔在地上，摔壞了一個角，後來用金子補上了，所以我們經常看戲曲裏邊說金鑲玉璽。魏文帝曹丕篡漢之後，在玉璽上又加刻了八個字：大魏受漢傳國之寶。傳到唐朝，玉璽被稱為「受命寶」，然後傳給後梁、後唐、後晉。後晉被遼給滅了，遼軍就把傳國璽帶到了北方，再後來就不知所蹤了，直到遼聖宗時被重新發現。遼聖宗得到了自秦始皇以來中原王朝歷代相傳的傳國璽，等於比宋朝還有正統地位，因為宋朝的玉璽都是自己刻的。所以他非常高興，賦詩一首：「一時製美寶，千載助興王。中原既失守，此寶歸北方。子孫宜慎守，世業當永昌。」（《珩璜新論》卷四）傳國璽傳到我們遼朝，希望子孫慎守，大遼帝國代代昌盛。從這首詩可以看出，聖宗皇帝的漢學修養非常高。上有好者，下必甚焉，榜樣的力量是無窮的。從遼聖宗開始，開科取士，推廣漢學，遼王朝由武功向文治方向轉換。

大家都知道，中國古代文明向外傳播，最主要的途徑是通過絲綢之路。而中原王朝自安史之亂以後就完全失去了對絲綢之路的控制，這個時候宋王朝對於傳播中國文化的影響甚至不如遼帝國。很多西北民族，要學習中國文化，請佛像，請儒經，都是到遼去迎請，是遼聖宗給他們送去佛像、儒經，傳播中華文化。所以，《遼史》中對聖宗皇帝的評價非常高，說其統治時期「綱紀修舉，吏多奉職。……諸道皆獄空，有刑措之風焉」（《遼史・刑法志上》）。政治清明，各道的監獄都是空的，沒有犯人，遼的地方機構跟宋類似，分道州縣三級。因為社會和諧，路不拾遺，夜不閉戶，用不著逮犯人，沒人犯法。《遼史・聖宗本紀八》讚譽：「遼之諸帝，在位長久，令名無窮，其唯聖宗乎！」

遼朝皇帝裏在位最久的是遼聖宗，享國四十九年；這些皇帝裏邊，政績最突出的還是遼聖宗，美名無窮。他十二歲承繼大統，死的時候六十一歲。

二蕭爭子

聖宗一朝可以說是遼國的鼎盛時期，然而隨著遼聖宗的過世，遼國的朝政馬上陷入了一片混亂。這是為什麼呢？

聖宗一死，遼國宮廷又亂套了。為什麼呢？宮廷發生內鬥了。遼聖宗的皇后叫蕭菩薩哥，因為遼人佞佛，所以名字經常是佛教用語。這位蕭菩薩哥皇后是韓德讓的外甥女，是承天太后蕭綽的親侄女。皇后美貌多才，「嘗以草莛為殿式」（《遼史・后妃傳・聖宗仁德皇后蕭氏》）。能夠設計各種精美的宮室，她先畫圖，再拿草木棍做成宮室的模型，最後讓工匠照著自己的設計去做，不需要建築師。皇后還設計帝后的車服，輦車設計得非常漂亮，通體鎦金，前面是龍頭，後面是鳳尾，由穿白紗的宮女們扶著。尤其是在春夏時節，草原上、山谷間野花爛漫，白衣宮女推著這樣的車，帝后坐在上面，緩緩而行，恍如神仙下凡。因此聖宗皇帝對皇后十分寵愛。皇后進宮的時候只有十二歲，沒到婚育年齡，所以先後生了兩個兒子都夭折了，她十九歲時被立為皇后，但沒有親生的兒子。因為皇后無子，所以承天太后就命一個叫蕭耨斤的侍女去伺候遼聖宗。

蕭耨斤這個女人不尋常，根據史書記載：「黝面狠視。母嘗夢金柱擎天，諸子欲上不能；后斤至，與僕從皆升，異之。」（《遼史．后妃傳．聖宗欽哀皇后蕭氏》）據說她膚色黝黑，目光如電，你一看見能嚇你一跳。她母親曾經夢見一根盤龍金柱從地底湧出，蕭耨斤的兄弟們就往上爬，爬不上去，全掉下來了，而蕭耨斤帶著僕人爬上去了。因此她母親覺得，我這閨女不是常人，愛如掌上明珠。入宮之後，她一開始只是侍女，伺候承天皇太后，負責打掃床鋪。史書記載：「嘗拂承天太后榻，獲金雞吞之，膚色光澤勝常。太后驚異曰：『是必有奇子！』已而生興宗。」（《遼史．后妃傳．聖宗欽哀皇后蕭氏》）有一次她給承天太后打掃床鋪的時候，發現床上有一隻小金雞，不知道是金子做的雞，還是一種什麼稀有動物叫金雞，她抓起來就給吃了。看來這個人很殘忍或者很貪婪，金雞招你惹你了，你就給吃了？吃了金雞之後身體發生了變化，通體放金光，跟佛似的，原來眼睛能放電，現在又放金光，更是異於常人了。承天太后一見，說這個孩子不得了，一定能夠誕育龍種，生下不同常人的兒子，馬上命令她去給聖宗皇帝侍寢。

蕭耨斤果然生了兒子，就是後來的遼興宗耶律宗真。但她生了兒子之後，兒子就由皇后收養了，皇后對這孩子視如己出。耶律宗真也把皇后看成是自己的親生母親，不覺得這是養母。蕭耨斤生的兒子被皇后收養，她當然心裏很不痛快。我生的兒子憑什麼管你叫媽？她雖然因為誕育皇兒有功，被封為元妃，但畢竟是妃子，比皇后還是差了一個等級。她也是后族出身，心想我出身也不比你低，我生了兒子你又沒生，還把我兒子抱走了。但是轉念一想，我兒子既然被皇后收養了，將來肯定立為太子，要是在我膝下他或許當不上，我就忍了吧。

后妃之爭

元妃蕭耨斤雖然生下皇子，但是皇后蕭菩薩哥天生貌美多才，平日裏對承天太后又非常恭敬孝順，所以依舊深得承天太后和聖宗皇帝的寵愛。這一切讓元妃蕭耨斤又妒又恨。那麼野心勃勃的蕭耨斤會用什麼卑鄙手段來對付皇后蕭菩薩哥呢？

元妃蕭耨斤看在眼裏，惱在心頭，你有什麼了不起？你連孩子都生不出來，就會弄點兒奇技淫巧，媚惑聖心。所以我得想辦法把你弄死，我好當皇后。

皇后多才，才女就難免有點兒酸文假醋，皇后愛聽曲，甚至自己有時作詩作詞，讓樂工譜成曲，所以她跟兩個樂工就接觸比較多。於是元妃就密告聖宗，說皇后跟這兩個樂工有曖昧關係。但是聖宗根本就不信，置之一笑，說你就是羨慕嫉妒恨，以後不要跟朕講這些了，我根本就不信。元妃處心積慮地要害皇后，甚至把匿名信扔到聖宗的龍床上，聖宗打開一看，說此必元妃所為，點把火給燒了，根本都不告訴皇后。

皇后對此事也很大度，因為她的地位是不可撼動的。你來這套就是因為你失敗了，我作為勝利者我很大度。所以，皇后不拿她當回事。而且在承天蕭太后死後，皇后也開始學習自己的姑母兼婆母兼舅母，把攬朝政，自置官署，把自己的生日定為順天節，皇后一族勢力是很大的，因為她的兄弟都是宰相。

皇后的勢力大，元妃也在培養自己的勢力，她的兄弟們也都入朝做官，后黨跟妃黨早晚有一天要火拼。這一天很快就到來了，聖宗皇帝在位的第四十九個年頭上病入膏肓，眼看就要歸天了。皇帝還沒死的時候，元妃就當著聖宗的面惡毒地咒罵皇后：「老物寵亦有既耶！」（《遼史・后妃傳・聖宗仁德皇后蕭氏》）你老東西受寵的日子已經沒有了。聖宗還沒嚥氣呢，元妃就當著聖宗的面這樣罵皇后，所以聖宗很為皇后的將來擔憂。確實皇后是仗著我寵著，我要是歸了天，皇后宅心仁厚，鬥不過元妃蕭耨斤，可怎麼辦呢？聖宗就把太子，也就是皇后撫養大的耶律宗真叫到床邊，跟耶律宗真講：「皇后事我四十年，以其無子，故命汝為嗣，我死，汝子母切毋殺之。」（《契丹國志》卷七）皇后侍奉我四十年，因為沒有孩子所以立你為嗣，我死了之後，你告訴你親媽，就是元妃蕭耨斤，千萬別把皇后給害死。耶律宗真點頭稱是，兒臣領命，父皇放心地去吧。遼聖宗遺命，蕭菩薩哥皇后上尊號齊天皇太后。聖宗歸天後，耶律宗真繼位，是為遼興宗。

興宗一繼位，元妃大權在握，為了扳倒齊天皇太后，她就密謀要陷害蕭菩薩哥。首先她把先皇的遺詔焚毀了，遺詔裏說，皇后是太后，元妃是太妃，太妃也還是妃，所以這遺詔必須焚毀。元妃焚詔之後把自己抬升到太后的位置上，自稱法天皇太后，等於現在是兩宮太后了。這非常像清朝的慈安、慈禧，慈安是正宮，慈禧是生母，也是這樣的兩宮太后。她跟清朝的慈禧太后也有相似之處，就是一定要把正宮太后給扳倒。於是誣陷皇后的兩個親弟弟謀反，編排了一堆罪證，把兩位國舅下獄處死。

兩位國舅冤死之後，法天太后就要對齊天太后開刀了，原來的元妃要對原來的皇后開刀，報當年的一箭之仇，她要把太后下獄，興宗皇帝趕緊出面阻止。《遼史‧后妃傳‧聖宗仁德皇后蕭氏》記載，興宗說：「皇后侍先帝四十年，撫育眇躬，當為太后；今不果，反罪之，可乎？」你自稱太后本來就不符合先帝遺詔，現在還要把齊天太后害死，能這麼幹嗎？法天太后就教育自己的親兒子，「此人若在，恐為後患」，必須殺掉。興宗抗辯：「皇后無子而老，雖在，無能為也。」她無子年老，就養著她吧，不要殺害。興宗這個時候雖然沒有什麼實權，但他畢竟是皇上，所以他說話，法天太后也不能不聽。既然興宗反對殺她，那行吧，就把她關起來。關起來之後，處心積慮地找機會要下手。終於趁興宗一不留神的時候，法天太后派內侍傳旨，讓齊天太后自盡。齊天太后看到這個讓她自盡的聖旨之後，對來人說，我實無罪，天下共知。然後沐浴，自縊而死，時年五十歲。

遼聖宗最珍愛的皇后，他立下遺詔要保全的皇后，終究還是沒能保全。

母子反目

法天太后蕭耨斤終於除掉了自己的死對頭，但是她和遼興宗之間的裂痕卻日益加深。為了掌握朝政大權，法天太后大肆扶植黨羽親信，殘殺異己，最後遼興宗就成了一個有名無權的傀儡皇帝。那麼，遼興宗會如何擺脫法天太后的控制呢？

法天太后總攬朝政，她的弟弟、家奴、家奴的家奴，四十多人入朝，官拜團練使、防禦使、觀察使、節度使，遼廷上下行政，必須由法天太后家族的這幫人同意，政令才能下達。朝廷完全被這幫人把持住了。根據《契丹國志》記載，法天太后蕭耨斤執政期間，「淫虐肆行，刑政弛紊，南北面番漢公事，率其弟兄掌握之。……太后臨朝凡四年，興宗方幽而廢之，契丹已困矣」（《契丹國志》卷十三）。法天太后執政這四年，使契丹的國運由強盛開始走向衰落。她執政了四年，興宗才動手囚禁了她。

為什麼興宗皇帝動手把親媽囚禁呢？皇帝在這四年裏過的是傀儡般的生活，而且法天太后對他也不像當年承天太后對聖宗那樣好。聖宗雖然不掌權，但承天太后盡心地輔導他，把他培養為一代明君。而法天太后對興宗就是壓制，絕不讓你掌權，一舉一動都受控制，沒有任何人身自由。有一次，興宗外出打獵，然後開宴會，把獵物做了吃，吃完一高興，就把這些銀餐具賞賜給了侍從。就這麼一點兒小事，皇上把東西賞給誰，那還不是皇上的自由，誰管得著啊？法天太后知道後居然把領賞的侍從暴打了一頓下獄，然後來質問興宗，你是不是把咱家東西隨便給人了？興宗懶得搭理法天太后，就說沒這事。法天太后說沒這事？我都已經把他們關到監獄裏了，你跟他們對質去。興宗一聽就急了，我身為天子，與囚徒對質？這件事是壓斷駱駝脊背的最後一根稻草，興宗對法天太后的憤恨達到了頂端。

法天太后也知道，母子面臨著攤牌了，知道兒子恨自己。怎麼辦呢？我廢了你，你雖然是我生的，但是你不是我養的，你跟我不親，廢了你之後，立我生我養的耶律重元做天子，他跟我親。有的史籍記載叫耶律宗元，甭管宗元重元，都是一個人。他媽跟他商量，我準備把你大哥廢了，讓你當皇上。沒想到耶律重元膽小，告訴他大哥了，媽說要廢了你讓我當皇上，這事我不敢。興宗一看，我媽已經戰刀出鞘了，幸虧我弟弟膽小怕事來報告我。既然這樣，只能先下手為強，後下手遭殃。於是興宗點集了五百親隨，皇上多可憐，就領著五百人，因為兵權都在舅舅手裏，他調動不了軍隊，所以只能帶著親隨，弄不好連太監都有，湊了五百多人，突襲法天太后的營帳。擒賊先擒王，一下就把法天太后軟禁了。然後，興宗把他舅舅們召來，宣布法天太后的罪狀，要囚禁法天太后。這樣一來，樹倒猢猻散，舅舅們反應不過來，一個個震驚得目瞪口呆，沒等調集兵將反撲，法天太后已經被囚禁了。不過興宗皇帝對舅舅們還都不錯，沒有一個舅舅因此事而受到牽連，最後都得以善終，而且給的諡號都很高。

法天太后被囚禁之後若干年，有一次興宗皇帝聽《報恩經》有所感悟，命人把法天太后從囚禁地釋放了，接回來奉養，但是母子之間的感情就談不上了。每一次興宗皇帝出去射獵，必然要法天太后同行，說是跟媽一塊兒春遊去，實際是監視。別回頭我一出去打獵，您在宮裏造反了，您又立一個弟弟，所以我必然要帶著您。而且兩個人的營帳相距十幾里地，不能在一塊兒。萬一你下手怎麼辦？相隔十幾里地，你的騎兵衝過來也有一段時間，我好布置抵抗。由此，法天太后對興宗的憤恨是可想而知的。

興宗皇帝十六歲承繼大統，在位二十四年，死的時候只有四十歲。法天太后這個時候還沒死，看見興宗的皇后痛哭，居然跟皇后說哭什麼哭，你還年輕，那意思就是你還能再改嫁。親兒子死了，太后臉上毫無憂戚之色，還不讓兒媳婦哭，這媽當的也真夠極品了。道宗繼位後，法天太后就成了太皇太后，最後還是得以善終了。

興宗把法天太后囚禁後，也就是他繼位四年之後，開始親政，那麼興宗皇帝在歷史上有過哪些作為，對這樣的一個皇帝應該怎麼評價呢？

十七
興國之夢

遼興宗耶律宗真制止了母親廢立的陰謀後，開始親政。
興宗掌權後，面臨的第一個大難題就是遼國國力開始下滑，國勢日漸衰落。
然而，興宗是一個有雄心壯志的君主，
他一心想扭轉這種局面，重振契丹威名。
那麼，為此他會做出怎樣的努力？
最終他振興遼國的夢想能夠實現嗎？

遼興宗制止了母后法天太后蕭耨斤廢立的陰謀，把母后囚禁之後，開始親政。這個時候的遼國，已經走向了腐化和衰落。

興宗皇帝僅為中主，達不到像他父親那樣的英主、聖主水準。如果是太平盛世，中主守成還可以，但是他母后執政這幾年，國勢轉衰，契丹虛困已久，在這種情況下，中主執政，就不可避免地使國力下滑了。面對契丹衰頹的局面，當時興宗皇帝拿不出什麼更好的辦法來，他只能在對外方面，夢想著像自己的父祖那樣開疆拓土，傳播契丹的威名。

當時對於遼來講有一個特別有利的時機，就是北宋跟西夏之間的戰爭打得不可開交。遼興宗利用宋夏戰爭的機會，落井下石，乘人之危，又派人跟宋朝索要瓦橋關以南十縣之地。澶淵之盟的時候，遼就想奪回當年被後周世宗柴榮所佔的瓦橋關以南十縣之地，宋朝當然不給。遼興宗就向宋朝施加壓力，聲稱要出兵助西夏。宋朝非常害怕，只好答應地雖然不能割，但歲幣可以增加，原來是一年三十萬，現在再增加二十萬，達到了五十萬。而且宋朝把這個歲幣的名稱也改了，原來是「贈」，現在叫「納」，再往上就是「貢」了，等於宋朝承認遼的地位高了。這樣，遼興宗就利用宋朝虛弱的機會佔了點兒便宜。

在宋朝那兒佔了便宜之後，遼興宗就想在西夏那兒也佔點兒便宜，沒想到吃虧了。本來遼跟西夏關係很好，西夏的國主李元昊娶了興宗的姐姐、契丹的公主，雙方是姻親關係。遼也真實誠，一般和親哪有把真公主嫁出去的？也就送個諸王的女兒，甚至弄個宮女糊弄一下。遼送的是如假包換的公主，但李元昊不怎麼拿公主當回事，夫妻感情不好。公主身在異國他鄉，丈夫又不疼愛自己，抑鬱而終。公主病重的時候，李元昊也不照顧公主，照樣跟其他嬪妃來往；公主病死有一段時間了，才向遼朝彙報。遼興宗勃然大怒，你彈丸小國敢如此藐視天朝？讓你瞧瞧我們大契丹的厲害！你以為我們是宋朝呢？於是遼興宗御駕親征。這可是一個揚名立萬的機會，宋朝太虛弱，我派人一嚇唬就給我錢，太沒勁了，我想揍他一頓，也沒藉口。正好西夏不服，打他！十萬遼軍殺入西夏，一路之上勢如破竹，進展順利，夏軍屢戰屢敗。

興宗征西

遼興宗率大軍殺入西夏，一路勢不可擋。西夏國主李元昊萬般無奈之下，只好主動向遼國請求議和。那麼面對西夏的請和，遼興宗會見好就收嗎？

興宗一看，姐夫既然認輸了，這事就算了，想就坡下驢。但同行的大將蕭惠說，不可，這幫人豺狼成性，雖然現在打敗了，但只要咱一撤軍，他馬上舔傷口，磨爪子，然後就要報復咱們。對於這種東西，你要麼別招他，要招就把他招死。既然現在大軍深入夏境，元昊兵敗請和，不如咱們一鼓作氣，乾脆就把西夏滅了得了，這個地盤併入我大遼版圖。遼興宗本來想回師，聽大臣這麼一講，心裏一癢癢，此議甚合朕心。朕滅一國，將國土併入大遼，這跟祖宗的功業比起來，也就毫不遜色了。於是遼又揮動大軍，繼續進攻西夏，又把西夏打得大敗虧輸。元昊走投無路的時候，老天爺幫忙了，沙塵暴來了。

草原上長大的契丹兵將，很少見到沙塵暴，黃沙漫天，幾尺之外就見不著人影了。這是怎麼回事？尤其中國古人相信天人感應，這是老天爺警告咱們吧？為什麼看不見敵人的人影呢？都嚇壞了。党項人見怪不怪，那個地方經常見沙塵暴。

黃沙一捲，党項人趁機進攻，而且党項人在上風頭，風朝契丹兵的方向颳，契丹將士睜不開眼。夏軍趁勢絕地反擊，大獲全勝。遼興宗只率幾十名騎兵逃離戰場，手下大將陣亡的陣亡、被俘的被俘。興宗皇帝領著人狼狽逃跑，等到終於擺脫了西夏的追兵，可以立馬喘息一會兒的時候。興宗下馬喘口氣，這時候特別有意思，根據《遼史·伶官傳》的記載，興宗皇帝身邊的一個叫羅衣輕的戲子，跟他開玩笑，也不知道興宗打仗帶著戲子幹嘛，可能駐軍的時候慰問演出一下。羅衣輕說，陛下，您摸摸鼻子還在嗎？他為什麼這麼說呢？因為西夏人逮著俘虜就割鼻子。皇上一聽，噁心大了，我剛逃了一條命，你讓我摸摸我鼻子還在不在，馬上下令把他宰了。

太子趕緊出來勸，不要殺他，他就是個插科打諢的，也不是什麼著名演員。沒想到羅衣輕又頂了一句，插科打諢的不是著名演員，領兵打仗的也不是唐太宗啊！唐太宗能慘到這份兒上嗎？氣得興宗皇帝差點兒沒背過氣去。要說皇上脾氣真夠好的了，一個非著名戲子這麼損皇上，皇上為什麼不殺他呢？

伶官救場

遼興宗之所以不殺羅衣輕，關鍵是因為羅衣輕曾經糾正過他的一個天大的錯誤。那麼，興宗皇帝到底犯下了什麼天大的錯誤？為什麼滿朝那麼多文武重臣，卻要一個伶官來糾正皇帝的錯誤？

興宗皇位得以鞏固的重要原因是弟弟耶律重元密告。本來法天太后要廢了興宗，立耶律重元為帝，耶律重元傻呼呼地來告密了，娘要立我，我通知您一聲。遼興宗這才囚禁了法天太后，獨掌大權。興宗自己掌權之後就封耶律重元為皇太弟，太弟跟太子一樣，皇上死了之後帝位由你來繼承，等於興宗皇帝承認耶律重元是皇位繼承人了。這樣一來耶律重元在朝廷上就有點兒忘乎所以了，沒有人敢指摘耶律重元的過失，因為皇上太信任他了。

有一次，興宗皇帝跟耶律重元玩雙陸。雙陸是中國古代的一種賭博遊戲，既然是賭博，就得帶彩。皇上跟皇太弟賭，輸贏可不是仨瓜倆棗的事。皇上一邊喝酒一邊賭，一會兒就喝高了，賭癮也越來越大。他們拿什麼下注呢？拿各自手裏的城池和人口。這把我輸了，輸給你十座城，下一把又輸了，輸給你十萬人戶。皇上那天還真是點兒背，孔夫子搬家——都是輸（書）。皇上還越玩越高興，大臣們可就著急了，再這麼賭下去契丹國就變成耶律重元的了，但是又無人敢制止。這時候，羅衣輕跳出來了，他是戲子小丑嘛，幹的就是插科打諢的事，所以大喊一嗓子：「雙陸休癡，和你都輸去也。」（《遼史・羅衣輕傳》）玩雙陸那人，別犯傻了，再賭下去連你都輸進去了。這一嗓子，興宗酒醒了，哦，不能再玩了，再玩我就成了給耶律重元他們家放馬的了，馬上結束了這場荒唐的遊戲。今天就玩到這兒吧，朕睏了，要去睡了。耶律重元一清點戰利品，已經十幾個城到手了，得了，我也知足了。羅衣輕制止了興宗的荒唐之舉，如果不是他出面制止，後果不堪設想了。

所以羅衣輕敢損皇上，先讓皇上摸鼻子，又說皇上不是唐太宗，皇上也沒把他怎麼樣。這樣優秀的表演藝術家得留著，以後可以拿他解解悶，萬一出點兒什麼事，把他派到前面去插科打諢地說兩句沒準兒還能解決問題。

遊戲晚年

遼興宗滿懷雄心壯志，抱著必勝的把握進攻西夏，最終卻大敗而歸，自己還落得被伶官嘲笑的下場，這讓他非常懊惱。那麼這次西征失敗，會給遼興宗帶來怎樣的影響呢？

興宗皇帝攻打西夏失敗之後，越發驕奢淫逸，沉迷於射獵、賭博，在宮裏養了一幫伶官戲子，整天排戲，而且自己還粉墨登場，扮演男一號，讓大臣們圍觀。國丈感覺不雅，堂堂天子，混跡倡優之間，粉墨登場，傳出去讓人笑話，就勸阻興宗，被皇上一個大嘴巴扇去，把老岳父打了個滿臉花。興宗為什麼打老岳父呢？也有一個重要原因，這位岳父是他親舅舅，法天太后的弟弟。也就是說，他的蕭皇后不是自己想娶的，是法天太后指定給他的。所以他跟國丈也不和，才能打老丈人。

這麼過了十幾年，興宗皇帝駕崩，兒子耶律洪基繼位，這就是遼朝歷史上最長壽的皇帝道宗。道宗二十五歲繼統，在位四十六年，去世的時候七十一歲。他在位年頭僅次於聖宗，聖宗是四十九年，但聖宗皇帝雖然年頭長，可是他十二歲繼位，他去世的時候六十一歲。中國歷史上壽命過七十歲的皇帝不超過十個，皇帝長壽的不多。俗語說家有老人是一寶，但是得看什麼樣的老人。遼國因為有了這位老爺子，一步一步走向滅亡，這老人把遼國徹底糟蹋得不成樣子了。

昏君道宗

遼道宗耶律洪基，是遼國歷史上最為昏庸的君主，他沉迷於酒色，不辨忠奸。但史書上卻記載，耶律洪基年幼時品德優秀，才學過人。被立為太子後，他的父親遼興宗，還專門派遣儒臣教導他如何成為一代明君。那既然如此，耶律洪基又是怎樣成為昏君的呢？

遼道宗十五歲的時候，受封燕趙國王，遼興宗派遣儒臣教導他，並對儒臣講：「燕趙左右多面諛，不聞忠言。汝當以道規誨，使知君臣之義，有不處王邸者，以名聞。」（《續資治通鑒》卷五十六）燕趙王周圍的人全是一幫只會諂媚獻諛的小人，所以他聽不到忠言，長此以往，他的性情就改變了。你要用君臣大義來教導他、規誨他，如果有小人不適合在王府裏待著，你把名字告訴朕，朕讓他走人。雖然儒臣悉心教導道宗，但這時他已經十五歲了，自幼被一幫奸佞小人包圍著，不聞忠言。他做皇帝的這四十多年，是遼朝奸臣紮堆兒的時代。他為什麼那麼喜歡奸臣，可能跟他從小被這些諂媚小人包圍有關。

遼道宗剛繼位的時候還像模像樣，下了個詔書，讓大臣給他提意見。詔書寫得言辭懇切：「朕以眇沖，獲嗣大位，夙夜憂懼，恐弗克任。欲聞直言，以匡其失。……仍轉諭所部，無貴賤老幼，皆得直言無諱。」（《遼史・道宗本紀一》）我們應特別注意最後一句：無貴賤老幼，皆得直言無諱。朕允許你們提意見，朕既沒什麼道德，也沒什麼本事，承繼大位，最需要的是大家給朕提意見。現在意見太少，所以朕曉諭群臣，你們在你分管的部門裏，或者在部落裏，徵求意見，朕要聽直言。

繼位的第二年，道宗「遣使分道平賦稅，繕戎器，勸農桑，禁盜賊」（《遼史・道宗本紀一》），擺出一副要天下大治的局面。非常可惜的是，他發了一道聖旨，讓大家給他提意見，也不知道有沒有人給他提，也不知道提了他聽進去沒聽進去；包括後來又下一道旨意，要求地方官治國治民，也沒什麼落實檢查的措施，這些事都是過去就完了。所以，《遼史》上對道宗皇帝的評價很不客氣：「即初位，求直言，訪治道，勸農興學，救災恤患。」（《遼史．道宗本紀六》）剛一繼位的時候表現還不錯，擺出了一副仁君的派頭，可是很快狐狸尾巴露出來，不久就「謗訕之令既行，告訐之賞日重。群邪並興，讒巧競進。賊及骨肉，皇基浸危。眾正淪胥，諸部反側。」（《遼史．道宗本紀六》）很快，無道昏君的本性就大發作了。

父子密謀

雖然遼道宗很想努力做一個好皇帝，但他昏庸的本性還是很快就暴露無遺。那麼，這種昏庸表現出來之後，會給他帶來怎樣的後果呢？

這樣的一個昏君，一旦表現出昏庸之後，就給了別人以可乘之機。給了誰可乘之機呢？就是前面講過的耶律重元，當年告發自己母親的這位皇太弟。耶律重元本來等著哥哥過世，自己繼位，沒想到哥哥雖封他為皇太弟，但不培養他，一個勁兒地培養自己的親兒子。隨著年齡的增長，耶律重元漸漸地也就明白了皇帝是個什麼物件，知道了做皇帝的樂趣。當年的告發之舉，肯定讓他後悔得連腸子都青了。悔不該當年拋卻了赤金冠，我怎麼那麼傻？我曾經離皇位那麼近，幾乎唾手可得，可我卻傻呼呼地告訴我哥了。我哥立我為皇太弟，我就傻呼呼地等著繼位，好不容易把他等死了，等來了我侄兒登基。所以就算他再怎麼忠心，不服是肯定有的。

道宗皇帝也知道，自己這個皇位能夠坐穩，從爸爸那輩就欠著叔叔呢，所以對叔叔的封贈不遺餘力。史籍記載：「冊（重元）為皇太叔，免拜不名，為天下兵馬大元帥，復賜金券、四頂帽、二色袍，尊寵所未有。」（《遼史．耶律重元傳》）首先，封他為皇太叔，道宗皇帝一繼位，在沒有立太子的情況下，先立太叔，這在中國歷代王朝中絕無僅有。而且兒子繼承父親的皇位，侄子繼承叔伯的皇位，弟弟繼承哥哥皇位都好說，沒聽說過侄子立叔叔當繼承人的，倒著來了。重元雖然被封了個皇太叔，但他也知道，接侄子班的希望不是很大。如果重元要知道自己的侄子活到七十一，他就更沒有信心活下去了。所以你封給我個皇太叔，我也知道這就是個安慰獎，我也不真想著有朝一日能繼統。他不想，他兒子可想。耶律重元的兒子耶律涅魯古一門心思想當皇帝。我爹當年傻，我可不像我爹那麼傻，所以他就老攛掇自己的父親，本來先皇歸天就該您當皇上，這小子出來擋橫，咱把他幹掉。一次，兩次，三次，兒子老這麼說，耶律重元多少就有點兒動心了。

道宗皇帝整天沉迷於酒色、漁獵，不理朝政，所以對於重元父子的所作所為，他並不了解，還一再給重元父子加官晉爵。重元的兒子耶律涅魯古被封為吳王、楚王、武定軍節度使、知南院樞密院使。他們的官越大，掌握的權力就越大，野心也就越大。重元父子不但不對道宗心生感激，相反，他們更覺得皇位應該是自己的。你為什麼給我們封這麼大的官？因為你心裏有愧，這皇位應該是我們的，你想彌補我們，你就拿這彌補我們？你覺得夠嗎？所以，你給我封多大的官我都收著，然後趁機培養自己的私人部曲，有朝一日把本應該屬於我的皇位搶回來。道宗的妥協贖買不但沒能使重元父子收斂，相反卻使重元父子的氣焰更加囂張，只不過是決裂、攤牌的時間稍微往後推了。

重元父子的羽翼更加豐滿後，就決定要動手了。

陰謀敗露

耶律重元父子謀劃篡奪皇位，他們調集了本部兵馬，打算利用遼道宗外出打獵的機會，襲擊行宮，殺死皇帝。可是，就在耶律重元一切準備就緒，即將行動的時候，卻發生了意外。

這時候，消息走漏出去了。皇太后宮裏的一位屬官叫耶律良，查知了此事，趕緊來報告皇太后，說重元父子欲行不軌，要謀害今上，您趕緊把皇上請來。皇太后連忙把皇上請來了，告訴他重元父子的陰謀。

道宗皇帝居然不信，不可能啊，我對叔叔、堂弟那麼好，給他們封那麼大的官，他們不可能造反。然後，道宗指著耶律良說，你離間朕的骨肉，你說怎麼辦吧？刀、斧子、鋸、油鍋，你挑一樣吧。耶律良一聽，跪下跟皇上講：「臣若妄言，甘伏斧鑕。陛下不早備，恐墮賊計。如召涅魯古不來，可卜其事。」（《遼史．耶律良傳》）微臣如果是瞎說八道，這刀、鋸、斧子、油鍋，您說讓我選哪樣我就選哪樣，您要讓我選油鍋，我馬上就跳下去。但是陛下要不早準備，等賊人動手的時候，後悔可就晚了。微臣給您出個主意，召涅魯古來，如果他不來，就證明他要造反。道宗在猶豫間，太后提醒，此社稷大事，宜早為計，耶律良跟隨我多年，是宮中老人了，他不會胡說八道的，他有證據，這是為你好。道宗皇帝這才派使者去召涅魯古。

使者一到了涅魯古的營帳裏，就被涅魯古綁上了。幸虧游牧民族甭管文臣武將，因為他們的飲食習慣，隨身都攜帶著切肉的小刀。契丹人都腰繫蹀躞帶，腰帶上面掛滿了物件，火石、小刀、筷子、勺，平時都在身上帶著。所以使者拔出隨身帶的切肉小刀把繩索割斷，劃開帳篷就跑了。使者逃回去跟道宗皇帝說，微臣九死一生，差點兒就見不著陛下，涅魯古果然要反，把我捆上了，臣是逃出來的。他這麼一說，道宗才相信了。

道宗急忙招來南院樞密使、許王耶律仁先商議：「愛卿，涅魯古要造反，計將安出？」耶律仁先說：「此曹凶狠，臣固疑之久矣。」（《遼史．耶律仁先傳》）道宗說你懷疑他很久，為什麼不告訴我？耶律仁先心裏話，告訴您管用嗎？耶律良告訴你了，你支口油鍋要炸了他，我要告訴你，你還不弄鍋開水把我煮了！主明臣直，你不納忠言，致有今天。先帝早就說過，涅魯古目有反相，一看這傢伙就像要造反的。先帝告誡你，太后告誡你，大臣勸諫你，你都不聽，現在他真反了吧？道宗說，那現在怎麼辦啊？朕要去樞密院避難。說完，皇上轉身就跑，嬪妃、大臣一概不管。

皇太叔之亂

證實了耶律重元父子謀反叛變的消息後，遼道宗當即決定，立刻逃跑避難。可是，還沒等道宗上馬，耶律涅魯古已經率軍趕到了營帳前，遼道宗已無路可逃。那麼，面對來勢洶洶的叛軍，道宗皇帝會怎麼辦呢？

皇上要跑，但馬沒來得及備鞍子，皇上不能騎著光板馬跑。這時候，涅魯古已經帶著四百多弓弩手趕到了。耶律仁先急忙把皇帝抱住，您先隱蔽起來，微臣我去抵抗，而且現在您逃到樞密院也不保險，萬一樞密院的大臣是重元父子一黨呢？咱沒準兒去了更是送死，現在這個地方最安全。於是，耶律仁先在緊急情況下，「乃環車為營，拆行馬，作兵仗，率官屬近侍三十餘騎，陣柢柸外」（《遼史・耶律仁先傳》）。只率三十多名騎兵抵抗，叛軍幾百人，來勢凶猛，連道宗皇帝本人的胳膊都被射傷了，御馬也被射傷了。

這時，忠貞的大臣們聽說重元父子作亂，陸陸續續加入到平叛隊伍中來。激戰中，一名侍衛一箭射死了叛亂首惡涅魯古。涅魯古一死，叛軍退去，但是皇上受傷了，走不了，再加上叛軍只是稍退，回去重整旗鼓，還會再來。所以形勢還是非常危急的。

第二天天一亮，叛軍又發動了進攻，聲勢比昨天更浩大，主力是被耶律重元挑唆的三千多奚族獵戶。奚族跟契丹同源，關係很近。契丹建國之後，奚人就歸附了契丹，契丹專門設立了奚王府來統轄奚人。這三千多奚族的獵戶，射法奇準，對皇帝構成最大的威脅。因此，當時的一位大臣，是奚人的領袖，挺身而出，出陣去曉諭奚人。你們認得我嗎？這些奚族人一看，這不是我們的大酋長嗎？大酋長說：「汝曹去順效逆，徒取族滅。何若悔過，轉禍為福。」（《遼史・蕭韓家奴傳》）你們這幫人，為逆賊效命，竟敢射殺天子，這是滅族的大禍，你們應該悔過，才能保全你們。這些奚人獵戶也不懂什麼國家大事，不知道是被重元忽悠來的還是花錢雇來的，反正你讓我打誰，我就打誰。現在一聽，幹這揮這仨瓜倆棗的事有滅族的可能啊，錢不掙了，再說你給我的錢你也要不回去了。立刻繳械投降，全跑了。他們一繳械，皇上的大軍趁機追剿，追殺出去了二十多里。耶律重元北逃大漠，走投無路，長歎一聲，後悔聽涅魯古之言，使自己走到了這一步，解下腰帶，上吊自殺了。這場叛亂在遼史上被稱為皇太叔之亂。

真不知道怎麼評價耶律重元的一生，當年離皇位那麼近的時候，大義凜然，告訴自己的哥哥，媽要廢你。哥哥死後，他是皇太弟，理應承繼大統，面臨最有利的時機，卻沒動手。等侄子繼位，名正言順了，勢力不可撼動的時候，不該出手時卻出手。皇太叔之亂，雖然只有一天多就被平定了，但卻是遼朝歷史上規模非常大的一次叛亂。而且這時候的遼已經不像當年太祖太宗的時候了，那會兒方興未艾，經得起折騰。這時候遼在走下坡路，已經經不起折騰了，發生這麼一場大叛亂，對遼的打擊是致命的。一個最直接的打擊是，由於這場叛亂，遼朝歷史上名列奸臣傳第一的大奸臣登上了歷史舞臺，這個人是誰？

十八

第一奸臣

在遼道宗統治期間，遼國第一大奸臣耶律乙辛登上了歷史舞臺。
耶律乙辛本是窮苦牧民的後代，既沒有學識，也不曾立下功勞。
那既然如此，他是怎樣成為朝廷重臣的呢？
耶律乙辛掌握大權後，究竟都做了些什麼？
為什麼他會在《遼史・奸臣傳》中位列第一呢？
這樣一個禍國殃民的大奸臣，他最終的結局又是怎樣呢？

皇太叔之亂對於本來就走下坡路的遼國的打擊是致命的。特別是叛亂被平定之後，一個叫作耶律乙辛的大奸臣開始操縱朝政，這個人在《遼史‧奸臣傳》裏名列第一，他使本來就衰敗的遼王朝迅速滑向無底的深淵。

耶律乙辛出身於契丹八部之一的五院部，父親叫耶律迭剌，祖上本來也是貴族，但傳到父親這一輩已經家道中落，窮得吃了上頓沒下頓，他爸爸就被稱為窮迭剌。傳說，母親懷他的時候，夢見跟公羊摔跤，而且把羊角和羊尾巴都給拔掉了。他媽覺得這個夢好奇怪，第二天就找算命的圓夢。算命的說，你生的這個兒子，貴不可言。為什麼這麼講呢？您跟羊摔跤，把羊犄角和羊尾巴都揪下去了，羊字怎麼寫？上面兩點，底下三橫，然後一豎出頭。兩犄角扳下去，尾巴扳下去，就剩三橫一豎了，這不就是個「王」嗎？所以你兒子將來要封王。他媽聽了特別高興，我兒子尚未出生就有異樣啊。再有一個異樣，就是他家外出游牧時，天氣太熱，風塵僕僕的很髒，一家人想沐浴，可是水囊裏沒有水，太難受了。此時，車輪往前一走，居然地下有甘泉湧出，不但可以飲用，還可以沐浴。

耶律迭剌非常寵愛自己這個兒子。我兒子將來是王爺，我得按照王爺的標準來培養他。王爺怎麼定國安邦，耶律迭剌不知道，他一個窮放羊的，哪知道這些，王爺應該受什麼教育也不知道，反正王爺得吃好的、穿好的，我就得這麼培養我兒子，從小讓他雖然沒有王爺的地位，但是得有王爺的感覺。迭剌對這個兒子百般驕縱，什麼活兒也不用他幹，造成耶律乙辛從小就奸懶饞猾。有的時候家裏實在人手支應不開了，一家人都在忙，女孩都幹活兒，你一個大小夥子，在那遊手好閒，也不合適。「王爺」您去幫忙放羊，行不？「王爺」真給面子，放羊去了。放羊的時候，「王爺」睡著了，羊被狼給叼走了。還真不錯，沒把「王爺」叼了，狼也知道這是「王爺」不能吃，要把他吃了的話，遼朝的國祚沒準兒還延長很多年呢。他爸爸見天色已晚，這到哪兒放羊去了，怎麼還不回來？就出去找他，一看他在那兒睡呢。羊都沒了，他就再是「王爺」，他爸也生氣啊，咱家就這幾隻羊啊！老爸就給了他一腳，你幹什麼呢？讓你放羊你在這兒睡。乙辛騰地坐起來了，質問老爸，你怎麼敢踢我？我正夢見把月亮吃了，正要吃太陽呢，你一腳把我踹醒了，你說怎麼賠吧？這傢伙不定夢見吃什麼呢，可能是夢見吃餅，剛吃了一個，正心裏美呢，本來有了上頓沒下頓，他爸一踹，第二個餅沒吃上，他生氣。但是他爸真相信，我兒子做夢吃日月，這「王爺」真不得了，咱能夢見吃個羊腿就不錯了，他居然夢見把太陽和月亮都吃了。這以後，老爸就更嬌慣他了。

乙辛清障

長大後的耶律乙辛，雖然沒有很高的學識，但憑藉俊朗的外貌入仕做官，按部就班地做到了北院樞密使。直到西元一〇六三年，耶律重元和耶律涅魯古父子發動了皇太叔叛亂，才使耶律乙辛有機會成為朝中重臣。那麼耶律乙辛是如何通過一場叛亂，成為朝廷重臣並逐漸把持朝政的呢？

在平定皇太叔之亂的時候，耶律乙辛跟耶律仁先兩人立了大功。耶律涅魯古發動叛亂前，知道耶律仁先不好對付，耶律仁先是南院樞密使，掌兵權，為人又極其忠義。如果要叛亂的話，耶律仁先肯定會擋他們的道，所以他們就想把耶律仁先調出朝廷，到外地做官。

道宗皇帝是個昏君，整天只知道打獵、飲酒，不理朝政，所以就打算同意這件事。正待批准的時候，隨口問了耶律乙辛一句，涅魯古他們想把仁先弄出朝廷，你看這事怎麼樣？很不經意地隨口一問，沒想到耶律乙辛回答：「仁先舊臣，德冠一時，不宜補外。」（**《遼史・耶律仁先傳》**）仁先是先帝的舊臣，道德文章天下楷模，這個人不宜外補，應該留在朝中輔佐皇上。皇上一聽有道理，就把耶律仁先留在朝中了。反正皇上也沒什麼主意，他任命官員經常靠擲骰子或者硬幣，正面你就去，背面你沒戲。或者讓大臣來抓鬮，現在有一個樞密使的空缺，你們四個人抓，誰抓到是誰的。

耶律乙辛為什麼保耶律仁先呢？因為他當時的勢力還不夠大，所以要攀附仁先。畢竟仁先德冠一時，名氣比他大得多，他保住耶律仁先，一方面可以爭取美名，這樣忠貞的大臣是靠我保住的；另一方面，也可以在耶律仁先那兒討好，老大，皇上本來要把你踢出去，是我把你保住的。

平定皇太叔之亂，耶律仁先和耶律乙辛的功勞最大，耶律仁先是正人君子，忠奸不並立，耶律乙辛就想辦法排擠仁先。耶律乙辛讓手下人誣告啊，寫匿名信啊，各種卑鄙手段無所不用其極。最後，耶律仁先終於被排擠出京，擔任南京留守，直到去世，也沒能返回朝廷。

朋黨亂政

把耶律仁先排擠出朝廷後，耶律乙辛終於可以大權獨攬。他倚仗道宗皇帝的信任，胡作非為。那麼，耶律乙辛究竟都做了哪些事？為什麼他會在《遼史・奸臣傳》中位列第一呢？

耶律乙辛大權獨攬，薰焰炙天。道宗皇帝不但對耶律乙辛不加懷疑，相反不斷給他加官晉爵，史書記載：「詔四方有軍旅，許以便宜從事，勢震中外，門下饋賂不絕。凡阿順者蒙薦擢，忠直者被斥竄。」（《遼史・耶律乙辛傳》）皇上允許他先斬後奏，軍旅之事全委託給他，耶律乙辛勢震朝廷內外，到他們家行賄送禮的都堵住了門。只要阿諛奉承順著他，就被推薦、被拔擢，凡是不順他的，一律被貶斥。

耶律乙辛跟漢人宰相張孝傑、駙馬蕭十三等人勾結成黨，把持朝政。張孝傑說過這種話：「無百萬兩黃金，不足為宰相家。」（《遼史・張孝傑傳》）作為一個宰相，家裏要沒一百萬兩黃金，幹個什麼勁啊？這廝肯定是個大貪官，而且特別會溜鬚拍馬。道宗皇帝有一次飲酒的時候，隨口吟了兩句古詩：「知我者謂我心憂，不知我者謂我何求。」（《詩經・王風・黍離》）張孝傑一聽，撲通一聲就跪下了，說：「今天下太平，陛下何憂？富有四海，陛下何求？」（《遼史・張孝傑傳》）每一句都撓著皇上的癢癢肉，所以非常受皇上重用。張孝傑跟耶律乙辛勾結在一起，一點兒都不讓人意外。當時在遼朝內部，就流傳著一句諺語：「寧違敕旨，無違魏王白帖子。」（《續資治通鑒》卷六十六）寧可違抗聖旨，也不能違抗魏王（當時耶律乙辛被封為魏王）的命令。幽雲十六州有一位漢人名臣，為人忠直，道宗皇帝提拔他做參知政事，相當於副宰相，在任命的時候勉勵了他兩句，說卿勿憚宰相。這個人很忠直，回答說耶律乙辛我都不怕，我當然不怕宰相了。這話就傳到耶律乙辛耳朵裏去了。你不怕我是吧？我讓你知道知道我的厲害，馬上貶出朝廷，一貶再貶，死於任所。朝中的忠直大臣全都被耶律乙辛一黨貶得遠竄，皇帝昏庸，奸黨秉政，朝廷上下是烏煙瘴氣。但是，耶律乙辛還是覺得有一個人是他胡作非為的最大障礙，對他構成了威脅。

這個人是誰呢？就是太子耶律濬。史書記載，太子「幼能言，好學，知書……七歲從獵，連中二鹿，上謂左右曰：『祖先騎射絕人，威振天下，是兒雖幼，當不墜祖風。』後滿復遇十鹿，射之，得九，帝喜，為設宴」（《遼史》卷六十四）。太子七歲的時候打獵，就接連射死兩隻鹿，皇上非常高興，說這兒子真棒，繼承了祖宗騎射的風氣。後來又讓他打獵，小小的年紀，碰到十隻鹿能打死九隻，皇上專門為他設宴。太子長大之後，法度修明，得到眾臣的擁戴和讚賞，大臣們就把希望寄託在這位開明的太子爺身上了。皇上雖然無道，但是他總有走的一天，他既好喝酒，又愛跟老虎較勁，不定哪天他就突然走了，他走了之後就靠太子爺撥亂反正了，所以忠臣們就都站到太子一邊，希望有朝一日能夠把混亂的朝政撥清。

耶律乙辛覺得太子對他的威脅太大，我要是不除了他，他登基之後肯定會跟我算帳，所以我必須把他扳倒。

才女皇后

耶律乙辛認為，要想扳倒太子，就必須先除去太子的保護傘，也就是皇后。因此他計畫殺害皇后。那麼遼道宗的皇后是誰？她是一個怎樣的人？耶律乙辛能夠輕易地除掉她嗎？

道宗的皇后當然姓蕭，小字觀音，在遼朝的皇后裏是很特殊的一位。為什麼這麼講呢？遼朝的皇后大部分都是女強人，理政、打仗，威武有餘，溫柔不足，而這位蕭觀音皇后不但精通書史，工於繪畫，更是溫柔體貼，跟皇帝的感情很好。

有一次皇帝出去打獵，皇后同行，射獵完後，皇帝開宴會，酒席筵上，讓皇后當場賦詩。皇后口占一絕：「威風萬里壓南邦，東去能翻鴨綠江。靈怪大千都破膽，哪教猛虎不投降。」（《伏虎林應制》）其實按照中原文人的標準看，這就是一首打油詩的水準，但是作為契丹民族的作品，尤其在那種情況下，就有了七步成詩的感覺。限時命題作文，張嘴就來，威風萬里壓南邦，說的是壓制宋朝；東去能翻鴨綠江，指遼聖宗的時候攻打高麗，焚燒了高麗的都城開城，班師而還。群臣一個勁兒喊好，皇后太有才了，看就這麼一會兒工夫，口占一絕。第二天打獵，皇帝的馬前躥出一隻猛虎，人人面有懼色，馬都害怕，但皇帝彎弓搭箭，一箭就把這隻猛虎射死了。皇上說我不能辜負皇后給我寫的詩啊，「哪叫猛虎不投降」，皇后這麼捧我，猛虎一來我跑了，那哪成啊？得讓虎投降，我不能投降。這在遼國歷史上留下一段佳話，皇后賦詩，激勵皇上變成武松了。

皇后溫柔多才，而且忠心耿耿。她看皇帝不理朝政，整天打獵，沒看出來您怎麼東去翻鴨綠江，也沒看您壓南邦，您整天跟猛虎較勁也沒意思。皇后就屢屢勸諫皇帝，說唐太宗的時候，有一個愛妃叫徐惠，她曾經說，不能以色侍君，應該以才侍君，所以徐惠經常勸諫唐太宗。蕭觀音以徐惠自居，說我就是您的徐惠。皇后可以是徐惠，問題是遼道宗可不是唐太宗，唐太宗能聽進去勸，但你跟道宗皇帝整天說別打獵了，打理朝政吧，道宗皇帝就煩了。你就算長得有模樣，就算有文采，我幹點兒快意的事你整天沒完沒了？皇帝漸漸就疏遠了皇后。

皇帝一疏遠皇后，皇后深宮寂寞，只好寫詩填詞，抒發自己的鬱悶。如果她是馬上皇后，就可以跟著皇上出去打獵，你射死一隻虎，我兩隻，咱們來一個狩獵競賽。她又幹不了這個，她在遼國皇后中是很特殊的一位，只能寫詩填詞，抒發自己的鬱悶和不滿。她填的很有名的一套詞叫《回心院詞》，這是有講究的。當年，唐玄宗跟梅妃江采蘋感情很好，楊玉環入宮之後，玄宗就疏遠了梅妃，梅妃就把自己的宮院命名為回心院，希望有朝一日君王能夠回心轉意。有一次，玄宗皇帝在宮裏遊玩，路過梅妃的寢宮，看到這座宮殿怎麼改名叫回心院了？才想起已經疏遠冷落梅妃多年，就派人給梅妃送去了一斛珍珠。梅妃看到了珍珠之後，非常激動，也很痛苦，賦詩一首：「柳葉雙眉久不描，殘妝和淚汙紅綃。長門自是無梳洗，何必珍珠慰寂寥。」（《東樓賦》）蕭觀音皇后仿照當年梅妃的故事，把自己的宮院也命名為回心院，填了十首詞，有一首是：「張鳴箏，恰恰語嬌鶯。一從彈作房中曲，常和窗前風雨聲。張鳴箏，待君聽。」（《回心院》）如果皇上來了的話，我給皇上彈琴，希望君王能夠來聽。這跟「哪叫猛虎不投降」明顯是兩種風格了，那個豪放，這個婉約，深宮怨婦的感覺躍然紙上。

詞是要譜上曲唱的，唱了皇上才能聽見。我們看影視作品裏，咸豐皇帝怎麼留意到慈禧太后的？不就是慈禧唱曲兒讓皇上聽見了嗎？皇后就找了一個叫趙惟一的漢人樂工譜曲，趙惟一受寵若驚，皇后讓我給她寫的詞譜曲，這是給我城門大的臉啊！所以使出渾身解數，讓皇后滿意，跟皇后一起進行藝術創作，我吹笛，你弄簫，你彈箏，我唱曲，兩個人相處和諧。

這樣一來，旁人看在眼中，就覺得皇后跟趙惟一有私情，男女授受不親，何況你是國母，他是奴才，你倆整天泡一塊兒，肯定有事。風聲就傳到了耶律乙辛的耳朵裏，耶律乙辛一拍大腿，天助我也，正想把皇后扳倒呢，皇后不知檢點，整天跟趙惟一泡在一塊兒，太好了，我要把她給弄死。

十香詞

耶律乙辛想誣告皇后和趙惟一有私情，並以此為藉口除掉皇后。但是誣告皇后並不容易，即便證據確鑿，皇帝也不見得相信。更何況所謂的私情本來就是謠言。那麼，耶律乙辛會用什麼辦法，讓道宗皇帝確信皇后和趙惟一有私情呢？

耶律乙辛絞盡腦汁要害皇后。正巧皇后身邊有一位侍女的妹妹跟耶律乙辛有染，這位侍女當年是皇太叔耶律重元的人，耶律重元敗亡之後，被收入宮中。皇后幾次跟皇上說，這個人是耶律重元的人，應該讓她放牛牧馬做奴隸去，不要把她收入宮中，所以這個侍女就非常恨皇后。這個侍女的妹妹又跟耶律乙辛有染，耶律乙辛就創作了十首比較香豔的詩，叫作《十香詞》。《十香詞》的內容有些難登大雅之堂，比較不堪，主要是形容女人身體的各種香味，比如腮、頸、頭髮等。其中有一首：「鳳靴抛合縫，羅襪卸輕霜；誰將暖白玉，雕出軟鉤香。」（《金蓮香》）就是說女人的小腳有香味，幸虧那會兒都是布襪、錦鞋，要是尼龍襪子就不可能有香味。《十香詞》都是這種淫詞豔曲。

耶律乙辛找人炮製好《十香詞》之後，就讓那個恨皇后的侍女拿給皇后看，皇后一看，特別感慨，寫得太美了。這是誰寫的啊？侍女就騙皇后說這是宋朝皇后寫的。遼朝皇后顯然對宋不了解，宋時禮法森嚴，皇后能寫這玩意兒嗎，就是寫了也不可能流傳出來啊，就是流傳出來皇后她也不能承認啊，而且也不可能流傳到遼國啊。但蕭觀音皇后信以為真，宋朝皇后才學真棒，把腳丫子都能給寫香了。這個侍女就跟蕭觀音講，您覺得這詩寫得好嗎？您不妨把它抄下來，宋朝皇后的詩，遼朝皇后的字，堪稱雙絕。當時蕭觀音也沒多想，這詩也確實觸動了她，就把這十首格調不高的詩抄到了彩絹上。抄就抄了吧，她感想太多了，浮想聯翩，想起了自己的境遇。我的頭髮也香，腳丫也香，怎麼皇上就不來看我呢？所以，在這些詩下又賦詩一首，這可就惹了禍了。她的詩怎麼寫的呢？「宮中只數趙家妝，敗雨殘雲誤漢王。惟有知情一片月，曾窺飛鳥入昭陽。」（《懷古》）飛燕就是漢成帝的皇后趙飛燕，我有趙飛燕那樣的美貌，但是皇帝不寵愛我，只有月亮曾經看到過趙飛燕入昭陽宮伺候皇上，今月曾經照古人啊。皇后有感而發，題了這首詩。

到此為止，皇后算是在自己的死刑判決書上簽名了。侍女拿到皇后手書如獲至寶，皇后不但把《十香詞》抄了一遍，還讓我們有意外收穫，太配合了，直接就給耶律乙辛送去。耶律乙辛拿著去見道宗皇帝，說皇后通姦，您看她寫的這《十香詞》，如果不是跟趙惟一有染，怎麼能寫出這種淫詞豔曲來呢？耶律乙辛的黨羽、宰相張孝傑，就是家裏有百萬兩黃金的那主兒，趁機發揮，對皇后的題詩進行解釋。他說，皇上您看，此詩是藏頭詩啊，第一句「宮中只數趙家妝」和第三句「惟有知情一片月」，這「趙惟一」三字暗藏其中，皇后若非與趙惟一情投意合，怎麼能寫出此詩呢？皇上本來就昏庸，一聽自己綠帽蓋頂，火冒三丈，下令趕緊把皇后給我叫來。皇后剛一來，皇上就把詩作擲在地上給皇后看。皇后拿起來一看，這沒什麼啊，剛要解釋，皇帝奪過身邊武士手裏的骨朵，照著皇后就是一錘子，幸虧沒有擊中要害，但也把皇后打昏過去了。皇帝怒氣未消，讓耶律乙辛這幫人審問皇后。那還有什麼可審的嗎？人證、物證俱在。聖旨下，皇后三尺白綾自盡，趙惟一凌遲處死。趙惟一真是冤啊，殫心竭慮地做本職工作，結果落了個千刀萬剮。皇后死的時候才三十五歲，一代才女香消玉殞。皇上仍覺得不解氣，把皇后的屍體扒光衣服用草席子捲起來，棄之荒野，不許下葬。

皇后被害死之後，太子的保護傘就沒有了，耶律乙辛下一步就要對太子下手。太子在皇后被害的時候曾經向父皇求情，表示願意代替母親去死，沒有被父皇批准。太子深恨耶律乙辛，經常跟別人講，乙辛奸賊，害死我的母后，等我登基之後一定要把這個奸賊碎屍萬段。耶律乙辛黨羽甚多，不可能不知道，你要把我碎屍萬段？我先把你了斷了吧。他就又去跟皇上誣告太子謀反。皇上這個時候是耶律乙辛說什麼就是什麼，媳婦被耶律乙辛害死了，他還不覺悟，一聽說太子又謀反，你們去審他吧。

耶律乙辛就派自己的親信，也是一位耶律氏貴族去審太子。太子說：「吾為儲副，尚何所求？公當為我辯之。」（《遼史．耶律濬傳》卷七十二）我已經是儲君了，我有什麼可不滿的？您為我辯解一下吧。並且我是皇上跟皇后的獨生子，我不會叛亂。要是說我有兄弟六七個這我有可能會叛亂，因為不定哪天皇上會廢長立幼，但他現在就我一個兒子，怎麼著皇位也是我的，別說他活七十一，他就是活九十一也能輪到我，所以我肯定是不會叛亂。你是我兄弟輩的人，一定要代我奏明皇上，為我辯冤。

這個人一聽，沒問題，太子爺您放心，我肯定為您辯冤。見了皇上之後他就跟皇上講，太子全然招認，他的確要謀反。皇上一聽，甭廢話，處死！於是，太子被囚禁，廢為庶人，押往上京，後被耶律乙辛害死。

道宗鋤奸

耶律乙辛殺死了太子後，又使用卑鄙的手段害死了太子妃。至此，他終於掃除了一切障礙，能夠獨攬大權了。這樣一來，耶律乙辛是不是就可以肆無忌憚地為所欲為了呢？

耶律乙辛害死了太子，又害死了太子妃，大權獨攬，從中弄權。可是，道宗皇帝雖然不理朝政，但並不傻。你胡作非為不能妨礙到我的權力基礎，一旦你要凌駕於皇權之上的時候，皇上就不幹了。所以兩年以後，皇上對耶律乙辛的寵幸就越來越衰減。因為朝中也有一幫忠直的大臣跟皇上講，皇后、太子是冤枉的，皇上慢慢也就能品出味兒來，但是他又不好承認，就更恨耶律乙辛。耶律乙辛還渾然不知，一步一步把自己往鬼門關上送。

耶律乙辛也看出來皇上對他的寵幸日衰，怎麼辦呢？乾脆一不做二不休，把皇上推翻，一筆寫不出倆耶律，我此時候權傾天下，也過把皇帝癮得了。有一次皇上要出去打獵，耶律乙辛奏請讓皇孫留守京都。道宗皇帝當時就有點兒警覺了：我出去打獵為什麼要把孫子扣在這兒呢？這時忠於朝廷的大臣上奏：「竊聞車駕出遊，將留皇孫，苟保護非人，恐有他變。果留，臣請侍左右。」（《遼史・蕭兀納傳》）車駕出遊，把皇孫留在京都，如果保護不利的話，恐有他變。如果真要讓皇孫留在這兒，微臣我願意保護皇孫。這時候的遼道宗明白了耶律乙辛的陰謀，對啊，想把我孫子也害死呀。於是開始收回耶律乙辛的權力，把他的爵位由親王降為郡王，把他的黨羽、宰相張孝傑貶到南京去做官，後來削職為民。最後藉口張孝傑、耶律乙辛等「以禁物鬻入外國」（《遼史・耶律乙辛傳》），就把這幫大奸臣抓起來囚禁。「以禁物鬻入外國」指這幫人把不允許出口的物資賣到宋朝去牟利，比如戰馬。但是以什麼罪過處死他呢？他往外國賣東西，頂多是走私罪，罪不致死。又不能公開說他害死了皇后和太子，皇上雖然很想弄死他，但是沒有藉口。這時候，耶律乙辛給了皇上一個很好的藉口，他想逃奔宋朝，被逮著了。這可就不是把戰馬賣到宋朝的問題了，這是要把自己賣到宋朝去啊，罪名就由走私變成叛國了。於是，耶律乙辛和他手下這幫死黨，一律下獄論罪處死。

後來道宗皇帝歸天，當年太子的兒子，也就是他的孫子繼位，這就是天祚帝。天祚帝繼位之後厚葬了自己冤死的祖母和父母，把耶律乙辛這幫人開棺戮屍，化骨揚灰，以洩自己心頭之恨。這個大奸臣雖然最後沒得到好下場，但是遼已經不可避免地由衰落走向滅亡，天祚帝成了遼朝最後一位皇帝。

十九

遼衰金興

遼天祚帝整日不理朝政，沉迷於一項特殊的愛好，
不能自拔，最終導致遼國被日益崛起的女真人建立的金國所打敗。
那麼，是什麼事情讓遼天祚帝如此癡迷？
而這個曾經叱吒草原的馬上民族，
又是怎樣在他的手中一步一步走向沒落的呢？

道宗皇帝歸天，他的孫子繼位，就是遼國的第九代皇帝天祚帝。天祚帝繼位的時候已經二十六歲了，當年父母遇害的時候他才三歲，好不容易活下來的。要說經過這麼多的艱難困苦，應該玉汝於成，可惜這個天祚皇帝，在荒淫無道方面，完全遺傳了他祖父，甚至比祖父有過之而無不及。當時的大遼帝國，讓道宗皇帝糟蹋了四十多年，朝政已經不堪入目，已經是千瘡百孔，搖搖欲墜了。但如果此時有一位明君發憤圖強，恢復國勢並非不可能。可惜歷史不能假設，天祚皇帝完全走上了一條向深淵泥潭越來越近的道路。

天祚帝在文學上繼承了奶奶的基因，工於詩詞，漢化程度比較高；在武功上繼承了遼朝歷代皇帝馬上天子的遺傳，但是發揮到極致，一天到晚就喜歡打獵。如果我們看《遼史・天祚皇帝本紀》，就會發現記錄天祚皇帝最多的文字就是「獵」字，獵於金山，獵於夾山，獵於這州，獵於那州，一年四季皇帝不幹別的，都在打獵。皇上是個超級野生動物殺手，完全把朝政拋到一邊。

天祚皇帝繼位的同時，宋朝徽宗皇帝繼位，兩個人前後腳。徽宗皇帝是個職業畫家，這個我們都知道，最後國破身死。遼天祚帝是個職業獵手，徽宗玩文的，他來武的。君主作為職業政治家，沒有任何愛好是最好的。有愛好、有喜好也沒有關係，但作為一個政治家，把國家治好是本分，至於書畫水準如何，詩詞寫得怎麼樣，通不通音律，這不是主要的，這跟治國才能沒有任何關係。不是說作為一個君主，就必須什麼都會、什麼都懂，關鍵是要會治國。如果這條路跑偏了，尤其把愛好上升到了比國政都重要的程度，這就是國家的災難。

天祚皇帝經過了九死一生才繼位，三歲時父母被害，自己差一點兒也被奸臣害死，但是他一點兒也沒有吸取教訓。明君應該親賢臣，遠小人，他恰恰相反，親小人，遠賢臣。

天祚帝能夠倖免於難，多虧了一個叫蕭兀納的大臣，就是他當年跟道宗皇帝講，耶律乙辛要害皇孫，如果皇孫留守上京，自己拼了命也要保衛皇孫。他是天祚皇帝的救命恩人。天祚帝繼位之後，一開始給蕭兀納很高的榮譽。經過了耶律乙辛專權，國政完全廢毀的情況下，蕭兀納是保存下來的很少的幾顆健康種子，很少的幾位忠勇大臣，這樣的人不重用，是沒有天理的。但是蕭兀納因為屢屢上諫，觸怒了皇帝，皇上給他一個很高的頭銜——太傅，中國古代的大臣給這個銜，就頂了尖了——最高榮譽職務，然後出任遼興軍節度使。給您個太傅，您外地待著去吧，省得你整天在朝廷裏嘚啵，你覺得是我的救命恩人，你覺得我還長不大，朕都二十六歲了，現在已經是皇帝了，不是當年在你羽翼下的小皇孫了，你還這樣，給我出去涼快涼快吧！皇上把這麼一位大忠臣排斥掉，然後開始任用奸佞。

有一個叫蕭胡篤的佞臣，看到天祚皇帝「好游畋」，所以他「每言從禽之樂，以逢其意。天祚悅而從之」（《遼史．蕭胡篤傳》）。天祚皇帝愛打獵，整天不理朝政，蕭胡篤就跟皇上講打獵的好處，能強筋健體，能訓練軍隊，能培養意志，一通煽呼。皇上愛聽什麼我就給你說什麼，皇帝非常高興，到哪兒都帶著蕭胡篤，這是忠臣，朕就用這樣的人。

還有一個奸臣耶律阿思，官拜北院樞密使，史籍記載，此人貪而有才。這個人有才，但是太貪，無德，品行不好。有才無德的人最不能用，無才無德，壞不了事，反正他也沒本事，大家也看不上他，頂多佔點兒小便宜；有德無才最起碼是一個標竿，起道德榜樣的作用；有才而無德的人特別可怕，辦的壞事都是大壞事。我們看中國古代權臣、奸臣、佞臣沒有一個沒才的，沒才成不了權奸。但是他們幹的都是禍國殃民的壞事。大臣們早就指出耶律阿思將來是國家的禍害，這個人不能重用。可是天祚皇帝竟然把審理耶律乙辛一黨這麼重要的事，交給耶律阿思去做。耶律阿思公開收賄，雖是首犯，只要給我錢，我就赦免你，然後我抓點小嘍囉頂缸。所以耶律乙辛一黨在天祚一朝並沒有得到徹底肅清，繼續把持朝政。遼王朝烏煙瘴氣，日益走向滅亡的深淵。

就在此時，東北白山黑水之間崛起了一個強大的民族，這就是女真族。

拒舞頭魚宴

當時的女真族以漁獵為生，在他們所生活的地區，盛產一些東西，是遼國皇帝特別鍾愛的。那麼，女真族的地方特產是什麼呢？

兩種東西，一種是東珠，就是大珍珠；再有是一種鳥，名海東青，遼國境內只有女真地方出產此鳥，是一種鷹隼類的猛禽。因為契丹人愛打獵，所以要用海東青去捕捉鳥獸，特別是用它抓天鵝，海東青抓住天鵝之後，直接用自己的利嘴把天鵝腦袋啄破，遼國的獵手再上去拿錐子把天鵝捅死。所以海東青在遼是非常好的貢品，女真必須得給遼進貢。到了天祚皇帝這個職業獵手在位期間，對海東青的需求量大增。原來他爺爺道宗還有工夫寫寫詩、拜拜佛，天祚皇帝都顧不上，整天打獵。因此，他一再派遣使節到女真的地方索要海東青。派去的這些遼國使節，腰佩銀牌，被稱為銀牌天使。這些人到了女真之後，橫徵暴斂，姦淫擄掠，無惡不作。

當時遼跟女真也在邊界上開榷場，雙方貿易往來。這個榷場設在寧江州，就是今天吉林扶餘。銀牌天使們到了女真地方賤買貴賣，甚至強買強賣，明搶豪奪。不但如此，銀牌天使所到之處，要求女真提供女子陪宿，這是對女真民族最大的侮辱。一開始女真人派下戶之女去，可能是奴隸家的孩子，或者一般平民百姓家的孩子。但是這些孩子，姿色容貌、言談舉止，不合銀牌天使的意思，所以銀牌天使就要求女真貴族家的女孩，甚至有夫之婦去陪宿。這就使女真民族的怒火熊熊燃燒。史籍上記載，女真人驍勇善戰，騎馬上下崖壁如飛，過江渡河不用舟楫，浮馬而渡；宋朝人說女真人，人如龍，馬如虎，登城如猿，入水如獺。這樣一個勇猛驍悍的民族，不可能永遠受人侮辱，女真族暗中積蓄力量，準備給遼致命一擊。

有一年，天祚皇帝游獵到女真的地界上，召開頭魚宴。春天冰雪消融，皇帝跟文武百官、當地酋長們一塊兒開宴會，品嘗河開了之後打上來的第一網魚，這叫頭魚宴。在宴會上，天祚皇帝自然是一杯接一杯，開懷暢飲，喝得非常高興。酒酣之際，他讓前來參拜的女真各部酋長一個一個起來給他跳舞，一般來講少數民族都能歌善舞嘛，酋長們都不敢不跳。輪到完顏阿骨打時，他拒絕給皇上跳舞。皇上很生氣，後果很嚴重。這比今天交際應酬，客戶勸你喝酒你不喝，或者單位領導勸酒你不喝，可嚴重得多。客戶勸你喝酒你不喝，頂多是這單生意黃了；單位領導勸酒你不喝，頂多不在這個單位混了；皇上讓你跳舞你不跳，很有可能腦袋就搬家了，如果皇上喝高了，或者喝低了，還比較清醒的時候，一拍桌子，剎那之間，讓你人頭落地，血濺當場。那天，天祚皇帝可能喝得正合適，不高也不低，心情也還不錯，一看一個黑大個兒，傻呼呼一臉憨直站在那兒，他不會跳舞，也許有可能，就揮了揮手說，你下去吧。

轉過天來，天祚皇帝想起這事來了，那麼多酋長都會跳舞，就你不會，分明是不把朕放在眼裏嘛。於是天祚皇帝就跟他舅子樞密使蕭奉先說：「前日之晏，阿骨打意氣雄豪，顧視不常，可託以邊事誅之。否則，必貽後患。」（《遼史．天祚皇帝本紀一》）天祚帝看得很明白，完顏阿骨打氣度非凡，很有一種領袖風範，咱得找個碴兒把他幹掉，你看這事可否？蕭奉先說：「麄人不知禮義，無大過而殺之，恐傷向化之心。假有異志，又何能為？」（《遼史．天祚皇帝本紀一》）他糙人一個，不懂禮義，您別跟野蠻人一般見識，您把他殺了，恐怕有傷野蠻民族向化之心，不利於咱們天朝懷柔遠人，就算他有異志，小部落的一個小酋長又能幹什麼？天祚皇帝覺得有理，這事就作罷了。沒想到這場頭魚宴，撈上來的不是魚，而是對契丹帝國最後的致命一擊。

阿骨打起兵

當完顏阿骨打拒絕給天祚帝跳舞時，他還並不是女真族的首領。頭魚宴之後，由於女真首領（也就是完顏阿骨打的哥哥）去世了，所以完顏阿骨打將繼任做女真節度使，但是這件事情需要遼王朝的正式任命才能生效，可是任命遲遲不下達。難道說遼天祚帝還在記恨完顏阿骨打嗎？

還真不是天祚皇帝記恨阿骨打，而是天祚皇帝把這事給忘了。皇上整天在打獵，朝中缺宰相，他可能都想不起來，遙遠的邊地，化外蠻族，缺個節度使，這事值當我老人家動心想嗎？但是阿骨打就認為，當年我不給他跳舞，他記恨在心，這個人太小氣，睚眥必報，看起來他要對我動手了，所以我先下手為強。於是，阿骨打在西元一一一四年正式起兵抗遼，集合了千把來人，一舉攻克了寧江州。

寧江州被打下來後，天祚皇帝也認識到這件事比較嚴重，這是陰謀顛覆我大遼，這是反政府行為，不是土匪、強盜搶點兒東西。於是，天祚皇帝召集大臣廷議，這事怎麼處理？當時有大臣進言，咱們大遼軍隊雖眾，可是一百多年沒打仗了，澶淵之盟以後，就沒跟宋朝打過仗，跟西夏倒是打過，但輸了。而女真人數雖少，俗語講，「女真不滿萬，滿萬不可敵」。女真人不能滿一萬，滿萬就無敵於天下，驍勇善戰，不可輕視。如果現在要跟女真打仗，必須「大發諸道兵，以威壓之」（《遼史．蕭陶蘇斡傳》），最好是巨石拍卵，泰山壓頂，牛刀殺雞，盡發全國大兵，把他滅了。天祚皇帝聽完，就問自己的舅子蕭奉先，蕭奉先是樞密使，管軍事，皇上問，這主意怎麼樣？蕭奉先說，那多有失天朝上國體面啊？打一個小小女真幾千人，咱派全國大軍？蕭奉先其實想的是，真要那樣，我的工作負擔得多大啊？調兵遣將，押糧運草，排兵布陣，全是我樞密院的活兒，這哪成啊！不可取，「但發滑水以北兵足以拒之」（《遼史．蕭陶蘇斡傳》）。咱去點兒人嚇唬嚇唬他就完了，女真有什麼可怕的？天祚皇帝就聽信了蕭奉先的話。他也是那種思想，多一事不如少一事，既然你說不用發全國諸道大兵，我也樂得輕省，那行了，就滑水以北的兵去吧。

出河店一戰，遼軍又被女真兵打得大敗。女真兩戰兩捷之後，完顏阿骨打在群臣的擁戴下，於一一一五年即皇帝位，國號大金。

不抵抗政策

女真部落不堪忍受遼國統治，於是在首領完顏阿骨打的帶領下，起兵反遼。西元一一一五年，完顏阿骨打即皇帝位，定國號金，史稱金國。那麼，完顏阿骨打為什麼要把國號定為金呢？這其中又有什麼玄機呢？

在繼位典禮上，阿骨打意氣雄豪，對大臣們講：「遼以賓鐵為號，取其堅也。」（《金史》卷二）遼國國號的意思是鑌鐵，取其堅硬。「賓鐵雖堅，終亦變壞，唯金不變不壞。」（《金史》卷二）所以我們國家叫大金，他是鐵，我們是金，金剋鐵，我們把他滅了。阿骨打稱帝，就是金太祖，年號收國。

女真建國，等於公開跟遼分庭抗禮。在這種情況下，天祚皇帝起兵伐金，盡發全國大兵七十萬，當然這是虛數，實際上也得有個二三十萬。女真兵當時也就一兩萬人，十比一的劣勢。但是天祚帝的大軍還沒有出發，國內傳來消息，發生叛亂，有人要稱帝，天祚皇帝要趕緊回師平叛。金打聽到遼國內部不穩，立刻主動出擊，天祚皇帝的幾十萬大軍幾乎全軍覆沒。天祚皇帝不愧是個職業獵手，身體好，馬術超群，騎在馬上一天狂奔了五百多里，逃離了險境，但那幾十萬人馬就算是交代了。這要換作中原的皇帝，估計就被活捉了，遼國皇帝不愧是馬上天子。通過這次逃跑，天祚皇帝跑出甜頭來了，這事很好解決嘛，金打我，我就跑，我們大遼疆域廣大，東到大海，西到流沙，北到臚朐河，南到白溝，幅員萬里的一個大國，我只要跑到女真人找不著我的地方，我就安全了，我就可以繼續打獵了。我幹嘛跟女真人較那個勁兒啊，女真人太厲害，我是打獵的，又不是打仗的，我打不了女真人，射殺野獸，這怨氣不就發洩了嗎？就當這隻鹿是阿骨打，那隻鹿是吳乞買。所以我得跑，你打東北我就跑到內蒙古，你打內蒙古我就跑到河北，你打河北我就跑到山西，沿途我還可以打打獵，沒去過的獵場我都可以去。天祚皇帝完全把列祖列宗沐雨櫛風、艱苦創業的江山社稷拋諸腦後，整天就是逃跑。

女真人步步進逼，天祚帝吩咐上京的官員，準備兩千匹一天能跑三五百里的駿馬，把宮裏的金銀財寶打包，裝了五百囊，準備跑路了。跑的時候他還得意揚揚地跟周圍人講：「若女真必來，吾有日行三百五十里馬若干，又與宋朝為兄弟，夏國舅甥，皆可以歸，亦不失一生富貴。所憂者，軍民受禍耳。」（《契丹國志》卷十）女真人沒什麼可怕的，我有一天能跑三五百里的馬若干，而且我跟宋是兄弟，澶淵之盟後，宋遼約為兄弟，宋徽宗是我哥，西夏皇帝是我外甥，我往哪兒跑都行。我跑到宋去，我哥能不接見我嗎？我跑到夏，我外甥敢不要我嗎？我帶著這麼多財寶、這麼多駿馬，到哪兒都吃香的喝辣的，到哪兒都是爺，我不怕。我為什麼不抵抗啊？我就是擔心，只要一抵抗，軍民就遭殃了。咱打不過女真人，你一抵抗，人家大刀片子上來，咔嚓咔嚓腦袋就掉了，我真的是因為愛惜百姓，才不抵抗的。

當時有見識的人聽了之後，「私相謂曰：『遼今亡矣！自古人主豈有棄軍民而自為謀身計者，其能享國乎？』」（《契丹國志》卷十）遼國完蛋了，自古以來沒聽說過君主把黎民百姓棄之不顧，光為自己考慮的，這個國家肯定要完了。天祚皇帝不但不抵抗，而且對於打了敗仗的將領，也不處理。他覺得如果我處理了這些將領的話，就會把他們逼反。你打了勝仗我也不在乎，因為我也沒想主動抗擊金軍，你打了敗仗我也不處理，勝敗由你去。遼國的抗金戰爭，失去了統一的部署，部隊各自為戰，在哪兒碰見金軍就打一打，贏了就贏了，贏了朝廷也不給你記功，朝廷都找不著了，皇上不知道在哪座山裏打獵呢，輸了也沒人處理你。在這種情況下，遼軍兵將的戰鬥力就趨於瓦解了。他們說：「戰則有死而無功，退則有生而無罪。」（《遼史・天祚皇帝本紀一》）那我幹嘛還打，戰死無功，逃跑也沒人管，還能活命。皇上都跑了我還不跟著跑嗎？所以遼軍兵將再無鬥志。當年驍武憑陵的馬上民族，現在一看到金軍馬蹄揚起的塵埃，就作鳥獸散。

文妃獻詩

在這種情況下，那位愛打獵的天祚帝還是沒有忘記他的愛好，完全將江山社稷拋諸腦後，不思抵抗，一味逃跑。天祚帝的這般昏庸表現，就連他的妃子都看不下去了……

天祚皇帝有一位妃子叫蕭瑟瑟，封號是文妃，是一個才女，跟天祚皇帝的祖母道宗皇帝的皇后蕭觀音有一拼。文妃看到天祚皇帝「畋游不恤，忠臣多被疏斥」（《遼史・后妃傳・天祚文妃蕭氏》），非常痛心，於是就作了一首詩給自己的丈夫看。

蕭瑟瑟的詩寫得很直白：「丞相來朝兮劍佩鳴，千官側目兮寂無聲。養成外患兮嗟何及！禍盡忠臣兮罰不明。親戚並居兮藩屏位，私門潛畜兮爪牙兵。可憐往代兮秦天子，猶向宮中兮望太平。」（《遼史・后妃傳・天祚文妃蕭氏》）最後兩句有的史籍記載是「可憐二世秦天子，猶向宮中望太平」，把自己的丈夫比喻成了秦二世。所以此詩呈上，天祚皇帝「見而銜之」，非常生氣。你怎麼能把我比喻成秦二世啊？我武藝這麼高強，只不過是憐惜軍民遭殃，我才不抵抗的，我怎麼能是昏君呢？

另外，文妃這首詩裏所說的「親戚」指的是蕭奉先，認為他把持朝政，禍亂國家。所以蕭奉先非常記恨文妃，除了因為文妃說自己是奸臣外，還有一個原因是文妃所生的兒子晉王賢而有才。當時遼國君臣上下，最盼望的一件事就是天祚皇帝早點兒駕崩。您怎麼還不死啊？如果要有人幫他死，那該多好啊。大家希望天祚皇帝駕崩之後由晉王繼統，說不定國家的頹勢還有可能挽回。蕭奉先是天祚皇帝的舅子之一，他妹妹生的孩子是秦王，蕭奉先非常希望自己的親外甥秦王能繼位。現在，文妃所生的兒子晉王是秦王的競爭對手，必須得把晉王給幹掉。怎麼幹掉晉王呢？跟當年耶律乙辛迫害太子如出一轍，先幹掉晉王的生母，然後再把晉王幹掉。

蕭奉先看出來，雖然天祚皇帝很討厭文妃，但還不足以使皇上動殺機。怎麼辦呢？

晉王之死與北遼建立

蕭奉先要想扶植自己的外甥繼承皇位，就必須先除掉最強勁的競爭對手晉王和晉王的生母文妃。那麼，蕭奉先會怎麼謀劃這件事呢？

蕭奉先惡人先告狀，他說文妃的妹夫和姐夫圖謀廢掉天祚皇帝，擁立晉王。這對文妃的傷害是致命的。因為有遼一代這種事太多了，嬪妃跟外戚勾結造反。文妃的姐夫和妹夫都是耶律氏皇族，因為耶律和蕭氏是世代通婚的，如果他們要擁立晉王，那天祚帝只能做太上皇，退居二線了。天祚皇帝想自己攤上事了，攤上大事了，也不經調查，馬上下手。天祚帝首先賜死文妃蕭瑟瑟，一代才女就這樣香消玉殞，跟當年蕭觀音皇后的下場一樣。然後抓捕她的姐夫和妹夫，她的姐夫被迫害死了，而妹夫逃跑了。

文妃的妹夫是遼國名將耶律余睹，率領麾下千餘騎降金了。天祚皇帝聽說耶律余睹降金，就派部將領兵去追，史籍記載，諸將議曰：「蕭奉先恃寵，蔑害官兵。余睹乃宗室雄才，素不肯為其下。若擒之，則他日吾輩皆余睹矣。不如縱之。」（《遼史・蕭奉先傳》）余睹是宗室奇才，如果咱把他逮了，那以後蕭奉先要迫害咱們，咱們都跟耶律余睹下場一樣，所以不如讓他跑。追兵回去就跟皇上說，沒逮著，耶律余睹跑了。

耶律余睹這樣的名將降金，使金朝如虎添翼，他對於遼的形勢瞭若指掌。所以，金主馬上封耶律余睹為元帥府監軍，讓他率軍打先鋒，進攻遼國。聽說耶律余睹率兵前來，蕭奉先就跟皇上講：「余睹乃王子班之苗裔，此來實無亡遼心，欲立晉王耳。若以社稷計，不惜一子，誅之，可不戰而退。」（《遼史・蕭奉先傳》）耶律余睹也是太祖太宗的血脈，所以他此番前來，不是來滅亡咱大遼的。他就是想立外甥晉王當皇帝，想逼您當太上皇，所以您這個時候要大義滅親，只要把晉王宰了，斷了耶律余睹的念想，他自然退兵。天祚皇帝居然就糊塗到這個地步，竟然還聽信蕭奉先的諂言，真的賜死了自己的親兒子晉王。他的所作所為，跟他的糊塗爺爺道宗一模一樣。

當時遼國上下熱烈盼望天祚皇帝早日駕崩，好讓晉王繼統。想不到好人不長壽，禍害活千年。天祚皇帝沒死，晉王被賜死了，中興大遼的最後一點兒念想也沒有了。所以晉王一死，史書上講：「中外莫不流涕，人心益解體。」（《遼史・蕭奉先傳》）這個「中外」指朝野內外，朝廷上下痛哭失聲，人心解體，更沒人為天祚帝賣命了。天祚皇帝也不做任何抵抗，反正金軍來我就跑，到哪兒我都吃香的喝辣的，都能當爺。這樣，他一路南逃，金軍相繼佔領了遼的東京、上京、中京，天祚皇帝就逃到今天內蒙古的一個地方，當時叫夾山。夾山與外界消息隔絕，連遼國的大臣都不知道皇上逃到哪兒去了，所以金國可能也不知道，相對比較安全。進入夾山要經過六十里的沼澤地，如果沒人帶路，肯定就陷入泥沼。有這天然屏障，天祚皇帝徹底安心了，每天射獵，日子過得悠哉遊哉，反正金國人也逮不著我，我安全了。

天祚皇帝的所作所為，使得遼朝廷上下看到了「廢棄昏君，另立明主」是挽救國家的唯一希望。於是，在當時還沒有失陷的遼南京，群臣擁戴秦晉國王耶律淳為帝，是為天錫皇帝，貶天祚帝為湘陰王，這就是歷史上的北遼。到這個時候，遼國一分為二了。

在擁戴天錫皇帝的過程中，有一位契丹族的青年才俊，一位傑出的大臣，起了相當重要的作用，這個人是誰呢？

二十

宋金夾擊

北宋看到金軍把遼軍打得大敗虧輸，
就想聯合金一起夾攻遼國，趁機收復幽雲十六州。
那麼，這個時候的金國，會不會同意和宋聯合打遼？
宋金兩國又會怎樣謀劃伐遼大計？
宋、金、遼三國之間，將上演一場怎樣的激戰？

金軍攻遼，把遼打得很慘，皇上都被打到沼澤地裏去了。在遼生死存亡之際，北宋落井下石，乘人之危，不顧兩國百年和好，跟金聯手滅遼。宋廷派人渡海到金佔區，見了金太祖，說咱們聯手滅遼，滅遼之後，該給遼的歲幣給你，我只要收回幽雲地區，復中國往昔之疆足矣。

當時的金其實不需要宋的幫助也能把遼滅了，遼的東京、中京、上京，還有很多地方都已經被金給佔了。宋使追著金太祖簽約的時候，金太祖正好率軍攻打遼上京臨潢府，非常雄偉壯麗的一座城市。宋使希望跟金太祖簽約，金太祖說，等我把遼上京打下來，咱們再談簽約的事。僅僅一個上午，這樣一個幅員萬里的大帝國的心臟就被女真兵佔領了。宋使看到女真兵驚人的戰鬥力，眼珠子都快掉地上了，這幫人太可怕了！跟這樣厲害的國家合夥把遼滅了，然後跟他接壤，能有我們大宋什麼好處？這絕對是宋朝舉措失當，犯下了一個彌天大錯。宋跟金簽約之後，恰逢國內方臘之亂，調集部隊去平叛，耽誤了兩年時間。這兩年之內，遼的東京道、上京道、中京道、西京道，基本上被金佔領了。接著，金朝就看宋朝怎麼攻打遼國了，既然你想收回幽雲十六州，那遼南京歸你打了。耽誤兩年之後，宋朝遲緩的大軍終於出發了，十萬之眾，來勢洶洶。宋人自己講，自古兵師之盛，從來沒有超過我們這次的。俗話說，兵到一萬，無邊無沿；兵到十萬，徹地連天。這十萬大軍，還帶著很多金銀綢緞，準備佔領遼南京之後，獎賞將士們用。

宋軍的最高指揮官是樞密使、宦官童貫。宋軍兵分兩路，其中一路由名將種師道指揮，人稱老經略相公。這兩路大軍，又各分五路向南京撲來，那個時候真的是黑雲壓城城欲摧，防守南京的遼軍百戰之餘，刀下遊魂，都是被金兵殺剩下逃到這兒的，面對十萬宋軍，驚懼不已。金賊還沒打完，宋軍怎麼又出兵了？兩國百年和好他不管了？

大敗宋師

宋不顧與遼多年修好，決定聯金伐遼。而這時的遼軍已被金軍打得落花流水。那麼，面對宋的十萬大軍，遼國會派出什麼人前來迎戰呢？

這個人的名字叫耶律大石。大石是太祖阿保機八世孫，天潢貴胄，精通契丹文、漢文，精於騎射，文武雙全，相貌出眾，儀表堂堂。他在遼天祚帝天慶五年（一一一五年）中進士，天慶四年，阿骨打起兵抗遼，也就是說他在阿骨打起兵的第二年才入仕。大石中進士之後，先做翰林應奉，後來任翰林承旨。契丹語把翰林稱為林牙，所以耶律大石又被契丹人尊稱為大石林牙。一般的契丹貴族並不讀書，他們認為讀書是一個很費力氣的事情，而且還容易把人的思想搞亂，知道得越少越單純，知道得越多越容易想複雜了。所以契丹貴族中，能考中進士，做到翰林的，確實是鳳毛麟角。但是大石真正嶄露頭角的時候，還不是憑著他出眾的文采，而是憑著赫赫的武功，在對宋戰爭中一鳴驚人。

當時的耶律大石是北遼政權中最傑出的人才，實際上北遼朝廷的大事小情都由他來拍板。所以他自告奮勇，率兩千騎兵防守涿州。宋朝十萬大軍來攻，他率兩千騎兵防守，兵力對比懸殊。耶律大石主動出擊，大敗宋軍先鋒楊可世部，楊可世狼狽退去。逃回去之後，他報告主帥，遼兵勢大，我們打不過。耶律大石只有兩千人，史籍沒記載楊可世帶了多少兵，但宋朝這次北伐的十萬大軍是宋軍最精銳的西軍，連年跟西夏打仗，是有戰鬥力、有作戰經驗的，卻大敗而歸。於是，宋軍的主力趕來，想包抄耶律大石。耶律大石這個時候也得到了增援，天錫皇帝耶律淳，一看耶律大石打了勝仗，就放心地把部隊交給耶律大石指揮，一共湊了三萬人馬，但跟宋軍比起來，也只及對手的三分之一。

宋遼兩軍隔河對峙，宋軍敗將楊可世過河，手持令旗，招降耶律大石。宋朝人也真幽默，您要打贏了，招降人家還說得過去，您打敗了，還來招降人家？就算招降，你也換個人來啊，還讓耶律大石的手下敗將舉面令旗過來，上次你把我打敗了，現在你投降吧，這邏輯也說不通啊。耶律大石冷冷一笑，把楊可世的令旗一撅兩半，往地上一扔，揮動自己的令旗發動進攻。這一次宋軍可就更慘了，遼兵是同仇敵愾，視死如歸。我們這些年夠窩囊的了，當年太祖太宗創業的時候，我們大遼可是草原的霸主，沙漠的雄主啊。現在金朝起兵，我們慘到這份兒上，打不過金也就罷了，連你宋朝都敢欺負我，我打不過關張，還打不過劉備嗎？在這種情況下，在金軍手下是敗將的遼軍，在戰場上發揮出當年太祖太宗的遺風，主動過河，追擊宋軍。

宋軍大敗虧輸，楊可世身中數箭，跌下馬來，還掉了兩顆門牙，總算是撿了一條性命，但比上次還慘。誰讓你舉面令旗去招降人家？耶律大石恨上他了，給我弄死這個小子。宋軍前鋒一敗，就衝動了後軍。當時遼國四軍大王蕭幹，統率另一支部隊過河包抄宋軍的退路。兩路夾攻之下，宋軍一潰千里，遭到了毀滅性的打擊。本來這次得意洋洋，有備而來，要一舉攻克遼南京，然後一干將士俱有封賞，連財寶都帶來了，這下可好，都讓遼軍繳獲了。遼軍特別高興，宋朝真仗義，這麼多年沒給咱歲幣，這回連本帶利給補上了，你怎麼這麼客氣，打仗就打仗唄，還送錢來。

一場敗仗下來，宋廷要追究責任啊，肯定皇帝的寵臣童貫童大公公沒事，不能處罰他，名將種師道就當了替罪羊。北宋當時唯一的名將被撤了，就這麼一個明白人，還給撤了。撤了種師道之後，宋朝就開始積攢力量準備第二次伐遼。

這個時候的北遼朝廷也出了點兒事。

德妃攝政

當年金軍起兵反遼，遼天祚帝不思抵抗，一味逃跑，最後音信全無。在這種情況下，遼國重臣決定拋棄昏君另立明主，擁立天祚帝的堂叔耶律淳為帝，史稱北遼。那麼，這個耶律淳才剛剛當上皇帝不久，朝廷裏會出什麼事呢？

耶律淳實在是沒有做皇帝的命，群臣簇擁著他繼位，不到九十天就給急死了。因為這九十天內憂外患，遼南京正好處在金宋兩線夾攻之中，顧了頭就顧不了尾。現在雖說是把宋軍打敗了，可是金軍還虎視眈眈呢，兩撥兒此起彼伏。耶律淳憂懼而死，廟號宣宗，享年六十。他死後，由他原來的德妃、現在的皇后蕭普賢女攝政，仍然重用耶律大石。

耶律大石見宋軍在積聚力量，就遣使去見童貫，以戰勝者的姿態，高傲地跟童貫講：「欲和則和，欲戰則戰，大暑熱，毋令諸軍徒苦。」（《契丹國志》卷十一）你要想和咱就和，兩國本來也是百年和好，我就當以前什麼都沒發生過，一切都跟以前一樣，你對不起我的這次，我就不往心裏去了，你別再助紂為虐，為虎作倀；不欲和咱就接著打，你別在那兒磨磨蹭蹭的，和又不和，戰又不戰，這大熱天，別讓將士們乾耗著。童貫牛皮早吹出去了，收復幽雲十六州，「念舊民塗炭之苦，復中國往昔之疆」，哪能跟你和啊？我上次打敗仗都賴種師道，他不會打仗，不是我童公公指揮失誤。這次我換了個人來，還要跟遼軍決一死戰。宋軍領兵大將換誰了呢？西軍大將劉延慶。劉延慶有名，他的兒子更有名，就是南宋中興四將之一的劉光世，這次也隨軍從征。宋朝又出動十萬大軍再次伐遼。

再敗宋師

這次宋朝派出的西軍，可是宋軍的生力軍，而且俗話說「打虎親兄弟，上陣父子兵」。那麼，劉延慶、劉光世父子倆此次出征能夠大獲全勝嗎？

宋朝這次派了劉延慶、劉光世父子倆，應該說是病急了亂投醫。劉延慶的確是一員名將，可惜有勇無謀，將在謀而不在勇。要給劉延慶千把騎兵衝鋒陷陣，讓他脫光了膀子，揮把大刀，跟我上，這他在行。讓他指揮十萬大軍，運籌帷幄，決勝千里，他不是這塊材料。劉光世後來跟金軍打仗的時候，金兵永遠只能看見他的後背，他一直在跑，永遠是後背向敵，也不知道為啥名列中興四將。宋軍這麼一對活寶領兵，仗還沒打，結果就能猜個八九不離十。但宋朝這次畢竟又是十萬大軍氣勢洶洶而來，遼軍裏有人就害怕了。

什麼人害怕了呢？當時鎮守涿州的遼國「怨軍」。組成這支部隊的八千人，大部分人都有家屬被金軍殺害。這幫人苦大仇深，跟金都有血仇，在戰場上表現勇敢，所以遼國把這些人組成部隊，稱為「怨軍」。「怨軍」的統帥郭藥師，是漢族將領，一看宋軍勢大，就投降了，我還是回到祖國的懷抱中去吧。仗還沒打，南京城的門戶涿州不戰而降，宋軍還得到了郭藥師率領的八千生力軍。涿州一降，易州也跟著降了。宋軍兵不血刃，就奪了兩個城市，還得到了名將郭藥師及麾下八千精銳，所以覺得這一仗志在必得，打下遼南京一定不費吹灰之力，就繼續北上。

郭藥師降宋之後，多少就有點兒後悔了，後來金軍南下，郭藥師馬上降了金，他覺得自己站錯隊了。一看劉光世的部隊，毫無紀律，缺乏訓練。劉光世整天在軍營裏飲酒，既不操練部隊，也不約束行伍，士兵四處遊逛。這樣的部隊哪能打仗啊？遼兵人數雖少，但都是百戰精兵，打你這種烏合之眾，不跟玩似的嗎？他就跟劉光世講，將軍咱們不能這麼著，得練兵，得嚴明紀律，打仗不能跟著感覺走，得制定詳細的作戰計畫。劉光世能聽這個降將的嗎？我是什麼級別的幹部，這麼大幹部，能聽你的嗎？我跟西夏打仗的時候，你在哪兒呢，現在敢來教訓我？郭藥師屢次獻計，都不被採納，宋軍就這麼鬧哄哄地一窩蜂奔著南京來了。

這次遼軍的統帥還是耶律大石和四軍大王蕭幹，兵馬不足兩萬，而宋軍的兵馬，算上遼的降卒，已經達到了十幾萬人。兩軍隔盧溝對峙，還是耶律大石和蕭幹率部首先發動進攻，跟宋朝的十萬大軍一場血戰下來，基本上打了個平手，遼軍還略佔上風。

這時，郭藥師就給劉延慶出主意，咱們不能這麼打了，將軍您率主力跟遼軍決戰，末將帶部下八千怨軍，偷襲南京城。我熟門熟路，得手之後，我在城牆上舉火為號，您趕緊讓您的公子劉光世率軍增援，咱們繞開耶律大石。他不是不好對付嗎？咱甭理他，直接佔領南京。南京一被佔領，遼軍老窩就被端了，耶律大石自然不戰而退。劉延慶一聽大喜，就依了郭藥師所請，讓郭藥師領軍偷襲南京。郭藥師領軍在子夜時分，與西軍名將高世宣，率五千精兵偷偷地渡過了盧溝。遼軍人馬有限，不可能處處設防，郭藥師和高世宣趁著遼國防守空虛的當口，率五千人馬一舉攻破了遼南京的外城。

宋軍剛打進遼南京的外城，就舉火為號。郭藥師原來說的是打敗了敵人再舉火，現在剛衝進城，八字還沒一撇就舉火了。南京一舉火，劉延慶這邊一看，遼南京已經被我軍攻佔，這口氣就洩下來了，勝利在望，咱別拼命了，準備進南京撿戰利品。在最後一場戰爭中，被最後一顆子彈打死，這太慘了。而劉光世率兵增援不及，宋軍洩了氣了，行動就遲緩、懈怠。更可怕的是攻進了南京城的宋軍，忙著搶東西，軍紀敗壞。才攻破外城，還有內城和宮城呢，就忙著搶東西去了。遼國的皇太后蕭普賢女在大臣的簇擁下，集結城內殘餘的部隊，登城拼命抵抗，然後給耶律大石報信。城裏的宋軍就陷入苦戰，變成了打巷戰了。宋軍對遼南京的地形一概不了解，衝進城之後，就傻眼了。而且偷襲南京的是宋軍騎兵，騎兵一進城，泥牛入海，優勢完全發揮不出來，只得苦戰。

宋軍忘了一件特要緊的事，要消滅城裏面的遼軍，最應該做的事是控制住城門，別讓城外的遼軍進來，宋軍恰恰把控制城門給忘了。他們在城裏跟遼軍巷戰，城門大開著，耶律大石和蕭幹利用這個機會，派輕騎回援，殺進了南京城內。劉延慶那十萬大軍已經洩了氣了，看見耶律大石回軍他也不追了，他覺得我軍已經佔領了南京，你回去也是送死去，沒關係，咱到南京城下慢慢來吧。他想著是跟南京城裏的宋軍內外夾擊耶律大石，但因為宋軍主力行動遲緩，變成了耶律大石跟南京城裏的遼軍內外夾擊郭藥師、劉光世。最後，宋軍只有數百名騎兵突出了南京城，遺屍上萬，還給人留下了五千匹戰馬，南京城更沒打下來。西軍名將高世宣也在這場戰鬥當中身中數箭，陣亡於巷戰中。

宋軍偷雞不成蝕把米，去偷襲南京城的部隊全被耶律大石消滅了。消滅了這支宋軍之後，城裏城外的遼軍，合兵一處，衝下來攻打劉延慶率領的宋軍主力。劉延慶率領的主力部隊，沒做好思想準備。我們不是來打仗的，我們是來接收南京城的，準備和平改編南京城。沒想到窮兇極惡的契丹兵衝過來了，一下這十萬大軍自相踐踏，死傷無數。宋軍自墮山澗而死者，就不下萬人，王安石變法以來所積攢的財富，這一仗化為烏有，全讓遼軍繳獲了。

宋朝打南京打不下來，金軍可就在居庸關外等著呢，因為依據兩國的約定，南京城應該由你打。我是能打的，但是我不打，我要打就違反了咱倆的約定了，所以我這兒看著你怎麼打。我看明白了，你這麼打：第一次，你十萬人，人家三萬，你差不多全軍覆沒；第二次，你十萬，人家兩萬，你又差不多全軍覆沒。我算明白這個中原大國的戰鬥力如何了。

北宋就更有意思了，居然還派人去見金的君主，說南京我們沒打下來，原因是多方面的，我們皇上有好生之德，不忍心殺傷人命。反正你們對殺人也不在乎，麻煩您給打一下行嗎？金國人一看，既然你求到我，我就幫你這個忙吧，金軍就越過居庸關去攻打遼南京。

回歸天祚

遼軍能夠抵擋得住宋朝十萬大軍的襲擊，那麼，面對金軍的這次進攻，遼軍又能否抵擋得住呢？

遼軍在宋軍面前是虎狼，在金軍面前卻是綿羊。遼軍一看金軍來了，原來跟宋打仗時候的心理優勢蕩然無存。本來就害怕，居庸關那邊還山崩，巨石從山上飛落，砸死了不少遼國守軍。遼軍一看，這是天譴啊，看起來這個地方不能打仗，一哄而散。居庸關守軍一散，南京城北面門戶頓開，金軍一股勁兒打到南京城下。

這時，留守南京城的文武百官慌作一團，蕭普賢女召開御前會議，詢問大臣應該怎麼辦。大臣們各抒己見，但有一點是一致的，就是南京城肯定守不住了，咱得跑。但是往哪兒跑？四軍大王蕭幹是奚族人，他主張逃到奚族的故地。咱們前邊講過，奚族跟契丹同源異類，都是宇文部鮮卑的後代，同一個祖先，但是後來在發展過程中，形成兩個不同的民族，可是血緣很近，唐朝時並稱為兩藩。太祖阿保機起兵之後，奚族就被契丹族吞併了，或者說同化了。但是，奚族在遼的地位非常特殊，對於契丹族來講，他們是被征服民族；但對於渤海人、漢人、女真人、回鶻人這些民族來講，奚族又屬於統治民族。遼朝專門設有奚王府，管理奚族事務。奚族的故地在今天遼寧南部，四軍大王蕭幹，主張回到奚族故地。耶律大石說，萬萬不可，那地方離金軍更近，咱們現在就是要到離金遠一點兒的地方，你回歸奚王府故地，不是自尋死路嗎？耶律大石跟大臣們講，咱不如去找天祚皇帝。為什麼要找天祚皇帝呢？

第一，天祚皇帝雖然昏庸，但畢竟當了二十多年的皇帝，咱們把他廢了，立了秦晉國王耶律淳，沒想到耶律淳短命，國中不能無主。再立新君，沒有那麼大的號召力，不如恢復天祚的皇位。第二，天祚皇帝藏身的夾山，易守難攻，咱們找著都費勁，更甭說金軍了，那個地方便於咱們藏身。天祚皇帝正在那兒打游擊呢，當然他打游擊，主要游擊的對象不是金兵，而是獵物。第三，大遼現在渤海漢地全部喪失，東北原來是渤海國，女真起兵，佔的是渤海舊地，幽雲十六州原來是漢地。但西北部族臣服於我大遼，日久年深，咱們還很有號召力，因此咱們投奔天祚，到西北徐圖恢復，事情大有可為。

他這麼一分析，群臣覺得很有道理。

耶律大石被俘

為了從長計議，遼的大臣們建議去投奔天祚帝，但是，並不是所有的人都贊同這個建議。那麼，當時掌權的蕭普賢女，她是怎麼想的呢？

蕭普賢女不想去，因為她曾經幹過三個月的皇后，又幹了這麼長時間的太后。我在這兒稱孤道寡的，回歸天祚，就天祚帝那睚眥必報的小心眼，非得宰了我不可。耶律大石說我得去，您不去您就自便吧。蕭普賢女也就心存僥倖，既然這樣，有大石林牙給我們保駕護航，去就去吧，也許不會發生什麼，一行人就趕去投奔天祚帝。

出發之前，有一位駙馬不願意去，他怕跟天祚皇帝見面之後，天祚帝會嚴懲這一票人。耶律大石為了消除歧見，也為了樹威，當場斬殺了這位駙馬，然後率軍去投奔天祚。雙方在夾山附近天祚皇帝的行營相遇了，相遇之後，天祚皇帝首先將蕭普賢女誅殺。你是偽皇后、偽太后，所以先把她殺了，然後就準備殺耶律大石。你是叛臣，朕危難之際不思君父之患，不起兵勤王，另立新君，所以要殺你。史書記載，天祚「責大石曰：『我在，汝何敢立淳？』對曰：『陛下以全國之勢，不能一拒敵，棄國遠遁，使黎民塗炭。即立十淳，皆太祖子孫，豈不勝乞命於他人耶？』上無以答，賜酒食，赦其罪」（《遼史．天祚皇帝本紀四》）。耶律大石跟天祚皇帝說，你當時領有全國，女真起兵你不能拒敵，棄國遠遁，首都全丟了，您在山溝裏打獵，使得黎民塗炭。在這種情況下，我就算立十個耶律淳，也都是太祖子孫，總比在金國人打來之後，奴顏婢膝地投降，乞命於他人強得多吧？天祚皇帝無言以對，赦免了耶律大石，愛卿你做得對，你沒有罪，還賜給酒食。天祚皇帝也知道耶律大石是

二十一

大石西征

耶律大石兵敗被俘，受盡金國人的折磨，但他含屈忍辱，
尋找時機，一心想要恢復江山，再造社稷。
但是天祚帝的昏庸無能，使耶律大石徹底失望了。
那麼耶律大石是怎麼逃出金軍之手的？
他能否實現自己的理想，保住大遼的江山社稷呢？

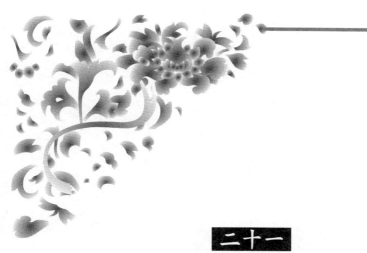

耶律大石奉天祚帝的命令，主動出擊金軍，不幸兵敗被俘。被俘之後的耶律大石，經受了常人難以想像的折磨和痛苦。金國人為了羞辱耶律大石，把他的手綁起來，讓馬拖行，耶律大石一代名將，天之驕子，落得跟奴隸一樣的下場。金軍將領強迫耶律大石做嚮導，追擊天祚皇帝。這個時候，擺在耶律大石面前有兩條道路：一條是殺身成仁，捨生取義，以死效忠君主，絕不做嚮導；再一條就是選擇跟金人合作。當時的耶律大石，選擇了跟金人合作，做金人的嚮導，領兵追擊天祚皇帝。

耶律大石為什麼選擇跟金人合作？他當時怎麼想的？史書上沒有記載。我們只能說，耶律大石是暫時隱忍，瞅準機會好逃出虎口。所以他做金人的嚮導，去夾山進攻天祚皇帝。夾山的地形複雜，六十里泥沼，金人就是打到天祚皇帝的行營附近，也只能是望沼興歎，如果沒有人帶路的話，根本就不可能通過這六十里泥沼地。這一次有耶律大石做嚮導，金國大將完顏宗望親率一萬多精騎，突襲夾山，大獲成功。夾山是天祚皇帝的老營，金軍輕騎從天而降，一下就把天祚皇帝的老營就給端了。幸虧天祚皇帝當時獵興不減，泥沼地裏沒什麼可打，所以在外地打獵，倖免於難。但天祚皇帝的兩個兒子秦王、許王，許多后妃，上萬輛氈車、輜重，還有駿馬全部被金人繳獲。金人大獲全勝、滿載而歸的時候，天祚皇帝回來了，回到老營一看，兒子、后妃被俘了，輜重也都沒有了，五百多囊財寶、幾千匹一天能跑三五百里的駿馬，都沒有了。現在就是想跑到宋去當弟弟，或跑到夏去當舅舅，都不可能了。天祚帝惱羞成怒，親率五千精騎去追趕金軍，下場可想而知，當年幾十萬人都打不過人家兩萬人，現在領著五千多人，就敢去進攻？這一下，幾乎全軍覆沒。天祚皇帝身體還是很好，一天跑五百里不下馬的主，得以倖免，但他這五千多人幾乎全完了，另一個兒子趙王也被俘虜了。天祚皇帝有六個兒子，晉王被他自己殺害了，秦王、許王、趙王被俘，只有梁王耶律雅里倖免於難，逃走了。

不但趙王被俘，遼朝從聖宗時代得到的傳國玉璽，也不知所終。據說幾百年後，一個蒙古牧民發現了這方傳國玉璽，這時已經是明朝了，牧民把它獻給了當時的蒙古大汗。直到後來後金興起，後金可汗皇太極，就是清太宗，率軍征討蒙古，消滅了蒙古的察哈爾部，最後一位蒙古大汗林丹汗病死之後，金軍繳獲了這枚傳國玉璽。這玉璽輾轉了幾百年，最後還是落到女真人手裏。

耶律大石歸國

無論是當時的金國，還是後來的清朝，都是由女真人建立的。而當時的女真人建立的金國，之所以能夠一舉端了遼國天祚皇帝的老營，都是因為降將耶律大石帶路。那麼，耶律大石是不是真的歸順了金國？金國的皇帝又會如何對待耶律大石呢？

金國皇帝對於耶律大石非常器重，非常寵愛。如果不是他做嚮導，不可能有這樣大的戰果；同時又知道耶律大石是一代名將，兩破宋軍，第一次三萬破十萬，第二次兩萬破十萬；再加上耶律大石容貌俊美，能言善辯，文武雙全，所以金國皇帝非常希望耶律大石能為金效力。賢臣保明主，俊鳥登高枝，既然天祚皇帝是無道昏君，良禽擇木，良臣擇主，你就應該為我大金效力。

金國皇帝把耶律大石被俘的五個兒子歸還給他，另外賜了一名女子（這名女子應該是個女真人），做耶律大石的妻子。金國皇帝希望靠高官厚祿、嬌妻愛子籠絡住耶律大石，並且把他派到金國大將完顏宗翰手下做謀士。他的金國妻子，實際上暗地裏起到監視耶律大石的作用。但是耶律大石跟耶律余睹不一樣，耶律余睹跟天祚皇帝一天二地恨，三江四海仇，他的大姨子、文妃蕭瑟瑟無辜被賜死，外甥無端被殺，天祚帝還派兵追殺他，所以他投金之後，死心塌地為金效力。而耶律大石忘不了自己是太祖皇帝八世孫，自己的血管裏流動的是耶律氏高貴的血，不能為女真人賣命，所以他要找準機會逃跑。可妻子在監視他怎麼辦呢？耶律大石以自己崇高的人格魅力征服了妻子，妻子不但不監視他，還給他打掩護。所以，大石趁著金軍主力西征的機會，說服了妻子，在茫茫夜色中，帶著五個兒子跑了，把他的女真妻子留下來，掩護主力撤退。

第二天，完顏宗翰升帳，咱要出兵，我的謀士耶律大石哪兒去了，誰都不知道，找不著了。完顏宗翰就把耶律大石的妻子找來，耶律大石哪兒去了？耶律大石的妻子說，大石他喝多了，不敢見您，所以他就走了。完顏宗翰非常生氣，他喝多了不敢見我，他就走了？他這到底是喝多了還是沒喝多啊？上哪兒了啊？他妻子堅決不說。完顏宗翰明白了，看來非我族類，其心必異，我們大金對你這麼好，你不識好歹，居然跑了。宗翰逼問耶律大石的下落，耶律大石的妻子咬緊牙關，任你皮鞭棍棒嚴刑拷打，我就是不說！氣得完顏宗翰威脅要把她許配給部落中最低賤的奴隸來折磨她。耶律大石的妻子這個時候也豁出去了，與其受辱，不如速死，破口大罵完顏宗翰。完顏宗翰惱羞成怒，取來弓箭，就把耶律大石的妻子給射死了，而這個時候的耶律大石早已經帶著兒子們遠去了。

君臣歧見

耶律大石帶著自己的舊部，又去投奔天祚皇帝。一路上有許多被金國人打散的遼軍將士，仰慕大石林牙的威名，也紛紛前來歸附。耶律大石的隊伍一路走，一路壯大。但是耶律大石畢竟曾經背叛過天祚帝，他此番歸來，天祚帝會如何對待他呢？

耶律大石見到天祚皇帝的時候，麾下已經擁有七千鐵騎。耶律大石歸來讓天祚皇帝非常高興。天祚皇帝不知道，打他的嚮導是耶律大石，因為耶律大石領著金兵去，不可能舉著自己的旗子，上書「大石」。他就是舉著自己的旗子，天祚帝也不知道。因為他在外地打獵，知情人都已經被抓了。所以天祚帝一見大石歸來，喜出望外。卿真乃國之干城，幾次離我遠去，又都回來，每次回來還都帶著兵，真是難得的忠臣。於是，天祚帝重用耶律大石。反正也沒人知道耶律大石給金軍帶路這回事，《遼史》裏沒有記載。《金史》裏記載是耶律大石幹的，咱們就當《金史》裏是誣衊耶律大石。這樣一位契丹的民族英雄，怎麼能幹出這種事來呢？

這個時候，當地的一個游牧部落又歸順了天祚帝，使天祚帝又得到了一支生力軍。天祚皇帝冷卻了多年的心，在最不該澎湃的時候，忽然澎湃起來了。他忽然想起來，我也是太祖太宗的子孫啊，我也是馬上民族的傳人，怎麼能整天打野鴨子、野兔子、野山雞呢？江山社稷危若累卵，大好河山盡陷敵手，我該振作一下了。有大石林牙的輔佐，有七千精銳，又得到這麼多游牧部落的擁護，所以我要主動進攻金軍。

耶律大石一聽皇上要主動攻金，後脊樑直冒涼氣。您這個時候突然理起朝政來了，還不如不理呢！耶律大石在金營待過，知道金軍可怕的戰鬥力，大遼這個時候最應該幹的事是休養生息，積蓄力量，臥薪嘗膽，東山再起，以待他日復興。君子報仇，十年不晚，現在出擊，完全就是自尋死路。耶律大石走進了天祚皇帝的宮帳，跟皇上說：「向以全師不謀戰備，使舉國漢地皆為金有。國勢至此，而方求戰，非計也。當養兵待時而動，不可輕舉。」（《遼史・天祚皇帝本紀三》）當年我們以全國之師，七十萬眾跟金國人打仗，都打不過，咱們大遼值錢的地方，就是東北、幽雲這些漢地，全都已經被金佔領了，國勢傾頽到這種時候，您要出戰，這可不是好主意，我們現在的任務應是恢復國力，休養生息，不要輕舉妄動。此言一出，天祚皇帝臉上紅一陣，白一陣，綠一陣，紫一陣，氣得不得了，龍顏大怒，當場痛罵耶律大石，君臣二人不歡而散。

耶律大石回到自己的營帳中，思前想後，天祚皇帝絕非社稷之主，要不是因為他，國家也不會到這步田地。作為君主，他缺乏遠大的目標；作為將軍，他又不是一個合格的戰略家，跟著他只會為他殉葬，自尋死路。耶律大石再也不想跟著天祚皇帝了，我沒必要為他殉葬，我要為大遼江山社稷、萬年基業考慮。我要復興大遼！耶律大石把目光投向了遙遠的西北。

大石西行

在遼國的西北邊陲，有一座重鎮叫可敦城。當年遼國為了鎮服西北諸部，在此設立了西北招討司，並駐守著兩萬鐵騎。因為可敦城遠在幾千里之外，中間還隔著杳無人煙的大沙漠，所以金軍沒有打到那裏。但是耶律大石從未到過可敦城，他能否找到可敦城，又能否實現他復興大遼的夢想呢？

遼國在西北重鎮鎮州，築了一座可敦城，有兩萬鐵騎防守在那個地方。遼的律令明確規定，甭管國家亂成什麼樣，甭管何處用兵，可敦城的兩萬騎兵不許出動。這個地方是國家的戰略後方，並且有幾十萬匹戰馬。耶律大石認為，如果能夠到達可敦城，振臂一呼，憑著當地的兩萬人馬、幾十萬匹戰馬，恢復江山是大有希望的。所以他趁夜殺掉了天祚皇帝派來監視自己的人，率二百鐵騎，帶著自己的家屬子女，毅然決然，踏上了西行之路。

可敦城在今天的蒙古國，距離遼上京臨潢府，據《遼史．地理志》記載是三千餘里，中間要經過大沙漠。耶律大石率二百勇士橫絕大漠，這一去，可是九死一生啊！因為耶律大石肯定沒到過這個地方，他生長在中原漢地，做官打仗，一生的輝煌，都是在中原漢地。他只知道可敦城的一個大概方位，就領人去了。這次他真的是孤注一擲了，跟著他的這些人，也沒有一個畏縮後悔的，他們懷著復興大遼的希望，追隨耶律大石北上。一行人先過大青山，再過黑水，就到達了白韃靼部，白韃靼部就是後來成吉思汗統一蒙古時的汪古部。

白韃靼部的酋長在契丹官拜詳穩，有人說就是漢語令公的契丹語發音，只是尊稱。白韃靼部熱情地款待了耶律大石一行，說明契丹此時國力雖然衰弱，但是在西北各族的號召力還是很大的。大石在這兒停留了幾天，洗去征塵，天天羊羔美酒，把自己的部屬給吃胖了，餵壯了，然後繼續北上。當耶律大石離開的時候，白韃靼部贈送給他四百匹駿馬、二十頭駱駝，這對於大石的幫助是相當大的。因為契丹騎士打仗，不能一個人一匹馬，至少一個人要兩三匹馬換乘，最好是五六匹馬換乘，這二百鐵騎一出發，可能沒來得及帶出那麼多馬，這一下得到了四百匹駿馬，又有號稱「沙漠之舟」的二十頭駱駝相助，橫絕大漠的危險係數就降低了。這樣，耶律大石率部北上，又經過了多日的長途跋涉，終於到達了可敦城。

當時可敦城還有遼國的兵將防守，在耶律大石到達一年前，天祚皇帝僥倖逃脫的兒子，梁王耶律雅里也到了此地，被部將簇擁著做了皇帝。可惜，耶律雅里短命，很快就死掉了，是不是被謀殺的就不知道了，正史中也沒有記載，他的繼承人也很快被亂兵所殺。所以在可敦城的這支遼軍就變成了一支沒有祖國的軍隊，變成了一支孤軍。祖國已經被金人佔了，我們就是去投降金人都不可能，因為中間隔著三千多里大沙漠，咱要過去投降，弄不好就死在沙漠裏出不來了。那麼咱在這裏，打誰的旗號、效忠於誰？找不著組織，找不著領導。正在這個時候，大石林牙來了，名將來了，國家的救星來了，孤軍喜出望外，擁戴耶律大石。耶律大石得到了精兵萬餘，除了當地的鎮戍部隊，還有梁王雅里餘部，再加上當地的部落。更不得了的是得到了幾十萬匹戰馬，這為以後契丹復興做出的貢獻，是沒法用語言來形容的。

耶律大石到了可敦城之後，為了收復故土，重振契丹雄威，召集當時遼朝倖存的七州十八部首領會盟。《遼史・天祚皇帝本紀四》記載，在會盟時，耶律大石慷慨激昂地說了一番話：「我祖宗艱難創業，歷世九主，歷年二百。金以臣屬，逼我國家，殘我黎庶，屠翦我州邑，使我天祚皇帝蒙塵於外，日夜痛心疾首。」在這段話裏面，大石把國家、人民放到了同等重要的地位，金逼我國家，殘我黎庶，屠翦我州邑，所以我不但要救國，而且要救民，把孟子民貴君輕的思想發展到了頂峰。「我今仗義而西，欲借力諸藩，翦我仇敵，復我疆宇。」現在別看我就領了二百多人來，但是我要翦我仇敵，復我疆宇。「惟爾眾亦有軫我國家，憂我社稷，思共救君父，濟生民於難者乎？」你們願意不願意跟我一起恢復江山社稷，救皇上，救百姓？大家熱血沸騰，絕對願意！願意跟隨耶律大石，復我疆宇再造社稷。耶律大石在可敦城就站住了腳，設南北官屬，仍然尊天祚帝為主。

金軍來犯

耶律大石明知天祚帝昏庸無能，但還是尊天祚帝為君主，用以號召可敦城裏的遼軍將士，恢復江山，再造社稷。那麼，天祚帝此時在什麼地方？天祚帝最後的結果又是怎樣的呢？

耶律大石離開天祚皇帝半年以後，天祚帝窮愁無路，待不下去了，就準備投奔党項，党項皇帝據說是他外甥，他準備找他外甥去，結果被金軍追殺，天祚皇帝被俘。被俘的時候，他已經慘到吃冰雪充饑的份上了，所有的輜重都被金軍繳獲了。對他的結局，有兩種不同的記載：一說天祚皇帝在被俘之後的第二年就病死了，五十幾歲；還有一種說法是他一直活到金朝第四代皇帝海陵王完顏亮時代。完顏亮打獵，拿他當獵物，當時天祚皇帝已經八十多歲了，弓馬嫺熟不減當年，居然能搶過金人的弓箭，射死幾名金軍，才被金人亂箭射死，萬馬踏為肉泥。不管怎麼說，他做俘虜是肯定的了，死在金國也是肯定的了，後來葬在今天的遼寧地方。耶律大石走後半年，天祚皇帝就敗亡了。如果大石不離開天祚帝，很有可能就跟天祚帝被金國一勺燴了。耶律大石毅然決然離開了天祚皇帝，在可敦城積蓄力量，休養生息，徐圖再舉，在可敦城待了五年。這五年，大石在幹什麼？《遼史》、《契丹國志》都不見記載，只能從金、宋、西夏的史書中看到一點兒端倪。

第一是休養生息，積聚力量。可敦城水草豐美，在今天蒙古國圖拉河流域，青山綠水，適宜放牧，對於大石積蓄實力、洗去征塵是非常有好處的。第二，大石遣使去聯絡韃靼和西夏。金朝滅了北宋之後，女真貴族的目光已經被富庶的漢地吸引過去了。南朝有的是金山銀山，士兵又如此懦弱，所以金的注意力在南方。大石待的那地方，跟我們隔著三千多里的沙漠，讓他自生自滅好了，甭理他，若干年後困也困死了。金朝對大石採取守勢，主力進攻南宋。所以大石聯絡韃靼、西夏，甚至在一一二九年遣使聯絡南宋，送信的人沒有到達，但委託漢人把信送到了當時宋朝川陝制置使張浚手中，張浚把信轉呈給了朝廷。

這個外交政策非常成功，當金要起全國之兵攻宋的時候，陝西地方的守將就跟太宗皇帝講，陝西兵不能動。為什麼呢？耶律大石虎視眈眈，如果我們出動陝西兵的話，耶律大石就會來打我們。看來這時耶律大石的力量已經很強大了。金的戰馬，除了本土自產之外，主要靠韃靼提供，而耶律大石成功地籠絡了韃靼，韃靼就拒絕給金提供戰馬了。耶律大石還對金發動了試探性進攻，攻佔了金的北部二營。金太宗認識到了問題的嚴重性，這幾年養虎遺患，耶律大石的勢力壯大了，沒想到在遙遠的西北蠻荒之地，他恢復了，如果再坐視不理，他跟党項、南宋聯合起來，對大金是很不利的。於是，金太宗下令，以降將耶律余睹為先鋒，率女真、漢軍精銳萬人，橫絕大漠，進攻耶律大石。

耶律余睹奉旨率兵出發去進攻大石，要越過大漠，部隊多了是沒有用的，尤其是步兵絕對沒用，騎兵也不能一個人一匹馬，所以軍隊的人數不可能多，後勤供應也跟不上，所以金兵只出動萬人。出發的時候，金國皇帝對西北各族發下詔旨，朕要消滅叛賊大石，你們各部要起兵配合。不料各部都不回應，沒人配合。因此耶律余睹的部隊沒有到達可敦城，就退回來了。金帝震怒，怎麼搞的，一個小小的大石，我們都收拾不了？你不行就換人！耶律余睹雖然在金做到了元帥監軍的高位，但是畢竟是降將，只得自告奮勇，率精銳兩萬餘人，徵調很多戰馬，再次氣勢洶洶而來。

這時的大石，在心裏就要做盤算了，以我目前的力量，打敗當前的這支金軍也許不是問題，他畢竟只有兩萬來人。問題是，我打敗了他之後怎麼辦？

大遼復興

耶律大石心裏非常清楚，金國新興之邦，氣勢正盛，如果金國鐵了心，一而再、再而三地來攻打可敦城，自己手裏的這點兒兵馬，是抵擋不住的。而這裏是遼國僅存的部隊了，如果全軍覆沒，遼國就徹底滅亡了。那麼耶律大石下一步該何去何從呢？

大石思來想去，想通了一點，金朝這個時候國力蒸蒸日上，方興未艾，正是一輪初升的太陽。而大遼已經日薄西山了，如果跟金死拼，那就是天祚帝的下場。因此，這個可敦城我不要了，留給金軍好了。全軍為上，失地次之，保存有生力量是最主要的。因此，耶律大石就率部開始了另一次西征，這時候人數已多達萬人，不再是二百來人了，這次西征的目標是今天的新疆和中亞地區。當耶律余睹大軍殺來的時候，可敦城已是一座空空蕩蕩的城池，金軍只能摧毀此城洩憤了事，城裏的物資、糧草、財寶全被大石運走了。

在大石看來，西域是一個用武的好地方。當時的西域有三股勢力：第一股是佔據天山南北的高昌回鶻。回鶻是唐朝時一個強大的民族政權，大體是今天維吾爾族和裕固族的祖先。還有一支力量，是在阿爾泰山兩側的乃蠻部。乃蠻部的文明也很發達，幾乎可以稱得上是一個王國了，不再是一個部落，使用回鶻文，就是後來的維吾爾文。蒙古民族本來沒有自己的文字，成吉思汗破了乃蠻部之後，由乃蠻部的大臣塔塔統阿用維吾爾的字母，創立了蒙古文，所以蒙古文和古回鶻文非常像。再有一個就是唐努烏梁海一帶的黠戛斯部，唐奴烏梁海就是今天俄羅斯的圖瓦自治共和國，原是中國的一部分，一九一二年被沙皇俄國非法吞併，黠戛斯人是今天柯爾克孜族的祖先。

大石考慮，要往西域發展，這三部先對付誰？高昌回鶻雖然衰落，但是不好相與。它畢竟在那個地方待了那麼多年，國力也算是比較強盛，文明比較發達。乃蠻部也一樣。只有黠戛斯人是游牧民族，文明程度、生產水準、戰鬥水準都比較低，所以遼軍以黠戛斯人為主要進攻對手。只要打敗黠戛斯人，佔領黠戛斯人的地盤，就可以在西域站穩腳跟，再徐圖東舉，恢復故土。大石計議一定，就率領自己的部眾到了黠戛斯人的居地，跟黠戛斯人迎面碰撞，沒想到黠戛斯武士驍勇善戰，遠道而來的契丹人滿面征塵，疲憊不堪，在黠戛斯人手裏沒有佔到便宜。但是大石多聰明，能屈能伸，打得贏就打，打不贏就跑。海闊憑魚躍，天高任鳥飛，我何必跟你在這兒死磕呢？這不是名將的選擇。於是大石率部穿越阿爾泰山，到達了今天新疆的額敏縣，在額敏河流域定居下來，築了一座城。因為大石已經漢化了，他不會逐水草而居，這座城叫作葉密立。附近的這些民族、部落紛紛來投奔大石，特別是游牧在當地的契丹人一萬六千帳，來投奔大石，大石一下力量大增。

西元一一三二年，大石已經知道天祚皇帝完了，國不可一日無主，為了復興大遼，我必須勉為其難，擔起這個重任。一一三二年的二月，大石在群臣的擁立下即位稱帝。他的漢語尊號叫天祐皇帝，年號延慶；同時根據當地突厥人的習慣，又取了個突厥語稱號，叫菊兒可汗，有的書翻譯成葛兒可汗，突厥語的意思就是眾汗之汗，或者汗中之汗。這樣，耶律大石在遙遠的西陲再一次復興了大遼。這個遼國，歷史上一般稱為西遼，又叫作喀喇契丹。那麼大石在這個地方建都定鼎之後，下一步做什麼打算呢？

二十二
西遼帝國

耶律大石稱帝之後，短短十餘年間，
西遼就成長為一個威震西域、疆域遼闊的強大帝國。
那麼在開疆拓土的過程中，耶律大石都遇到了哪些強勁的對手呢？
他究竟是如何一步步壯大西遼的呢？
作為西遼的開創者，耶律大石最後的人生時光到底是怎樣度過的呢？

耶律大石在葉密立，即今天的新疆額敏稱帝，大遼帝國再次復興。大石念念不忘的是向女真人復仇，回歸東方故土。但是他知道，憑葉密立一隅之地無法積聚起足夠的力量去向女真人討還公道。於是大石想在西域征服更多的領土，獲得更多的子民，這樣有朝一日才能向女真人射出復仇之箭。高昌回鶻首先進入了大石的視線。

在大石稱帝的第二年，西元一一三三年，也就是西遼延慶二年，大石親率數萬將士踏上征途，御駕親征高昌回鶻。

大石在進軍的時候，給高昌回鶻君主畢勒哥寫了一封信，讓他投降，你當年就是我大遼的臣屬，現在大遼又回來了，你趕快投降。畢勒哥接到大石的信時，西遼大軍已打到了高昌城下。畢勒哥登上城牆一看，數萬遼兵排列整齊，鐵甲泛寒，刀槍映日。畢勒哥感覺一股涼氣從腳底升到了頭頂，一想自己肯定不是大石的對手，好漢不吃眼前虧，這個時候合理的選擇就是開城投降，只要能保住一生富貴，做臣子就做臣子，做附庸就做附庸，夾著尾巴做人也是人，總比死了強。於是畢勒哥大開四門，恭恭敬敬地把大石迎進了高昌王宮，天天飲宴，給大石進貢六百匹駿馬、一百頭駱駝、一千隻羊，還把自己的孩子送到大石那兒做人質。大石封畢勒哥為高昌王，從此之後，高昌回鶻就成為西遼的附庸，不再是一個獨立國家了。西遼派來少監監視高昌回鶻的一舉一動，高昌回鶻成了被大石征服的第一個國家。

征服了高昌回鶻之後，大石並不滿足，下一步劍鋒所指就是高昌回鶻西南的東喀喇汗國。喀喇汗國也是西遷的回鶻人跟當地民族融合建立的國家，但是這個國家不同於信仰佛教的高昌，已經完全伊斯蘭化，以伊斯蘭教為國教。喀喇汗國的可汗自稱為阿斯蘭汗，漢語的意思就是獅子可汗。喀喇汗國在西元十一世紀分裂成了東喀喇汗國和西喀喇汗國，當時的東喀喇汗叫作阿赫馬・伊本・哈桑。聽這個名字就知道他已經不受中原文化影響了，這是穆斯林的名字，此人也是一代雄主。大石跟阿赫馬的部隊展開了激戰，結果慘敗。因為東喀喇汗國畢竟在這個地方待了百餘年，強龍壓不過地頭蛇。大石遠道而來，一仗下來，西遼軍退去，很多跟隨大石多年的勇士戰死疆場，但是大石絕不灰心。

不出幾年，好消息傳來，阿赫馬病死了。他的繼承人易卜拉欣是個酒囊飯袋，獅子未必都能生下小獅子，阿赫馬這個獅子汗生了個綿羊汗。易卜拉欣是一個長不大的孩子，他一繼位，原來臣屬於東喀喇汗國的葛邏祿人就反了。葛邏祿人實際上也有回鶻的血統，也是跟當地民族混血的一個游牧民族，十分強悍。他們原來臣屬於東喀喇汗國，現在一看獅子汗死了，綿羊汗繼位，我們怕獅子不怕綿羊，就起來造反。易卜拉欣被打得沒辦法應付，每天蜷縮在自己的寶座上，內心充滿了恐懼，他柔若無骨的手臂根本就舉不起刀劍來。這時候易卜拉欣環顧宇內，誰能救我呢？耶律大石！當年他連我爸都敢打，打葛邏祿人肯定不在話下。於是易卜拉欣就給耶律大石寫了一封信，我現在國中遭難，葛邏祿人進攻我，請你念在睦鄰友好的份上（也不知道兩國有什麼友誼，前幾年還打得不亦樂乎），仗義援手，幫我打敗葛邏祿人。耶律大石一看，這不是天上掉下個大餡餅嗎？你讓我幫你打葛邏祿人，可以啊，但我不能白幹，你給我什麼好處？易卜拉欣說，如果你幫我打敗葛邏祿人，我奉上土地、人

現他的夢想，下一步會做什麼呢？

西遼皇帝耶律大石在佔領巴拉沙袞之後，把年號由延慶改為康國。康國三年（一一三六年）元月，進入虎思斡耳朵後不久，耶律大石向他的戰士們發出東征的號令。史籍記載：「以青牛白馬祭天，樹旗以誓於眾曰：『我大遼自太祖、太宗艱難而成帝業，其後嗣君耽樂無厭，不恤國政，盜賊蜂起，天下土崩。朕率爾眾，遠至朔漠，期復大業，以光中興。此非朕與爾世居之地。』」（《遼史．天祚皇帝本紀四》）耶律大石集合部眾，斬白馬、青牛祭天，發表了慷慨激昂的演說：我大遼自太祖太宗艱難創業，後繼的君主，這主要指天祚帝，昏庸無道，不理朝政，致使盜賊蜂起，天下土崩。朕領你們來到這遙遠的異國他鄉，就是希望有朝一日重整河山，光復大遼社稷。這個地方不是我們的家鄉，良園雖好，非久居之地，我們一定要回到故土去。

耶律大石傳旨，以手下第一能臣六院司大王蕭斡里剌為都元帥，率七萬鐵騎東征。西遼軍沿途要經過茫茫大漠，沙漠的氣候變化無常，這一次出征，絕不像大石想像的那麼順利。風災、雹災、沙塵暴，加上瘟疫流行，大軍行至一半，敵人還沒有看到，人馬就已經倒斃無數，如果再往前去，那就是送死了。萬般無奈之下，蕭斡里剌宣布班師，退回了虎思斡耳朵。「行萬餘里無所得，牛馬多死，勒兵而還。大石曰：『皇天弗順，數也！』」（《遼史．天祚皇帝本紀四》）看來謀事在人，成事在天。這是天意啊，沒辦法，跟故土隔得太遠，過不去大沙漠，光復故土的希望在一點一點破滅。

既然故鄉回不去了，就只能好好經營他鄉，把他鄉當成故鄉，好歹在西域保留了契丹大遼的血脈。東征不行，大石改而西征，要為大遼開疆拓土。河中地區自古稱富饒，西遼要往河中地區發展。河中地區是中原史書中的稱呼，大概位置是今烏茲別克斯坦全境和哈薩克斯坦西南，中國漢朝的史書裏對這個地區就有記載，唐朝一度在此設立河中府，故稱為河中地區。

戲弄敵使

要往河中地區發展，首先必須解決掉的對手就是西喀喇汗國。然而西喀喇汗國是賽爾柱突厥帝國的附庸國。如果攻打西喀喇汗國，必然會和賽爾柱突厥帝國發生衝突。根據記載，賽爾柱突厥帝國不但疆域遼闊，而且兵強馬壯，是中亞、西亞地區有名的大帝國。那麼，面對如此強大的對手，耶律大石會怎麼應對呢？

西遼大軍向西喀喇汗國發動進攻，進入費爾干納谷地。費爾干納谷地在今天哈薩克斯坦、烏茲別克斯坦、吉爾吉斯斯坦三國交界處，群山環抱，今天來看是一個三不管地區，當年卻是一個非常發達的地方。大石率軍跟西喀喇汗國大汗馬合木在費爾干納谷地展開了激戰。

兩軍剛一開打，西喀喇汗國軍隊的重要組成部分，前面提到過的葛邏祿人不願意為馬合木賣命，倒戈投降了西遼。所以一仗下來，西喀喇汗國的軍隊全軍覆沒，西遼軍威大振，直逼西喀喇汗國的首都撒馬兒罕，就是今天烏茲別克斯坦的第二大城市，也是烏茲別克斯坦的舊都。絕望籠罩在每一個西喀喇汗國人的心中，我們的國家要完蛋了，跟東喀喇汗國一個下場，要被西遼皇帝征服了。萬般無奈之下，馬合木給自己的主子賽爾柱帝國蘇丹桑賈爾寫信求援。桑賈爾發出號令，對異教徒耶律大石開戰，於是中亞、西亞、河中地區的穆斯林王公紛紛率軍趕到，據說集合了十萬大軍，光檢閱就用了六個月。實在不太明白十萬人咋能檢閱六個月？估計可能是今天來二十，明天來三十，湊起來的。桑賈爾蘇丹天天檢閱部隊，認為自己的十萬大軍足以氣吞山河，打敗耶律大石。桑賈爾自信滿滿地進入了自己的附庸西喀喇汗國的首都撒馬兒罕，告訴馬合木，別害怕，老大罩著你，我領著十萬大軍來了，替你教訓耶律大石。

桑賈爾來到撒馬兒罕之後，首先攻打背叛了西喀喇汗國的葛邏祿人，葛邏祿人當然不是桑賈爾的對手了，只能向耶律大石、我們的菊兒汗求援。耶律大石就給桑賈爾寫信，讓他饒過葛邏祿人，以和為貴。桑賈爾認為這是大石示弱的表現，你看他就是不行，我十萬大軍一出發，就把他嚇成這樣。桑賈爾十分輕蔑地給大石回了一封信，要求大石解甲歸降，皈依伊斯蘭教。你如果不這麼做，大軍一到，玉石俱焚，我十萬大軍英勇無敵，戰士們能用箭割斷敵人的鬚髮，你怕不怕？這封信要送出去的時候，連桑賈爾的大臣都勸他，蘇丹您不能寫這樣的信，這信太侮辱人了，一點兒迴旋餘地都沒有了，您就不給自己留後路嗎？桑賈爾說，耶律大石是個膽小鬼、窩囊廢，不用擔心，把那封信給他送去。桑賈爾的使節拿著這封信就到了大石宮帳之內，把信遞給了大石。大石讀完這封信，不露聲色，交給自己的大臣傳閱，眾卿請看，這是賽爾柱蘇丹給我們的回信。大家傳看一遍，怒火萬丈。是可忍，孰不可忍！這小子太欺負人了，把送信的人宰了！大石連忙制止，兩國相爭，不斬來使。那這封信怎麼答覆？用不著答覆，懶得理他。你不是號稱能用箭割斷敵人的鬚髮嗎？大石命令左右給桑賈爾的使節一根針，讓他把自己的鬍子挑斷。隨從就給了桑賈爾使節一根針，使節用針挑鬍子，插來插去，根本就切不斷。大石說，回去告訴你的主子，你用針都穿不斷鬚髮，怎麼可能用箭截斷敵人的鬚髮呢？願意打咱就打，我耶律大石奉陪到底。

桑賈爾的使節回去報告，耶律大石讓我拿針扎鬍子，我沒扎穿，他還說你想打就打，隨你便。桑賈爾一聽，這個耶律大石太不知道好歹了，一定要給他一個永世難忘的教訓。

血戰卡特萬

桑賈爾親率十萬大軍，向耶律大石發動了猛烈的進攻，耶律大石率眾迎戰。但是根據史書記載，大石軍僅僅兩三萬人，那麼處於劣勢的耶律大石是如何以少勝多，打敗桑賈爾十萬大軍的呢？

決戰在撒馬兒罕城以北的卡特萬草原展開，這個地方位於今天的烏茲別克斯坦境內。敵軍十萬，大石軍只有兩三萬，在人數上處於絕對的劣勢。大石在陣前發表了一個慷慨激昂的演說，告訴他的戰士們，不要怕，跟著我——你們的菊兒汗，取得無上的榮光。「彼軍雖多而無謀，攻之則首尾不救，我師必勝。」（《遼史・天祚皇帝本紀四》）敵軍人數雖多，但是有勇無謀。穆斯林聯軍是由很多個國家、部落、部族的部隊集合在一起組成的，事先沒有統一的演習，這六個月光檢閱了沒搞演習，可能十萬大軍之間連言語都不通，只有共同的信仰。

耶律大石把部隊分成了三支，自己親率中軍，西遼第一名將六院司大王蕭斡里剌指揮右軍兩千五百精兵，樞密副使蕭查剌阿不指揮二千五百精兵位於左翼。穆斯林聯軍是由賽爾柱蘇丹桑賈爾自領中軍，他的宰相領左軍，一個附屬國的國王領右軍。

當時的戰場形勢是，大石的中軍對陣聯軍的中軍，大石的右軍對陣聯軍的左軍，大石的左軍對陣聯軍的右軍。大石選中的卡特萬是一片依山的緩坡，山中間還有一道峽谷，大石充分利用了這道峽谷，把自己的中軍布置在峽谷前面，左右兩軍分列兩邊，背靠著峽谷作戰。

戰鬥一打響，聯軍的左軍猛攻大石軍的右翼，而雙方的中軍陷入了僵持。這樣一來，大石軍的右翼跟中軍、左軍之間就拉開了一個缺口，聯軍的左軍就插入到大石軍的右軍和中軍、左軍之間，這個缺口越拉越大，聯軍的左中右三軍都逐漸填進了這個缺口當中，而大石的中軍和左軍就向聯軍的右翼迂迴。這麼一通迂迴的結果，變成了大石軍的右翼進攻聯軍的左翼，大石軍的左翼迂迴到聯軍的背後，大石軍的中軍進攻聯軍的右翼，這就形成大石軍門戶頓開，聯軍三面受敵的局面。而聯軍正對的就是那條峽谷，大石軍三面兜底，發動猛烈的進攻，前面是峽谷，聯軍無路可走，只能入谷，峽谷很窄，幾萬人馬一進去，掉頭不便，任由大石軍砍瓜切菜一般地宰殺。一仗下來，聯軍伏屍數萬，桑賈爾本人受傷，宰相被俘，桑賈爾狼狽地逃離戰場。

賽爾柱帝國經此一戰，一蹶不振，若干年後，就被自己的附庸花剌子模徹底摧毀了，賽爾柱突厥的勢力就退出了河中地區，這一大片新興的領土就成了大石一個人躍馬橫槍的舞臺。

稱霸中亞

耶律大石成功佔領了河中地區的絕大部分，他的威名傳遍了中亞，但是他並沒有因此而停止前進的腳步。不久，位於阿姆河畔的花剌子模國，成為耶律大石的下一個進攻目標。

花剌子模原來也是賽爾柱突厥的附庸，是賽爾柱蘇丹一個奴隸出身的警衛員建立起來的國家。花剌子模開國之君本是奴隸，因為很受蘇丹的寵愛，被授予軍權，後來建立了政權，臣屬於賽爾柱蘇丹。賽爾柱帝國一被擊潰，花剌子模趁機坐大，擺脫了附庸的地位。

這時候的大石已經成為中亞地區獨一無二的霸主，好似一輪光芒萬丈、冉冉升起的旭日，任何人膽敢抵抗大石，就會像太陽照耀下的冰雪一樣融化了。不久，大石把下一步的作戰目標對準了花剌子模。花剌子模國王的稱號叫沙，當時的花剌子模沙是阿即思，阿即思也是一代梟雄，並非庸主，如果換一個時代，他絕對可以在這個地區做出一番驚天動地的事業。可惜，他生不逢時，強中自有強中手，他遇到了更了不起的英雄耶律大石。大石征服了賽爾柱之後，派大將額爾布思統領大軍進攻花剌子模。

西遼軍挾百戰百勝之餘威，一路所向披靡，雷霆萬鈞地向花剌子模殺將過來。花剌子模沙阿即思一番衡量之後，認識到憑自己的國力不足以與大石抗衡，所以他做出了一個明智的選擇，派遣一位使臣，來到額爾布思帳中，表示願意臣服菊兒汗，每年交納三萬第納爾金幣作為供奉，請求菊兒汗退兵。見此情景，額爾布思班師還朝。

此時的西遼，國勢之盛達到了頂點，已經成為以虎思斡耳朵為中心橫貫東西萬里的一個大國。西遼帝國在當時的影響遠播歐洲，以至今天。為什麼在俄語、阿拉伯語裏都把中國讀作契丹，主要就是耶律大石的功勞。耶律大石跟桑賈爾打仗的時候，正逢歐洲的十字軍東征，東征的結果是以失敗告終。在歐洲人的傳說中，遙遠的東方有一位信仰基督教的國王約翰打敗了穆斯林的聯軍。經過史學家一番考證，遙遠的東方並沒有信奉基督教的國王，只有一位信奉佛教的皇帝耶律大石，他的部隊確實打敗了桑賈爾的聯軍。可見喀喇契丹的名氣之廣，連歐洲人都知道了。當然歐洲人要給自己臉上貼金，說大石是因為信仰了基督，是主的戰士，才能打敗桑賈爾聯軍。實際上耶律大石是契丹的戰士，建立了名震萬里的一個大國。

巨星隕落

建國僅僅十餘年，西遼就成為一個疆域遼闊的強大帝國，耶律大石功不可沒。那麼作為西遼的開創者，耶律大石最後的人生時光是怎樣度過的呢？為什麼在他去世後，他的名字還常常被人提及呢？

征服花剌子模是耶律大石一生事業的頂點，他的事業走到頂點時，他的人生也走到了終點。西元一一四三年，西遼康國十年，耶律大石懷著家國之恨，懷著不能光復故土的遺憾，閉上了雙眼，在虎思斡耳朵的宮帳中去世。他正式做皇帝十一年，如果算上他統領部眾離開天祚帝西走的時間，一共二十年。他在西域重建了契丹帝國，並且把契丹帝國的威名傳播到了中亞、西亞乃至於歐洲。耶律大石崩後，廟號德宗。

西遼帝國雖然在遙遠的中亞，國都雖然在今天的吉爾吉斯斯坦，但是風俗、語言完全效法中原內地。在西遼帝國通行的是漢語和突厥語，公文是漢文，官制完全跟遼一樣，皇帝生前有年號、尊號，死後有廟號、謚號，這是中原典章制度在遙遠的中亞生根開花的結果。耶律大石在西域地區建立了不朽的功勳，不幸在他五十六歲那年去世，他把契丹的國祚又延長了八十八年。在耶律大石死後多年，宋、西夏，甚至他的對手金朝仍然用大石來代指西遼。他的名字成了一個傳奇，成了一個民族的符號，成了一個國家的象徵。

蒙古成吉思汗崛起之後，得到一位著名的契丹族謀士輔佐，此人名叫耶律楚材，也是契丹貴族之後。耶律楚材專門寫了一首詩來讚頌耶律大石：「後遼興大石，西域統龜茲。萬里威聲震，百年名教垂。」（《湛然居士集》卷十二）「萬里威聲震」指的是大石建立了一個疆域東西萬里的大國，「百年名教垂」是說他把中原華夏文明在遙遠的西方傳播開來。耶律楚材還給這首詩寫了個自注：「大石林牙，遼之宗臣，挈眾而亡，不滿二十年克西域數十國，幅員數萬里，傳數主凡百餘年，頗尚文教，西域至今思之，廟號德宗。」耶律楚材的時代，已經是大石之後將近百年，而西域各族人民到那個時代，還懷念著耶律大石。

耶律大石去世的時候，兒子還小，不足以親政。因此耶律大石留下遺詔，由皇后蕭塔不煙權知軍國事，就是攝政，尊號感天皇太后。蕭塔不煙攝政之後，西遼的國勢如何呢？

二十三

帝國末日

耶律大石去世後，僅僅過了六十多年，
曾經橫掃西域的西遼帝國就滅亡了。
大石去世後，西遼帝國都經歷了哪些風雨？
西遼帝國究竟是怎麼滅亡的？
中國現在的五十六個民族當中並沒有契丹族，
那麼西遼亡國之後，
這個曾經創造了輝煌文明的契丹民族到底去哪裏了呢？

西元一一四三年，西遼康國十年，耶律大石帶著無盡的餘恨閉上了雙眼，他就是西遼第一代皇帝德宗。德宗駕崩後，因為兒子年幼，遺命讓皇后蕭塔不煙攝政，塔不煙就是西遼實際上的第二代統治者——感天太后。

《遼史・后妃傳》中記載：「遼以鞍馬為家，后妃往往長於射御，軍旅田獵，未嘗不從。」遼是馬背上的民族，所以甭管是打仗，還是打獵，后妃們都跟著，也是馬背上成長起來的。西遼的這些后妃就更厲害了，感天太后塔不煙攝政的時候，年號咸清，她是太后攝政，卻自建年號。中原王朝的歷史上，沒有嗣君年幼，太后攝政時自己取年號的。武則天是當了皇帝之後才建年號，當太后的時候並沒有年號，年號應該是皇上才有的。

感天太后攝政時，回鶻人遣使去給金國貢獻禮物，捎帶手跟金國彙報了一下，你們又恨又怕的耶律大石已經死了，現在是他媳婦執政，孤兒寡母，主少國疑。金國皇帝一聽，非常高興，我的宿敵耶律大石終於掛了，從此大金高枕無憂矣。金國派了一個使臣叫粘割韓奴，封為武義將軍，去招降西遼。粘割韓奴不遠萬里，經過回鶻人的地盤，終於來到了西遼本土。到了西遼，粘割韓奴正好遇到在郊外打獵的感天太后。遼國不但君主愛打獵，后妃也愛打獵。粘割韓奴遇到感天太后時十分無禮，坐在馬上不下來。按說感天太后是西遼的君主，你不過是一個使臣，應該下馬參拜，他不但不下馬，還一口一個反賊地叫著。感天太后大怒，讓人把他拉下馬來，亂刀砍為肉泥。可想而知，當時西遼的國勢很強盛，才敢斬殺金使。

感天太后在位七年，等兒子長大成人，就把政權交給兒子耶律夷列。耶律夷列是西遼的第二代皇帝，但卻是第三代統治者，廟號仁宗。遼仁宗年號「紹興」，跟宋高宗的第二個年號一模一樣，不知道是不是山寨的南宋。遼仁宗紹興初年進行了一次人口普查，「籍民十八歲以上，得八萬四千五百戶」（《遼史・天祚皇帝本紀四》）。西遼在直屬地內，附屬國不算，調查十八歲以上能服兵役徭役的丁口，一共八萬四千五百戶，說明西遼具備充足的勞動力和兵源。仁宗耶律夷列在位十三年駕崩。

成也承天，敗也承天

遼仁宗病逝之後，本應該由仁宗的兒子繼位執掌皇權，但是仁宗的兒子卻過於年幼，無法主政。那麼西遼國的軍政大權究竟會落入誰的手中呢？

仁宗臨崩，立下遺詔，由自己的妹妹耶律普速完權國攝政。耶律普速完仿效自己的母親感天太后，自稱承天太后，跟遼聖宗的母親、遼景宗的皇后蕭綽蕭燕燕的尊號一樣。因為遼朝國力極盛是在聖宗時代，而聖宗時代的強盛恰恰是他的母親承天太后給奠定的基礎，所以耶律普速完自稱承天太后，可能也是效法前賢。她跟自己母親感天太后一樣，自建年號，改元崇福。可惜的是，遼帝國成也承天，敗也承天。西遼帝國由盛轉衰恰恰就在這個承天后時期。

前文提到，在西遼帝國定鼎中亞的過程中，有一個部族經常出現，就是葛邏祿人。葛邏祿時而歸降，時而反叛，今天朝秦，明天暮楚，而且他們是游牧民族，居無定所，隨身攜帶著武器。西遼統治者認為，葛邏祿人是個隱患，必須除去，但不想自己動手。怎麼辦呢？就讓花剌子模去除葛邏祿人，花剌子模是西遼的附屬國，不敢不從，就跟葛邏祿人開仗。葛邏祿人是游牧民族，驍勇善戰，花剌子模不是葛邏祿人的對手，只好向西遼求援。花剌子模求援的時候，西遼為了進一步控制花剌子模，要求花剌子模每年除了繳納三萬金第納爾外，還要派人到西遼來做人質。後來耶律普速完派自己的老公率兵，把花剌子模送來的人質護送回去，做花剌子模的沙。

當時葛邏祿人起兵，政局比較動盪，耶律普速完作為統治者，因私廢公，幹了一件很不地道的事情，她居然跟自己的小叔子私通。要說你跟小叔子私通，隱蔽點兒也就是了，畢竟你是一國之主，大家可能是不知道，就是知道了也不敢說。可是普速完不滿足於做露水夫妻，想天長地久，先是把駙馬降為東平王，接著把駙馬給害死了。這一下事鬧大了，駙馬的父親、普速完的公公、西遼的開國元勳、前文提過的六院司大王蕭斡里剌，帶兵入宮，射死了耶律普速完和她的小叔子。要說這倆人都是蕭斡里剌的兒子，已經死了一個兒子了，乾脆將錯就錯得了，不知道為什麼蕭斡里剌這麼想不開，一定要給大兒子報仇，把大兒媳婦和小兒子一塊兒射死了。耶律普速完一死，蕭斡里剌輔佐仁宗的兒子耶律直魯古繼位，直魯古就是西遼的末代皇帝了。

西遼衰落

耶律直魯古繼位的時候，西遼的國政已經日益腐敗，而且軍政大權早已落入外戚蕭氏之手。那麼耶律直魯古承繼大統之後，會如何鞏固自己的統治呢？

耶律直魯古在國力已經衰弱的情況下，為了維護西遼的聲望，連年對外用兵，使本已經虛虧的國力進一步消耗掉了。特別是他急於佔領呼羅珊地區，跟這一地區的新生力量古爾王國之間展開了戰鬥。古爾王國是阿富汗北部的一個政權，遼軍跟古爾王國的戰爭慘敗，傷亡一萬兩千人，國力大損。

遼被古爾王國打敗，附屬國開始離心離德了。原來你國力強盛，我不得不聽從於你，現在你也能被別人打敗，我還怕什麼？花剌子模甚至停止向西遼進貢，每年三萬金第納爾不給了，耶律直魯古很生氣，派遣使臣到花剌子模宮廷去責問。那時的花剌子模沙叫摩訶末，他知道憑自己的國力還不足以跟西遼公開翻臉，西遼百足之蟲，死而不僵，彼雖疲弱，制我有餘。摩訶末沙嚇得沒敢見西遼使臣，讓自己的母后去見。他母后比較會說，甜言蜜語，跟西遼使臣認錯，答應加倍給遼貢賦，但提出一個條件，讓西遼去打古爾王國。因為古爾王國也讓我納貢，你說我是給你還是給他，他是新興強國，我打不過，你能不能幫我去打古爾王國？西遼是拿了人家的手軟，吃了人家的嘴短，沒想明白，果然就出兵去攻打古爾王國，而且派去的大將就是當年打敗仗的那位。這一次，西遼傾盡國力跟古爾王國激戰，果然把古爾王國打敗了。因為古爾王國畢竟是一個新興政權，不是西遼的對手。可是一仗下來，西遼國力也就幾乎耗盡了。鷸蚌相爭，漁翁得利，花剌子模趁機發展壯大，西遼為他人做嫁衣裳，替人火中取栗。

西遼打敗古爾王國之後，就跟花剌子模要貢賦，花剌子模不但不給，還出兵進攻西遼，大敗西遼軍隊，俘虜了西遼大將塔陽古。塔陽古就是兩次跟古爾王國激戰的那位爺，第一次被古爾王國打敗了，但第二次打贏了，等於是花剌子模的救命恩人。塔陽古被俘，西遼就喪失了對河中地區的控制，回鶻高昌王國也殺死了西遼的少監，投奔了蒙古，成了新興的蒙古政權的附庸。到這個時候，西遼東西兩面的附屬國都不存在了，國勢衰弱到了極點。

引狼入室

西遼的國勢已經衰弱了，可是偏偏在這個關鍵時刻，耶律直魯古好心收留了一個人，沒想到卻是引狼入室，直接導致了西遼的滅亡。那麼這究竟是怎麼回事呢？

成吉思汗在統一蒙古的過程當中，打敗了乃蠻部，乃蠻部太陽汗敗亡，太陽汗的兒子，也就是乃蠻部的王子屈出律走投無路，投奔了西遼。耶律直魯古看到屈出律窮蹙來投，動了惻隱之心，接納了屈出律，還把自己的女兒嫁給了他，屈出律就成了西遼的駙馬爺。耶律直魯古的所作所為無異於引狼入室，根本不了解屈出律就收留了他。這是一隻餵不飽的白眼狼，即便屈出律真孝順，然而收留了他，就是為西遼樹立了一個最大的強敵——蒙古。蒙古打敗乃蠻之後，四處撒網要逮屈出律呢，這個時候收留他不是找倒楣嗎？

史書上記載，耶律直魯古「時秋出獵，乃蠻王屈出律以伏兵八千擒之，而據其位。遂襲遼衣冠，尊直魯古為太上皇，皇后為皇太后，朝夕問起居，以侍終焉。直魯古死，遼絕。」（《遼史・天祚皇帝本紀四》）。屈出律不但不對耶律直魯古感恩戴德，相反篡奪了西遼的王位。他利用直魯古打獵的機會，在直魯古的必經之路上埋下伏兵八千，把直魯古給抓了。然後尊直魯古為太上皇，皇后為皇太后，朝夕問候。屈出律假惺惺地問，您今天心情愉快嗎？你說他能愉快嗎？兩年後，耶律直魯古憂憤而死，屈出律就當了西遼的皇帝，國號雖然沒有改，但契丹民族耶律氏的統治到此就算是終結了，皇帝換成了乃蠻人屈出律。

如果屈出律好好幹，繼續經營，也不是不可以，問題是他倒行逆施，把西遼搞得民怨沸騰。西遼百姓可就怒了，紛紛反抗，烽煙遍地。大家盼星星盼月亮，盼著拯救者早點兒到來，趕走屈出律。西元一二一八年，蒙古大軍由名將哲別率領，進攻西遼，西遼被蒙古所滅。

從西元一一三二年耶律大石稱帝，到一二一八年滅亡，西遼在新疆、中亞地區存在了將近九十年。西遼滅亡之後，部分遺臣在今天伊朗的克爾曼省建立了一個政權，被稱為後西遼，又叫起兒漫王國。但是這個政權已經完全伊斯蘭化，跟契丹的典章文物一點兒都不沾邊了，所以遼朝的歷史到西遼滅亡就畫上了句號。

民族融合

作為遼的主體民族，契丹族曾經創造了非常輝煌的遼帝國，但是隨著西遼帝國的滅亡，契丹民族也消失得無蹤無影，今天的五十六個民族中並沒有契丹族。那麼在西遼滅亡之後，這個民族究竟到哪裏去了呢？

金滅遼之後，因為與遼有不共戴天之仇，所以大肆破壞遼朝的宮室、陵墓洩憤。女真作為統治民族，一開始把契丹人編入金朝的社會組織中，但並沒有把契丹人拆散。金的社會組織是猛安、謀克，猛安就是千戶，謀克就是百戶，金把契丹人也編成了猛安、謀克。在金的統治下，契丹人由原來的統治民族、主體民族變成了被統治民族。金對契丹人很是防範，而且也很敵視，不允許契丹人擁有自己的舊姓，耶律氏改成移剌氏，蕭氏改成石抹氏。

金世宗在位時，就把契丹的猛安、謀克打散，讓他們跟女真、漢或其他民族混居。這樣一來，很多契丹人就融入到了其他民族當中。後來，蒙古成吉思汗崛起於漠北，對金發動了猛烈的進攻。很多契丹人趁機揭竿而起，意在恢復故國，配合蒙古人跟金作戰，一度在今天中國東北建立了東遼和後遼政權。當然，這兩個政權都是曇花一現，很短暫，一兩年、兩三年就完了。有一部分契丹人恢復了自己的舊姓，當然也有沒恢復舊姓的人。這樣，契丹人就由兩個姓變成了四個姓，耶律、蕭、石抹、移剌。蒙古人興起之後，也有很多契丹人投降了蒙古，比如前面提到的契丹名臣耶律楚材和他的兒子耶律鑄，他們的墳墓就在今天北京頤和園裏，兩個人在蒙古都做到中書令一級的高官。很多契丹人就此融入到蒙古民族中，當然也有很多融入了漢族中。到元朝時，就已經把包括契丹在內的北方各族統稱為漢人了。

直系後裔

西遼滅亡之後，許多契丹人融入到了蒙古族或者漢族當中。那麼難道說契丹這樣一個曾經輝煌燦爛的民族，現在已經跟其他民族完全融合了嗎？今天五十六個民族當中到底有沒有這個民族的直系後裔呢？

現代學者從出土的契丹古屍身上截下一塊骨頭，進行DNA檢測，然後跟今天中國境內各民族對比，發現中國東北達斡爾族的基因跟契丹人最為相似。末代皇后婉容就是達斡爾族。這個民族在金朝滅亡以後，屬於東北女真各部中的野人女真，清朝時也編入八旗。在清朝就有人認為達斡爾族是契丹人的後代，清朝人把達斡爾的酋長稱為契丹酋長。因為他們的語言、風俗、習慣，很多都跟契丹人有驚人的相似之處。他們東向拜日，舉火燒天，狩獵、馴鷹，生活生產也跟契丹人很相似。達斡爾人酷愛下圍棋，但是他們的圍棋跟我們今天的圍棋的形式不一樣，而與遼墓中出土的圍棋十分相似。因此有學者認為，達斡爾人很有可能是契丹人的後代。

還有一個證據是達斡爾人供奉一尊神，叫作庫烈兒佛。實際上庫烈兒是一個人，八百多年前率領契丹人北遷的首領的名字。所以專家學者們認為，契丹人除了融入其他民族之外，可能還有一部回到了東北，世世代代生息繁衍了下來。如果說契丹人有直系後裔的話，就應該是中國東北的達斡爾族。這個結論出來，普遍被人接受。

然後又有了一個驚人的發現。學者在距離契丹老家萬里之遙的雲南，發現了契丹人的後裔，大概有十五萬人。這些人自稱為本人，他們現在的民族成分劃成漢族了，但是這些人很有可能是當年跟隨蒙古軍南下，留在當地的契丹人的後代。一九九〇年，研究者對今天的雲南地區進行了一番調查，發現當地的本人有很多姓，但他們都在各自的姓氏前面加上兩個字——阿莽，如阿莽蔣、阿莽李、阿莽趙，明清以後才把「阿莽」倆字去掉。本人的體格特徵與當地雲南人也有明顯不同，身材比較高大。調查還發現，本人的墓碑上有契丹小字。在德宏傣族景頗族自治州的一戶人家裏發現了一部家譜，此人姓蔣，就是原來的阿莽蔣，這本家譜叫《猛板蔣氏家譜》，記載了這個家族的變遷，裏邊有這麼幾句話：「蔣氏祖先姓耶律氏，名阿保機，創建遼朝，為金所滅。後裔以阿為姓，又改為莽。」遼亡之後，他們用阿保機的名字的第一個字做姓，阿姓。後來覺得太明顯，就改成莽姓。「在元初，隨蒙古軍隊南征有功，授武略將軍之職。明朝洪武年間，因麓川平緬叛有功，分授長官司，並世襲土職。後又經歷數代，改為蔣姓。」這個族譜清楚記載了蔣氏家族的由來：我們是耶律阿保機的後代，遼亡之後就改姓阿了，後又改姓莽，在元朝南征有功，授我們武略將軍職，明朝初年又幫助明朝平叛有功，做世襲的土司，後來改為蔣姓。專家還發現了一座蔣氏的宗祠，祠堂的正門是開在東牆上的，完全符合契丹人東向拜日的傳統，祠堂匾額上刻有篆書「耶律」二字，左右一副對聯：「耶律庭前千株樹，莽蔣祠內一堂春。」明確表明了這些人是契丹族的後裔。而且在祠堂的牆壁上發現了濃郁的北方草原風格的繪畫，那個地方位於亞熱帶，絕不可能有這種草原風光，那裏的人可能也都沒見過草原，憑想像是不可能描繪得如此生動準確的，一定是他們祖先世世代代傳下來的。先祖告訴後代，當年我們就住在這樣的地方，他們才有可能把草原風光保存在壁畫裏。

現代歷史學家和人類學家一致認為，在今天的中國，保留契丹人基因最完整的，或者說如果契丹人有直系後裔的話，應該是東北的達斡爾族和雲南的本人。這樣一個開創了二百一十年，算上西遼坐了將近三百年天下的民族，在今天中華五十六個民族內還是有後裔

後記

二〇一〇年，我在中央電視臺《百家講壇》欄目主講了《塞北三朝》，其中第一部《遼》在當年播出。三年來，不斷有朋友和熱心觀眾向我打聽《金》和《西夏》何時能播出，我一直無法給大家一個準確的答覆，感謝大家厚愛的同時，也感到十分愧疚。

四年前出版《兩宋風雲》時，我在後記中寫了我從小對歷史的喜愛和敬意，以及長大以後成為一名歷史教師的自豪和責任。在此，我還想說明一點的是，我不是歷史學家，不是專家學者。我大學讀的是歷史教育學，說白了就是怎麼教歷史，而不是怎麼研究歷史。走上工作崗位，站在三尺講臺上時，我明白了歷史要想讓學生愛聽，必須會講故事！《史記》《漢書》《三國志》的作者個個都是講故事的高手，裏面多對話、多心理活動、多細節描寫，使已經深埋地下、過去久遠的人和事一下變得活靈活現、生動有趣。讓我感到遺憾的是，我們的教科書太枯燥了，缺少故事性和趣味性，只有「三省六部」「九品中正」「重農抑商」「閉關鎖國」「百家爭鳴」「獨尊儒術」……靈動的歷史變成了一堆乾巴巴的名詞概念。學生們聽著這一堆抽象的概念，難免打瞌睡。

我有時候乘坐計程車，發現幾乎每一位司機都在聽評書，《三國演義》、《水滸傳》、

《大明英烈》等。為什麼人們百聽不厭？因為它們講故事！所以，想讓中國人對祖宗曾經幹過的事、對祖宗的生產生活感興趣的唯一法子，就是給他們講祖宗的故事。

基於上述想法，我很想把華夏五千年的歷史以故事的形式詳盡地講給大家聽，這些故事取自傳統史書和史學大家的著述，可以看成是情節真實的評書。有人說我就是一個「說書的」，我很高興得到這個評價，願意繼續說下去，說好，說精彩！

幾年來，我雖然離開了《百家講壇》，但並沒有離開講臺。感謝曾為我製作《兩宋風雲》和《塞北三朝》的王詠琴老師，為我量身定製了一檔大型系列節目《騰飛五千年》，從三皇五帝一直講到清帝遜位，力爭把中國歷史做一個詳盡的講述。目前，這個節目還在錄製中。

我和我的製作團隊及投資方之所以篳路藍縷、苦心孤詣地要製作完成《騰飛五千年》，不惜投入血本，就是想用講故事的形式讓中國歷史為人廣泛知曉，重受重視。

在錄製《騰飛五千年》的時候，我們了解到很多觀眾對《塞北三朝》未能播出的兩部有很大的期盼，就依我當年在央視《百家講壇》的原稿重新錄製了一遍。經泰學（北京）文化傳媒有限公司聯繫，重新錄製的《塞北三朝》已在優酷網與觀眾見面。於是，也就有了呈現在您面前的這三本書。

《塞北三朝》能夠和大家見面，應該感謝李志峰先生的大力支持，作為製作投資方，他們不惜血本，以砸鍋賣鐵的精神投入製作，兩年多只投入不產出，個中艱辛非言語所能表達。感謝泰學（北京）文化傳媒有限公司執行董事牛博揚先生、總經理黑德侖先生，是他們使這個節目能重見天日。感謝學界前輩錢文忠先生不以拙作鄙陋，欣然為之作序。感謝國畫大師袁輝先生的青丹妙筆，感謝著名出版人敖然先生和他的團隊使拙作得以順利付梓。最後，還要特別感謝我的母親和妻子在我最困難的時候給予我的理解、支持和鼓勵！

謝謝大家！但願這套書能得到大家的喜歡。

袁騰飛

二〇一三年七月四日

塞北三朝——遼：講述你所不知道的契丹／袁騰飛著. -- 一版.-- 臺北市：大地, 2014.04
面：　公分. --（History：65）

ISBN 978-986-5800-32-1（平裝）

1. 遼史

625.5　　103005558

塞北三朝——遼：講述你所不知道的契丹

HISTORY 065

作　者	袁騰飛
發行人	吳錫清
主　編	陳玟玟
出版者	大地出版社
社　址	114台北市內湖區瑞光路358巷38弄36號4樓之2
劃撥帳號	50031946（戶名　大地出版社有限公司）
電　話	02-26277749
傳　真	02-26270895
E - mail	vastplai@ms45.hinet.net
網　址	www.vastplain.com.tw
美術設計	普林特斯資訊股份有限公司
印刷者	普林特斯資訊股份有限公司
一版一刷	2014年4月

大地

定　價：320元